中国国情调研丛书·企业卷
China's national conditions survey Series · Vol enterprises

主　编　陈佳贵
副主编　黄群慧

云南电网公司考察

Study of Yunnan Power Grid Corporation

黄速建　王　欣　肖红军　等／著

经济管理出版社
ECONOMY & MANAGEMENT PUBLISHING HOUSE

图书在版编目（CIP）数据

云南电网公司考察/黄速建等著. —北京：经济管理出版社，2014.5
ISBN 978-7-5096-3021-1

Ⅰ.①云… Ⅱ.①黄… Ⅲ.①电力工业—工业企业管理—云南省 Ⅳ.①F426.61

中国版本图书馆 CIP 数据核字（2014）第 066214 号

组稿编辑：陈　力
责任编辑：杨国强
责任印制：黄章平
责任校对：超　凡　王纪慧

出版发行：经济管理出版社
（北京市海淀区北蜂窝 8 号中雅大厦 A 座 11 层　100038）
网　　址：www.E-mp.com.cn
电　　话：(010) 51915602
印　　刷：三河市延风印装厂
经　　销：新华书店
开　　本：720mm×1000mm/16
印　　张：15.25
字　　数：266 千字
版　　次：2014 年 5 月第 1 版　2014 年 5 月第 1 次印刷
书　　号：ISBN 978-7-5096-3021-1
定　　价：48.00 元

·版权所有　翻印必究·

凡购本社图书，如有印装错误，由本社读者服务部负责调换。
联系地址：北京阜外月坛北小街 2 号
电话：(010) 68022974　邮编：100836

云南电网公司国情调研项目课题组

课题负责人: 黄速建

课题研究设计: 黄速建　王晓光　郑之茂　杨育鉴

课题报告总撰: 黄速建　王　欣

课题组成员: 黄速建　王　欣　肖红军　刘建丽　王晓光　王海龙
　　　　　　　张　力　姜　静　尹德馨　邵晓鸥　李令谦　周剑斌
　　　　　　　田　磊　曹建军

《中国国情调研丛书·企业卷·乡镇卷·村庄卷》

序 言

为了贯彻党中央的指示，充分发挥中国社会科学院思想库和智囊团的作用，进一步推进理论创新，提高哲学社会科学研究水平，2006年中国社会科学院开始实施"国情调研"项目。

改革开放以来，尤其是经历了近30年的改革开放进程，我国已经进入了一个新的历史时期，我国的国情发生了很大变化。从经济国情角度看，伴随着市场化改革的深入和工业化进程的推进，我国经济实现了连续近30年的高速增长。我国已经具有庞大的经济总量，整体经济实力显著增强，到2006年，我国国内生产总值达到了209407亿元，约合2.67万亿美元，列世界第四位；我国的经济结构也得到了优化，产业结构不断升级，第一产业产值的比重从1978年的27.9%下降到2006年的11.8%，第三产业产值的比重从1978年的24.2%上升到39.5%；2006年，我国实际利用外资为630.21亿美元，列世界第四位，进出口总额达1.76万亿美元，列世界第三位；我国人民生活水平不断改善，城市化水平不断提升。2006年，我国城镇居民家庭人均可支配收入从1978年的343.4元上升到11759元，恩格尔系数从57.5%下降到35.8%，农村居民家庭人均纯收入从133.6元上升到3587元，恩格尔系数从67.7%下降到43%，人口城市化率从1978年的17.92%上升到2006年的43.9%以上。经济的高速发展，必然引起国情的变化。我们的研究表明，我国的经济国情已经逐渐从一个农业经济大国转变为一个工业经济大国。但是，这只是从总体上对我国经济国情的分析判断，还缺少对我国经济国情变化分析的微观基础。这需要对我国基层单位进行详细的分析研究。实际上，深入基层进行调查研究，坚持理论与实际相结合，由此制定和执行正确的路线方针政策，是我们党领导革命、建设和改革的基本经验和基本工作方法。进行国情调研，也必须深入基层，只有深入基层，才能真正了解我国国情。

为此，中国社会科学院经济学部组织了针对我国企业、乡镇和村庄三类基层单位的国情调研活动。据国家统计局的最近一次普查，到2005年底，我国有国营农场0.19万家，国有以及规模以上非国有工业企业27.18万家，建筑业企业5.88万家；乡政府1.66万个，镇政府1.89万个，村民委员会64.01万个。这些基层单位是我国社会经济的细胞，是我国经济运行和社会进步的基础。要真正了解我国国情，必须对这些基层单位的构成要素、体制结构、运行机制以及生存发展状况进行深入的调查研究。

在国情调研的具体组织方面，中国社会科学院经济学部组织的调研由我牵头，第一期安排了三个大的长期的调研项目，分别是"中国企业调研"、"中国乡镇调研"和"中国村庄调研"。"中国乡镇调研"由刘树成同志和吴太昌同志具体负责，"中国村庄调研"由张晓山同志和蔡昉同志具体负责，"中国企业调研"由我和黄群慧同志具体负责。第一期项目时间为三年（2006~2009年），每个项目至少选择30个调研对象。经过一年多的调查研究，这些调研活动已经取得了初步成果，分别形成了《中国国情调研丛书·企业卷》、《中国国情调研丛书·乡镇卷》和《中国国情调研丛书·村庄卷》。今后，这三个国情调研项目的调研成果还会陆续收录到这三卷书中。我们期望，通过《中国国情调研丛书·企业卷》、《中国国情调研丛书·乡镇卷》和《中国国情调研丛书·村庄卷》这三卷书，能够在一定程度上反映和描述在21世纪初期工业化、市场化、国际化和信息化的背景下，我国企业、乡镇和村庄的发展变化。

国情调研是一个需要不断进行的过程，以后我们还会在第一期国情调研项目基础上将这三个国情调研项目滚动开展下去，全面持续地反映我国基层单位的发展变化，为国家的科学决策服务，为提高科研水平服务，为社会科学理论创新服务。《中国国情调研丛书·企业卷》、《中国国情调研丛书·乡镇卷》和《中国国情调研丛书·村庄卷》这三卷书也会在此基础上不断丰富和完善。

中国社会科学院副院长、经济学部主任

陈佳贵

2007年9月

《中国国情调研丛书·企业卷》

序 言

　　企业是我国社会主义市场经济的主体,是最为广泛的经济组织。要对我国经济国情进行全面深刻的了解和把握,必须对企业的情况和问题进行科学的调查和分析。深入了解我国企业生存发展的根本状况,全面把握我国企业生产经营的基本情况,仔细观察我国企业的各种行为,分析研究我国企业面临的问题,对于科学制定国家经济发展战略和宏观调控经济政策,提高宏观调控经济政策的科学性、针对性和可操作性,具有重要的意义。另外,通过"解剖麻雀"的典型调查,长期跟踪调查企业的发展,详尽反映企业的生产经营状况、改革与发展情况、各类行为和问题等,也可以为学术研究积累很好的案例研究资料。

　　基于上述两方面的认识,中国社会科学院国情调查选择的企业调研对象,是以中国企业及在中国境内的企业为基本调查对象,具体包括各种类型的企业,既包括不同所有制企业,也包括各个行业的企业,还包括位于不同区域、具有不同规模的各种企业。所选择的企业具有一定的代表性,或者是在这类所有制企业中具有代表性,或者是在这类行业中具有代表性,或者是在这个区域中具有代表性,或者是在这类规模的企业中具有代表性。我们期望,通过长期的调查和积累,中国社会科学院国情调查之企业调查对象,逐步覆盖各类所有制、各类行业、不同区域和规模的代表性企业。

　　中国社会科学院国情调查之企业调查的基本形式是典型调查,针对某个代表性的典型企业长期跟踪调查。具体调查方法除了收集查阅各类报表、管理制度、文件、分析报告、经验总结、宣传介绍等文字资料外,主要是实地调查,实地调查主要包括进行问卷调查、会议座谈或者单独访谈、现场观察写实等方式。调查过程不干扰企业的正常生产经营秩序,调查报告不能对企业正常的生产经营活动产生不良影响,不能泄露企业的商

云南电网公司考察

业秘密,"研究无禁区,宣传有纪律",这是我们进行企业调研活动遵循的基本原则。

中国社会科学院国情调查之企业调查的研究成果主要包括两种形式:一是内部调研报告,主要是针对在调查企业过程中发现的某些具体但具有普遍意义的问题进行分析的报告;二是全面反映调研企业整体情况、生存发展状况的长篇调研报告。这构成了《中国国情调研丛书·企业卷》的核心内容。《中国国情调研丛书·企业卷》的基本设计是,大体上每一家被调研企业的长篇调研报告独立成为《中国国情调研丛书·企业卷》中的一册。每家企业长篇调研报告的内容,或者说《中国国情调研丛书·企业卷》每册书的内容,大致包括以下相互关联的几个方面:一是关于企业的发展历程和总体现状的调查,这是对一个企业基本情况的大体描述,使人们对企业有一个大致的了解,包括名称、历史沿革、所有者、行业或主营业务、领导体制、组织结构、资产、销售收入、效益、产品、人员等;二是有关企业生产经营的各个领域、各项活动的深入调查,包括购销、生产(或服务)、技术、财务与会计、管理等专项领域和企业活动;三是关于企业某个专门问题的调查,例如企业改革问题、安全生产问题、信息化建设问题、企业社会责任问题、技术创新问题、品牌建设问题,等等;四是通过对这些个案企业的调查分析,引申出这类企业生存发展中所反映出的一般性的问题、理论含义或者其他代表性意义。

中国正处于经济高速增长的工业化中期阶段,同时中国的经济发展又是以市场化、全球化和信息化为大背景的,我们期望通过《中国国情调研丛书·企业卷》,对中国若干具有代表性的企业进行一个全景式的描述,给处于市场化、工业化、信息化和全球化背景中的中国企业留下一幅幅具体、生动的"文字照片"。一方面,我们努力提高《中国国情调研丛书·企业卷》的写作质量,使这些"文字照片"清晰准确;另一方面,我们试图选择尽量多的企业进行调查研究,将始于2006年的中国社会科学院国情调研之企业调研活动持续下去,不断增加《中国国情调研丛书·企业卷》的数量,通过更多的"文字照片"来全面展示处于21世纪初期的中国企业的发展状况。

中国社会科学院经济学部工作室主任
黄群慧
2007年9月

目 录

总 论 1

上 篇 战略发展篇

第一章 公司概况 17

　　第一节　确保国有资产保值增值 17
　　第二节　积极支持区域经济发展 20
　　第三节　致力推动绿色低碳发展 21
　　第四节　努力促进和谐社会建设 23

第二章 发展历程 27

　　第一节　初创起步阶段 27
　　第二节　云南省电力局阶段 28
　　第三节　云南省电力集团阶段 29
　　第四节　云南省电网公司阶段 30

第三章 发展战略 35

　　第一节　战略承接 35
　　第二节　环境分析 38
　　第三节　战略制定 44
　　第四节　战略实施 47

第四章 企业社会责任 ……………………………………………… 53
   第一节 企业社会责任理念认知 …………………………………… 53
   第二节 企业社会责任组织建设 …………………………………… 56
   第三节 企业社会责任能力提升 …………………………………… 58
   第四节 利益相关方沟通和参与 …………………………………… 62

中 篇 电网运营篇

第五章 电网规划与建设 …………………………………………… 71
   第一节 电网规划 …………………………………………………… 72
   第二节 电网建设 …………………………………………………… 84

第六章 电网运行与维护 …………………………………………… 99
   第一节 绿色电网运行 ……………………………………………… 99
   第二节 电网维护 …………………………………………………… 107

第七章 电力营销与服务 …………………………………………… 119
   第一节 营销管理 …………………………………………………… 119
   第二节 优质服务 …………………………………………………… 124
   第三节 客户关系管理 ……………………………………………… 135

第八章 农网建设与改造 …………………………………………… 141
   第一节 农电体制改革 ……………………………………………… 141
   第二节 农网建设 …………………………………………………… 143
   第三节 无电人口通电 ……………………………………………… 147
   第四节 农电基础管理 ……………………………………………… 148

第九章 国际化发展 ………………………………………………… 155
   第一节 国际业务发展 ……………………………………………… 155
   第二节 国际合作项目 ……………………………………………… 159

第三节　国际交流合作 …………………………………………… 166

下　篇　管理支撑篇

第十章　安全管理 ………………………………………………… 171
　　第一节　安全生产风险管理 ……………………………………… 172
　　第二节　应急管理 ………………………………………………… 178
　　第三节　安全监察体系建设 ……………………………………… 183
　　第四节　安全文化建设 …………………………………………… 185

第十一章　科技与信息化 ………………………………………… 189
　　第一节　科技创新管理 …………………………………………… 189
　　第二节　信息化建设 ……………………………………………… 196

第十二章　组织与资源保障体系 ………………………………… 205
　　第一节　组织与文化保障 ………………………………………… 205
　　第二节　人力资源保障 …………………………………………… 210
　　第三节　财务保障 ………………………………………………… 216
　　第四节　物资保障 ………………………………………………… 220

参考文献 ……………………………………………………………… 227

后　记 ………………………………………………………………… 231

总 论

在国际国内企业社会责任运动日益发展的背景下，履行企业社会责任成为世界企业发展的必然选择。云南电网公司结合外部环境和自身实际，在国内同行企业中较早开展企业社会责任研究与推进工作，以企业社会责任理念改进公司运营与管理工作，努力创造经济、社会和环境综合价值，实现自身与社会的可持续发展。

企业社会责任管理是云南电网公司全面深化创先和落实公司中长期发展战略的重要工具。按照南方电网公司关于开展创建国内先进水平供电局工作的部署，公司 2008 年 5 月启动了创建国内先进水平供电局工作。几年来，公司按照"全球视野定标杆、结合实际寻路径、持之以恒求实效、持续改进上台阶"的创先工作方针，先行先试、积极探索，取得了阶段性成果。"创先就是更高标准的日常工作"，这与企业社会责任的理念一脉相承。也就是说，无论是创先还是企业社会责任工作，都是为了实现公司可持续发展的战略目标。

一、履行企业社会责任是公司持续发展的驱动力量

履行企业社会责任，是云南电网公司顺应世界企业发展趋势，落实科学发展观，服务和谐社会建设，发挥电力供应核心功能，加快实现"成为服务好、管理好、形象好的国内领先省级电网企业"的战略目标，实现企业自身持续健康发展的重要举措。因此，履行企业社会责任已经成为公司持续发展的强大动力。

（一）履行企业社会责任是公司顺应世界发展趋势的必然选择

自 20 世纪 70 年代以来，国际上形成了持续的企业社会责任运动浪潮，如保护消费者权益运动、反对"血汗工厂"运动，到保护环境运动、负责任投资运动等。进入 21 世纪，企业社会责任作为一种社会思潮和运

动再度升温。作为国际社会共同关注的重要话题，以及推动全球经济社会可持续发展的重要运动，企业社会责任引起了各国政府、国际机构、非政府组织的高度关注。目前，世界各国已经有越来越多的企业开展社会责任管理和实践活动，并逐渐从被动的压力回应发展为一种主动的自发行为。联合国"全球契约"成员数量已经超过8000多家，分别来自世界130多个国家。2010年11月1日，国际标准化组织（ISO）正式向全球发布了企业社会责任国际标准ISO26000，这是迄今为止全球第一个真正意义上的企业社会责任国际标准，也是国际标准化组织第一次在非工程技术领域即社会道德领域制定的国际标准。这一标准吸引了全球78个国家及数十个国际组织的500多名专家积极参与，深刻地影响着全球企业社会责任理论与实践的发展。从国际企业社会责任运动的发展来看，履行企业社会责任已经成为国际社会对企业的普遍要求和企业全球竞争的重要手段，履行企业社会责任已经成为世界企业发展不可逆转的大潮流、大趋势。

随着经济全球化程度的不断加深，全球产业分工使企业社会责任成为影响国际经贸合作的重要因素。因此，对于正在积极实施"走出去"战略的中国企业来说，用国际化标准强化企业社会责任管理，树立企业及其产品的社会责任形象，已经成为企业不可回避的战略性问题。就云南电网公司而言，由于其地理位置的特殊性，其在国内同行业企业中较早开展了国际化业务。在当前国际企业社会责任运动如火如荼的背景下，履行企业社会责任已经成为公司开展国际化业务，是与国际市场和国际标准接轨、顺应世界企业发展趋势的必然选择。

（二）履行企业社会责任是公司服务和谐社会建设的自觉行为

科学发展观与构建和谐社会战略的提出，标志着我国经济社会发展方式的重大转变，对我国企业发展方式的变革提出了明确的要求。实际上，企业社会责任与科学发展观、转变发展方式、构建和谐社会具有强烈的内在一致性。企业社会责任的核心目标是推进企业与经济、社会、环境的持续协调发展，方法是有效管理企业运营对自然环境和利益相关方的影响，实现企业发展方式的重大转变，这与我国正在深入实践的科学发展观和正在努力推进的和谐社会建设不谋而合。可以说，企业社会责任，从根本上讲就是企业大力转变发展方式，全面落实科学发展观、服务和谐社会建设的自觉行动。正因如此，党和国家高度重视和积极倡导企业社会责任。尤其是那些处于关系国计民生重要领域的中央企业,对其落实科学发展观、转变发展方式、自觉履行企业社会责任,国家和社会具有很高的期望和明确的要求。在构建和谐社会的战略指引下,在国家和社会各界的大力推动下,许多企业逐步建立起了符合我国国情与企业实际的企业社会责任理念,企业社会责任管理体系建设步伐明显加快,企业社会责任报告发布和社会责任沟通机制持续完善。尤其是中央企业在履行社会责任方面已成为全国的表率。国内企业社会责任实践的快速发展,为促进和谐社会建设发挥了积极作用,受到了社会各界的充分认可。

云南电网公司是中央企业南方电网公司的全资子公司,承担着保障云南及周边地区电力供应的重要责任。在我国转变经济发展方式、构建和谐社会的背景下,公司将履行社会责任内化为一种自发、自觉的行为,这是符合当前一致的社会期望和价值判断的正确选择。公司在发挥电力供应核心功能、确保国有资产保值增值的同时,积极推进社会责任管理,提高能源资源配置效率,推动国内产业转型升级,努力追求企业经济、社会和环境的综合价值创造,从而实现公司与社会的共同发展。

(三)履行社会责任是公司行业特殊性质决定的内在要求

行业性质和特点决定了电网的企业社会责任将受到社会广泛关注。

(1)电网行业是关系国家能源安全和国民经济命脉的重要基础产业和公共事业,对经济社会具有重要影响力,这决定了电网行业承担着实施国家能源发展、促进电力工业和经济社会可持续发展的责任。电网行业同时还需要加强行业管理,提高效率,为国家建设提供基础能源保障。

(2)电网行业的经营关系着千家万户,直接影响社会生活。电网行业除了要满足社会、经济和产业发展的用电需求,以及不断提高供电能力和供电质量,确保电网的安全稳定运行和社会安全用电之外,还需要代表公众利益,自觉接受社会监督,处理好行业利益和社会效益的关系,促进社会和谐。由于电网行业具有自然垄断的属性,相对其他行业缺乏可参照企业,更容易引起公众对企业效率和社会责任工作履行状况的关注。

(3)电网公司是电能使用和电能供应的连接点,在能源的优化配置过程中所起的作用不可替代。云南电网公司目前正在开展的"西电东送"工程是优化能源资源配置的重大战略举措,清洁能源上网则对云南省绿色能源发展、绿色经济发展和新型能源的开发具有深远的意义。电网行业的这些性质和特点都决定了电网企业必须积极履行其在经济发展、社会发展和环境保护方面的责任,从而实现自身和全社会的可持续发展。

从云南电网公司所处的行业性质和特征来看,其履行企业社会责任的行为与绩效必然受到社会各界的高度关注,这已经成为其生存与发展的内在要求。目前,世界知名电力企业在企业社会责任领域中做了大量的工作并取得了很好的成效,他们的先进经验可以为公司所借鉴和学习。云南电网公司要实现中国领先的省级电网运营企业的目标,需要树立明确的社会责任理念,扎实推进企业社会责任工作,学习同行业先进经验,增进社会福利和环境保护,实现经济和社会的双重效益。

(四)履行企业社会责任是公司贯彻落实南网战略的关键举措

电网企业是关系到千家万户生活质量的公共服务企业,是推动国民经济发展的重要引擎,这使得电网企业的社会责任备受社会各界高度关注。事实上,近些年来,电网企业在企业社会责任领域一直处于领先地位,主动将企业社会责任理念和要求融入企业使命、战略、文化和日常运营之中。作为服务于南方五省的南方电网公司,更是将中长期发展战略与企业社会责任理念深度融合起来,确立了"主动承担企业社会责任、全力做好电力供应"的使命,明确了"万家灯火、南网情深"的核心价值观,提出了"成为服务好、管理好、形象好的国际先进电网企业"的战略目标。这一中长期发展战略蕴含了丰富的企业社会责任理念,为公司未来发展指明了方向。与此同时,南方电网公司已经制定了明确的企业社会责任战略规划,建立了相应的企业社会责任指标体系,并要求下属企业积极探索建立企业社会责任管理体系。因此,积极履行企业社会责任,是云南电网公司贯彻落实南方电网公司发展战略,探索创新电网企业社会责任实践的关键举措。

云南电网公司作为南方电网公司的全资子公司,在其战略管控体系中处于省级管控主体的定位,是在云南省范围内贯彻落实南方电网中长期发展战略的执行主体。因此,公司应秉承南方电网公司的使命与核心价值观,按照其统一的中长期发展战略部署和要求,积极开展社会责任推进管理工作,不断提升社会责任履责绩效,尽快实现"成为服务好、管理好、形象好的国内领先省级电网企业"的战略目标,为南方电网公司整体战略目标的达成做出贡献。

(五) 履行企业社会责任是公司实现自身健康发展的重要保障

近年来，越来越多的政府部门、社会团体乃至普通居民，都对企业履行社会责任给予了更多的关注，同时也提出了更高的期望和要求。这些利益相关方是企业生存和发展所依赖的对象，企业必须高度重视并仔细识别他们的期望和诉求，并与其进行良好的沟通与合作，争取他们对企业战略部署、重大决策以及运行方式等的认同与支持。履行企业社会责任，已经成为企业持续提升运营绩效、营造良好发展环境的重要保障。公司只有与各级政府和关键利益相关方建立信任关系，形成公司和电网发展的共识，营造良好的发展环境，才能保证智能电网的健康发展和公司管理创新的持续深化。众多企业的实践表明，企业社会责任表现优异的企业可以提升企业在社会上的形象，促进社会各界对企业的正面认识，有利于塑造优秀的品牌形象，为企业发展创造良好的社会环境。

云南电网公司已经制定了适合自身发展需要的企业社会责任规划，努力将企业社会责任理念融入公司的日常运营，进一步推进企业社会责任工作向常态化发展，尤其是公司已经明确提出了未来五年的企业社会责任战略定位。这些战略部署和管理手段的实施，将促使公司不断提升日常运营和企业社会责任绩效，构建良好的利益相关方关系，在社会各界的认同与支持下获得长足发展。

二、综合价值创造是公司履行责任的最终目标

作为云南省的支柱企业，云南电网公司在发展自身经济的同时，承担了更多的企业社会责任。例如，为了实施"西部大开发"战略以及"桥头堡"建设，公司一直承担着"西电东送"和"对外送电"的重要使命。为了云南省的经济腾飞和社会发展，公司还肩负着为地区企业及人民提供安全、优质、可靠电力服务的责任重担。根据公司定位和行业特点，公司建立了社会责任框架，明确了"电力供应、经济绩效、绿色环保、社会和谐"四大责任的内涵和外延，分别对应公司核心、经济、社会和环境四个方面的价值创造目标。[①]

[①] 由于云南电网公司承担的电力供应核心功能，对公司的经济、社会和环境价值创造均有贡献，故与其他三项价值并列提出。实际上，履行电力供应责任直接创造的价值，将进一步体现在公司间接创造的经济、社会和环境价值中。

(1) 履行电力供应责任，实现核心价值创造目标。为经济社会可持续发展提供安全、稳定、可靠、优质的电力保障，是公司的核心责任。在重大突发自然灾害面前，维护公共安全和公众利益，是公司的政治责任。在实践中，公司深入贯彻"一切事故都可以预防"的安全理念，以安全供电可靠率为总抓手，以电网安全稳定作为公司的生命线，通过推行安全风险管理体系、安全管理信息建设、健全安全考核机制、构筑坚强电网、推动电网智能化建设、加强电力设施保护、完善应急处理机制等措施，实践好公司的电力供应责任。

(2) 履行经济绩效责任，实现经济价值创造目标。严格执行国家电价政策，注重提升管理水平，确保国有资产保值增值，降本增效，优先考虑社会效益，这是公司的基本责任。在实践中，公司应积极倡导"企业效益为重、社会效益优先"的经营理念，通过大力开展电网建设、加大投资力度、推进"云电外送"、积极开展"走出去"战略，并持续深化企业经营管理改革，在以电网的安全稳定为核心的经营理念下确保国有资产保值增值，履行好公司的经济绩效责任。

(3) 履行社会和谐责任，实现社会价值创造目标。坚持电力普遍服务，促进城乡协调发展，是公司的特殊责任。与利益相关方携手共进、合作共赢，是公司与社会各界的共同责任。在实践中，公司深入贯彻"服务、团结"的企业理念，立足自身实际，发挥整体优势，通过加大投入解决无电人口通电问题、保障员工合理薪酬培训与职业发展、推行职工民主管理与监督、积极参与扶贫帮困及赈灾救危等公益事业、推行员工志愿者活动等手段，处理好与利益相关方的关系，为构建和谐社会履行其职责。

(4) 履行绿色环保责任，实现环境价值创造目标。建设绿色电网，推动全社会节能减排，促进企业与社会、环境全面协调可持续发展，是公司的时代责任。在实践中，公司应积极贯彻落实科学发展观的本质要求，发挥电网企业的优势，通过节能发电调度、提高可再生能源上网比例、降低线损、推行需求侧用电管理、加强环境污染控制和生物多样性保护等手段，在公司发展战略、规划设计、施工建设、生产运行、客户服务等各个环节全过程落实企业的绿色环保责任。

三、社会责任要求是综合价值创造的理念指导

企业是社会中的一员，其成长和发展离不开社会资源供给和环境支

持。因此，企业的价值不应单纯体现在规模、收入、利润等经济绩效，而是应全面反映企业的综合价值创造行为和结果。本书全面总结了云南电网企业社会责任推进与运营管理工作，全书的内容框架与逻辑关系如图0-1所示。

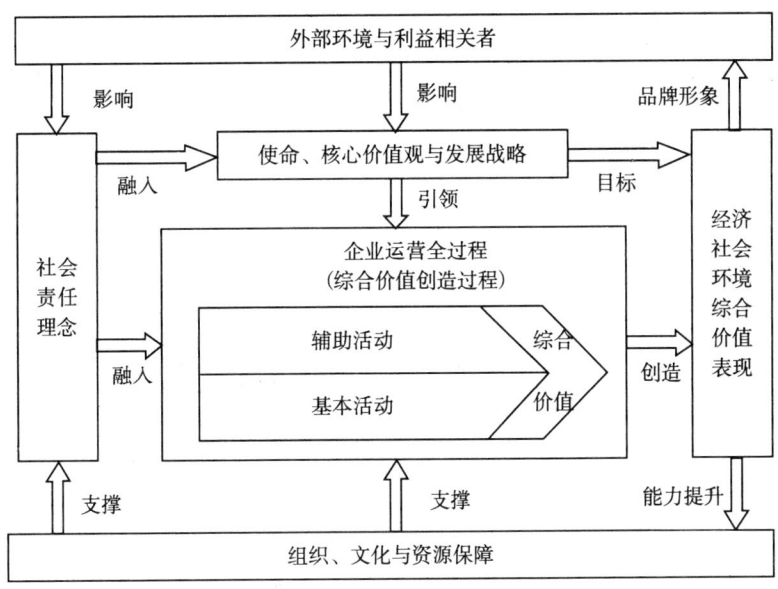

图0-1 本书的内容框架与逻辑关系

资料来源：编者绘制。

（1）理念认知与战略选择。企业根据外部环境要求、利益相关者期望以及自身实际情况，逐渐树立科学的企业社会责任理念，认知企业的企业社会责任内涵，同时确立企业未来发展的使命、核心价值观与发展战略。

（2）企业社会责任融入企业战略。企业的使命、核心价值观与发展战略，对企业的重大决策和日常运营具有引领作用。企业社会责任融入企业战略，一方面要求企业在使命、核心价值观与发展战略中，都应体现社会责任的理念和要求；另一方面要求企业在确立发展战略目标时，综合考虑经济、社会和环境综合绩效。

（3）企业社会责任融入运营过程。企业核心业务运营过程，是企业主要的价值创造过程。企业社会责任融入运营过程，就是企业以社会责任的理念和要求指导企业运营全过程，包括价值链上的基本活动和辅助活动，从而实现企业的经济、社会和环境综合价值创造。

（4）内部构建全面保障体系。企业社会责任理念认知、全面融合以及价值创造过程，都需要企业提供全方位、可持续的配套支持。企业应在内部建立起覆盖组织、文化与资源的全面保障体系，从而确保企业社会责任驱动的综合价值创造过程顺利进行。

（5）综合价值促进良性循环。企业的经济、社会和环境综合价值表现，将促使综合价值创造过程形成持续改进的良性循环。综合价值创造表现优异的企业，一方面能够树立负责任的品牌形象，赢得社会各界的认同与支持，从而营造良好的外部发展环境；另一方面能够获得可持续发展能力的提升，从而增强企业内部的全面保障体系。

全书以"企业社会责任"为主线，旨在全面、客观地反映云南电网公司的战略、运营与管理现状，以及通过企业社会责任理念融入价值链的综合价值创造过程。按照以上逻辑框架，本书内容分为三篇十二章。其中，上篇为战略发展篇，介绍公司概况、发展历程、发展战略以及企业社会责任推进情况；中篇为电网运营篇，包括公司电网规划与建设、运行与维护、营销与服务、农网建设与改造、国际化发展等各个价值链环节；下篇为管理支撑篇，反映公司在安全生产管理、技术创新管理、信息化建设、组织和文化与资源保障方面的具体管理活动。

四、企业社会责任融合是公司价值创造的重要手段

企业社会责任理念只有落实到企业运营实践的每个环节，才能真正改进企业运行方式、提升企业履责绩效，从而创造经济、社会和环境综合价值，为自身和社会的可持续发展做出贡献。为此，云南电网公司探索将企业社会责任全面融入公司价值创造过程，包括公司使命、发展战略以及公司价值链的各个环节，促使企业社会责任理念转化为全体员工的履责行动，全面提升公司的综合价值创造能力。

（一）企业社会责任融入企业使命

企业使命是企业最基本的战略定位，是企业社会价值的深刻体现。核心价值观是引领企业发展方向的价值信念，是企业行为背后的价值立场。南方电网公司确立了"主动承担企业社会责任，全力做好电力供应"的使命，以及"万家灯火、南网情深"的核心价值观。其中涵盖了对客户的服

务之情、对员工的关爱之情、对环境的绿色亲善之情、对社会的回报之情,实质是负责地对待政府、员工、客户、合作伙伴、环境、社区和公众等每一个利益相关方。云南电网公司深刻理解并坚持贯彻这一使命与核心价值观,并将其作为指导公司发展方向和实践行动的根本准则。

(二)企业社会责任融入发展战略

发展战略为企业明确了未来的发展方向,确定了企业长远发展目标,以保证企业去"做正确的事"。同时,战略还指出了实现长远目标的策略和途径,告诉企业如何去"正确地做事"。云南电网公司为加强和推进企业社会责任管理,将社会责任理念融入公司的发展战略,并在战略定位、战略目标与实施路径中加以体现。在2011~2020年中长期发展战略中,公司立足云南地区经济社会发展大局,明确了四大战略定位,即:"全力保障云南经济发展"、"坚定支持兴边富民"、"积极推进清洁能源西电东送"以及"主动参与大湄公河次区域电网建设与运营"。同时,在总体战略目标、阶段战略目标以及评价指标设计中,融入了对政府(出资人)、员工、客户、环境等利益相关方的责任。此外,在行动计划与绩效考核中,也体现了企业社会责任理念和要求,旨在确保顺利实现2020年长期发展目标——"成为服务好、管理好、形象好的国内领先省级电网企业"。

(三)企业社会责任融入公司价值链

云南电网公司以电网建设与运营为主业,各项活动围绕主业形成一条价值链。其中,基本活动包括电网规划、电网建设、电网运行、电网维护和营销服务五大环节;辅助活动包括科技创新管理、信息化管理、人力资源管理、财务管理以及物资管理(见图0-2)。企业社会责任融入公司价值链,是指将企业社会责任理念和要求融入价值创造的各项活动中,改进公司业务运营方式和管理方式,优化相关的制度、流程、标准和规范,形成一种企业社会责任融入的长效机制,从而实现以企业社会责任理念指导公司实现经济、社会和环境的综合价值创造。

1. 企业社会责任融入价值链基本活动

企业社会责任融入电网规划。电网规划即通过科学的方式确定在何时、何地投建何种类型的输电线路及其回路数等电力设施,以达到规划周期内所需要的输电能力,在满足各项技术指标的前提下使输电系统的费用

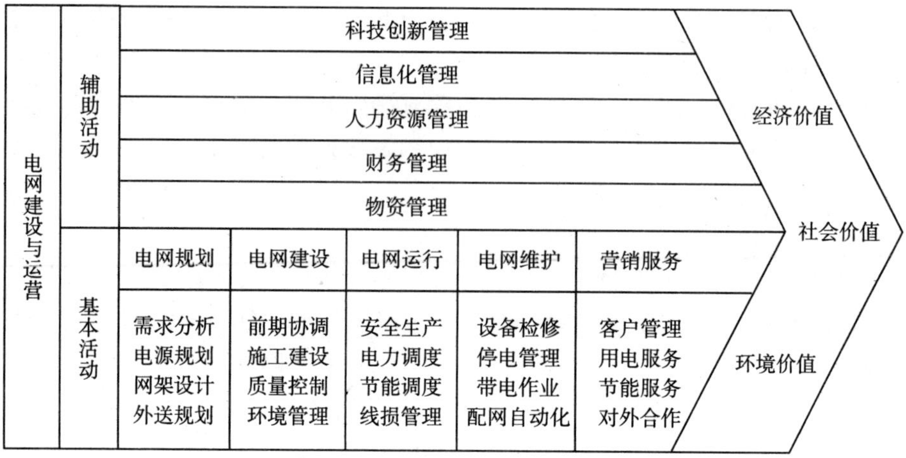

图0-2 云南电网公司电网建设与运营价值链构成

资料来源：编者绘制。

最小。其目标是使电网发展能适应、满足并适度超前于供电区域内的经济发展需求，发挥其对电网建设、运行和供电保障的先导作用，是电力工业实现快速、稳定、持续发展的重要保障。云南电网公司始终坚持"科学规划，适度超前"的基本原则，加强电网规划建设一体化管理，基于严谨的电力需求预测，科学布局云南电网的电源结构和网架结构，同时充分发挥云南水电资源丰富的优势，积极落实"西电东送"工程。在制定电网规划过程中，公司非常注重加强相关各方的沟通合作，从管理、技术和关系协调三方面入手，确保电网发展与地方经济社会发展的协调可持续。

企业社会责任融入电网建设。电网建设是整个价值创造过程的关键环节，关系到电网的安全稳定运行，对当地自然环境和社会发展存在很大影响。为做好项目前期工作，解决电网建设受阻难题，云南电网公司积极与政府部门进行沟通协调，促使云南省政府于2010年成立了电网建设协调领导小组，由常务副省长担任组长，并要求全省各州（市、县）成立相应的领导小组，在全省开通电网建设的"绿色通道"，进一步加强对电网建设指挥、协调的工作力度。"十一五"以来，为了满足地方经济快速发展的需要，云南电网公司加大电网建设投入，全力打造结构合理、安全、可靠的云南电网。在电网工程施工建设过程中，公司非常重视电网建设过程中的安全和质量管理。更为重要的是，公司充分考虑了电网建设给环境、生态、社会等带来的影响，加强电网建设工程的环境管理工作，努力促进资源节约型、环境友好型电网建设。

企业社会责任融入电网运行。电网的安全稳定运行需要电网调度的协调与平衡，电网调度是电力系统安全运行的中枢，关系到电网稳定运行的方方面面。为此，云南电网公司严格按照《中华人民共和国电力法》、《电网调度管理条例》、《电力监管条例》等国家及行业有关法律法规和《中国南方电网电力调度管理规程》的要求，结合电网实际情况和电力系统安全运行的需要，坚持按照"公开、公平、公正"的"三公调度"原则，开展电力调度工作。同时，公司依照《云南省电网节能经济调度实施意见》的要求，大力实施节能发电调度，减少传统能源消耗和污染气体排放，并充分利用云南丰富的水电资源优势，通过协调优化"西电东送"低谷负荷曲线，提高低谷时段外送能力。此外，公司还发布了自己的《"十二五"节能减排规划》，充分贯彻"提高供电可靠率、降低线损"的技术要求，开展线损分区、分压、分线、分台区的"四分"管理工作，减少电网运行过程中的电力损耗。

企业社会责任融入电网维护。供电可靠性，是指电力系统对客户的持续供电能力，反映供电系统对客户电能需求供给的满意程度。供电可靠性是评价电网的一项重要指标，直接关系到经济社会发展和人民生活品质的提升。加强电网维护管理，强化供电可靠性管理，是提高供电质量的重要保障。云南电网公司始终重视加强供电可靠性管理，持续加强综合停电管理和带电作业，强化配网自动化，多措并举提高供电可靠性。在综合停电管理方面，公司积极推行"先算后停"的停电管理机制，完善省地县三级调度以及发、输、配用四个环节综合停电协调机制，统筹安排一、二次设备检修计划，强化检修计划执行的刚性，减少重复停电和临时停电。为了更好地推广实施带电作业，公司成立了带电作业中心，积极开展带电作业科技创新工作，加强带电作业各个类别培训班的规范管理，不断提升员工的带电作业水平。此外，公司不断推进配网自动化试点，加快配网通信建设，深化配网生产信息化应用，为电网切实提高供电可靠性、实现配电网经济运行以及确保向用户不间断的优质供电提供有力保障。

企业社会责任融入营销服务。电力营销与服务是直接面向用电客户的重要环节，服务质量直接影响到客户满意度和企业形象。云南电网公司始终坚持以客户为中心，把客户的需求和期望作为企业生存和发展的根本动力,根据市场变化和自身实际制定适当的营销和服务策略,在电力供应、优质服务、规范客户工程市场、营销技术进步、绿色行动等方面取得了明显成效。特别是在营销标准化建设和"以市场为导向、以客户为中心"营销机制方面进行了大量的探索和创新,使得公司在营销体制创新、标准化、信息化、客户工程市场管理、节能降耗等方面有一定先导性和超前性。为了更好地服务每一位客户,公司实施客户分类管理,提供差异化客户服务。与此同时,公司十分重视加强与客户的沟通和交流,积极与客户建立长期的战略合作关系,不断提高客户满意度,赢得了客户的理解和尊重,使"万家灯火、南网情深"的形象深入人心,致力实现"服务好、管理好、形象好"的战略目标。

2. 企业社会责任融入价值链辅助活动

企业社会责任融入科技创新管理。技术创新是企业持续发展的不竭动力。云南电网公司以电力研究院为载体,不断加大科技投入,坚持不懈地开展技术创新活动,围绕电网安全绿色运行、提升客户服务水平等领域展开深入研究,以显著的研究成果提升电网科技含量,为云南电网安全、稳定、经济运行提供技术保障。多年来,公司在绿色生产技术、安全生产技术、智能微网及智能用电技术、光伏发电技术等领域取得多项创新成果,创造出良好的经济、社会和环境效益。

企业社会责任融入信息化管理。信息化手段的采用,能够大幅提升企业管理效率,提高资源配置效率,促进资源集约利用。公司十分重视信息化建设,于2010年10月成立了信息部,专门负责信息化管理的各项工作。公司顺利完成了"云南电网公司信息化登高计划"的相关项目,进一步提升了公司信息化水平。"十二五"期间,公司将加快建设一体化、现代化、智能化的企业级信息平台,为公司管理工作和各项主营业务提供有力的信息技术支撑。

企业社会责任融入人力资源管理。人力资源是企业赖以生存的核心要素,离开高素质的人才队伍,企业发展将难以为继。云南电网公司秉持"以人为本"的责任理念,围绕企业核心业务,构建了多维度、多梯次的人力资源支撑体系。一是抓好干部队伍建设,通过持续的制度建设,打造一支素质优秀、业务过硬、能力一流的领导队伍,增强引领发展能力;二是抓好专业人才梯队建设,启动实施人才发展"六大工程",积极探索高层次人才培养经验,增强持续发展后劲;三是完善薪酬福利管理,做好工资总额调控工作,建立和完善劳动保护用品管理和福利制度,提高员工工作满意度;四是建立教育培训长效机制,推进一体化的教育培训管理体系建设,采取"多方联动"的需求分析方法和"双向培养"的师资培养模式,提高员工综合素质;五是完善人力资源评价体系,推进"5+1"模式人才评价体系建设,推广运用岗位能力素质模型及行为评价标准,持续提升员工素质。

企业社会责任融入财务管理。良好的财务状况,是一个企业健康、持续运营的重要保障。尤其是作为一家国有企业,还肩负着国有资产保值增值的使命。近年来,公司财务部认真领会南方电网公司"集团化管理模式、一体化管理制度"的管理定位,以提升价值创造能力为目标,加强财务集约化和一体化管理,不断强化财务管理的服务、监督和支撑作用。其主要工作大致沿四个方面展开:一是以提高管控能力为目标的财务一体化工程;二是以管理效率为导向的财务精细化工程;三是以资金效率和资金安全为目标的资金管理工程;四是以内部战略和企业社会责任为导向的支撑服务体系优化工程。

企业社会责任融入物资管理。云南电网公司注重加强物资管理,增强物资供应保障,推行物资一体化管理,最大限度地减少物资浪费。公司于2011年3月初组建了物资部,搭建起省级物资管理平台,并制定相关管理制度和流程,围绕《物资一体化管理工作方案》以及南方电网公司下发的19个制度(规定),组织编写了《云南电网公司物资管理办法》、《云南电网公司招标管理办法》和《云南电网公司物资计划管理实施细则》等8个规则。同时,公司创新物资管理方式,启动物资供应看板管理,以便更好地加强物资管理,实时掌握工程物资供应进展情况。此外,公司还按照南方电网公司物资一体化信息系统推广工作方案的要求,积极启动信息系统建设,全面提升物资管理水平,并为此对公司员工开展了多批次培训工作。

上篇 战略发展篇

战略发展篇主要从公司基本情况入手，全面阐释云南电网公司的发展历程和发展战略。

公司概况从云南电网公司确保国有资产保值增值、支持区域经济发展、推动绿色环保、促进社会和谐四个方面论述了公司在企业社会责任领域的实践和绩效。

发展历程主要根据中国电力体制改革和云南电网的实际发展演变分阶段，在阐述公司发展阶段变化的同时，阐述了公司在每个阶段的主要贡献。

发展战略主要论述了云南电网公司积极承接南方电网公司的中长期发展战略，从环境分析、战略制定、战略实施等几个角度展现公司未来几年的发展思路和目标。

企业社会责任一章是本书的特色，主要从理念认知、组织机构建设、能力提升、利益相关方沟通等几个维度，对云南电网公司在企业社会责任推进管理方面的举措进行详细阐述。

通过战略发展篇的介绍，使读者能够对云南电网公司的基本情况有明晰的了解。

第一章 公司概况

云南电网公司是南方电网公司的全资子公司,截至2012年底,管理43个分公司,111个子公司。公司以电网运营为核心,负责云南省电力的输送和销售工作,承担着全省电网的统一规划、统一建设、统一管理、统一调度。输电网络覆盖全省16个州(市)并承担"西电东送"和"云电外送"的任务。2012年底,公司资产总额894.40亿元,实现营业收入598.68亿元,客户总数约1088万户,员工59567人,供电服务人口约4346万人。

要全面认识云南电网公司,首先必须明确其在国民经济、区域发展、环境保护和社会稳定中的角色定位。实际上,云南电网公司在实现电力供应核心功能的同时,还承担了多种社会功能,是国有资产保值增值的创造者、区域经济发展的先行者、绿色低碳发展的推动者以及和谐社会建设的践行者。因此,云南电网公司是一个经济、社会和环境的综合价值创造者。

第一节 确保国有资产保值增值

经济责任是公司的最基本责任。无论是中央企业还是其他类型的企业,盈利是公司首要考虑的事情。公司坚持依法合规经营,加强投资风险控制,建立规范的公司治理结构,确保实现国有资产保值增值。

一、坚持依法合规经营

公司坚持依法合规经营,严格执行国家法律法规,转变经济增长方式,深入推进财务集约化管理,坚定实施"走出去"战略,在努力提高经营业绩的同时,实现了国有资产保值增值任务。"十一五"期间及"十二五"初期，公司总体规模呈现快速发展趋势，2012年，公司营业收入599亿元，资产总额894亿元（见图1-1）。近年来，公司在云南省百强企业中的排名一直是第4位。

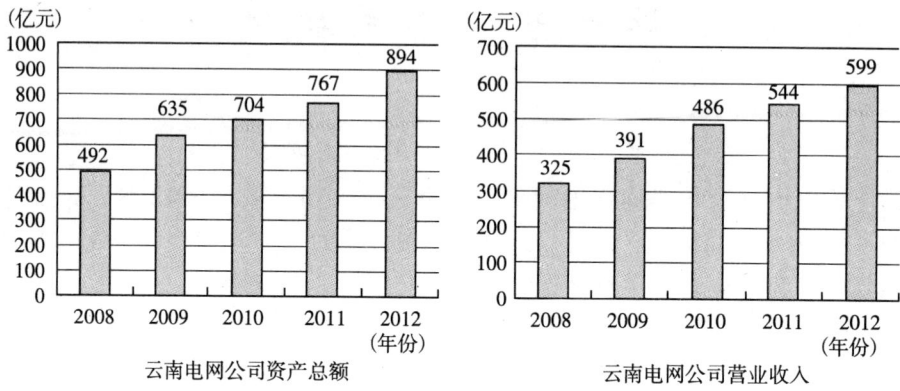

图1-1 云南电网公司资产和收入增长情况

资料来源：云南电网公司。

二、加强投资风险控制

合理控制投资风险，是实现国有资产保值增值的关键环节。2011年，公司加强高风险投资清理处置工作，处置转让了8项低效、无效投资，并且减少县级供电企业对外担保1681万元。建立了审计整改标准化操作模板，全面实施红、黄、绿三级整改预警机制，积极开展整改后续审计。

三、规范公司治理结构

公司按照《中华人民共和国全民所有制工业企业法》注册，实行总经理负责制，总经理是公司的法定代表人。公司实行职工代表大会制度，推行从公司到基层企业班组的多级民主管理，公司年度工作报告、年度综合计划、财务预算等重大事项决策需要经过职代会审议通过。公司组织机构如图1-2所示。

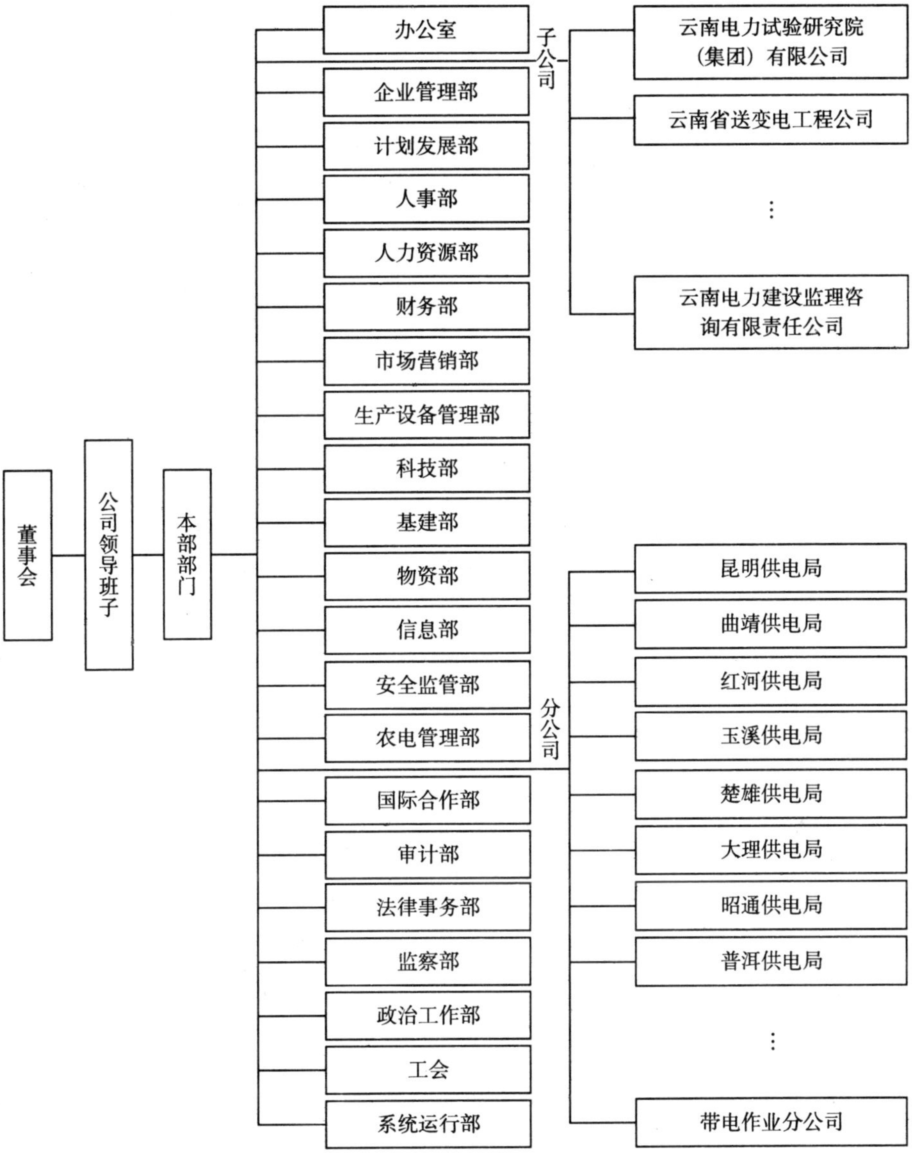

第一章 公司概况

图 1-2 云南电网公司组织机构

资料来源：云南电网公司。

第二节 积极支持区域经济发展

经济发展，电力先行。作为全省重要的经济引擎，云南电网公司积极执行国家及地方政府相关政策，超前规划，稳步推进，争当支持地方经济发展的先行者。作为"西电东送"的主要电源基地，公司依托南网大平台的优势，大力推进"云电外送"。作为南方电网公司"走出去"战略的"桥头堡"和排头兵，公司充分利用云南自然资源优势、区位优势，与东南亚国家积极开展电力合作。这些举措为地方、区域、国家乃至国际都做出了重要贡献，履行了企业社会责任。公司对当地GDP的贡献度保持在3%~4%。

一、科学制定电网规划

电网规划决定了一个区域电网的电力供应能力，以及能源资源配置能力。科学的电网规划，必须建立在准确的电力需求分析基础上，应适度超前于当地经济发展速度。为顺应云南经济社会发展对电力的需求和对坚强电网的要求，缩小与国际先进电力企业在电网结构和技术水平上的差距，公司着重考虑建设结构合理、布局优化的网架结构，推动电网向智能化、低碳化方向发展，提高电网科技含量，打造一个安全可靠的现代化大电网，更好地服务经济社会可持续发展。

二、加快电网建设步伐

电网建设是整个电力运营过程的关键环节，关系到电网的安全稳定运行。为了满足云南地方经济快速发展的电力需求，公司逐年加大电网建设投资，加快电网建设步伐，对当地GDP增长起到了重要的带动作用。"十一五"期间，云南电网公司共投入445亿元建设电网，超过了新中国成立以来至"十五"末云南电网建设的投资总和。同期，公司发展规模实现倍增，统调发电装机容量从2005年末的893万千瓦提升到2836万千瓦，增长了2.2倍；售电量从432亿千瓦时跃升到1176亿千瓦时，突破了千亿大关；"西电东送"送电能力从195万千瓦跃升到790万千瓦。

三、提供安全可靠供电

随着云南地区经济发展步伐的加快，安全可靠的电力供应对经济社会持续、稳定发展起着越来越重要的作用，相应地对供电可靠性也提出了更高的要求。公司始终把确保电网安全稳定运行视为生命线，坚持"以客为尊、和谐共赢"的服务理念，不断完善网架结构，推行综合停电管理和带电作业，持续提升供电可靠性，减少客户停电时间。在加强电网建设的同时，持续提升电网的科技含量和信息化水平，努力为区域经济社会发展提供安全、稳定、可靠的电力保障。"十一五"以来，公司供电可靠率持续提升，用户平均停电次数和停电时间不断降低。

四、促进区域协调发展

公司不仅肩负着云南地区经济发展的电力供应责任，同时还承担着"西电东送"和"云电外送"的战略任务。尤其是云南面向西南开放的桥头堡建设实施以来，公司在跨区配置电力资源、促进区域协调发展方面的核心作用日益凸显。"十一五"以来，公司以输电网协调发展为总体思路，相继完成了云电送粤500千伏"三变五线"、"三变十三线"、"四变十七线"等重点工程建设，"西电东送"电量逐年攀升，成为了"西电东送"战略实施的主力军。

第三节 致力推动绿色低碳发展

公司践行绿色环保的电网运营理念，配合政府优化全省清洁载能产业布局和能源配置，大力支持新能源并网，强化节能发电调度，帮助客户进行节能用电，以智能、高效、可靠、绿色的电网支持云南低碳试点省建设。

一、电源侧：发展清洁能源

云南省水能资源位居全国第三，可开发水能资源装机容量位居全国第二，单位面积可开发的水电装机容量居全国之首。另外，云南太阳能、风能地热和生物质资源也较为丰富，且开发利用条件较好。公司根据区域能源分布特征，大力发展清洁能源，提高清洁能源在总电力供应中所占比重，加强电力供需平衡分析和调度运行管理，优化各类能源利用组合和电源结构优化协调，做好水电高效利用和火电节能降耗，实现大规模煤电和清洁能源的协调发展。到"十一五"末，全省统调水电装机规模达1786万千瓦，水电比重上升到63%，电源结构得到明显改善。云南电网公司自2008年实施节能发电调度，至2012年底，累计节约标煤约2081.9万吨。

二、电网侧：建设绿色电网

为了应对气候变化这一全人类面临的重大挑战，发展以低能耗、低污染、低排放为基础的低碳经济逐渐成为全球的共识。公司努力实现电网建设与自然环境的和谐共赢，在设计阶段充分考虑对环境、资源和自然景观的影响，采用节能、降耗、节水、环保的先进技术设备和产品，改进施工方法和管理方案，努力打造绿色电网。近年来，公司在电网建设中逐步融入智能、绿色、节能的理念，同时运用先进的计算机技术、通信技术和控制技术，全力打造"3C绿色电网"，并在部分电网建设项目的设计方案中运用"绿色变电站"理念，减少对资源的占用和对环境的影响。2012年，公司创新"110千伏模块设计"电网建设并获首届南方电网公司基建"金点奖"大赛"方案设计荣誉奖"，红河供电局110千伏龙井变电站采用模块化变电站建设模式后，节能降耗效果十分显著。据测算，采用"110千伏模块设计"每台变压器每年可节约电量约180000千瓦时。

三、需求侧：助力客户节能

公司积极推进合同能源管理，为客户开展节能服务，推动电力需求侧的绿色发展。主动为客户提供节能诊断，帮助客户降低能耗。截至2011年底，公司在云南省范围内累计出资实施了12个合同能源管理节电项目，累计投入政府专项基金节能改造资金1224万元，改造项目涉及钢铁、水泥等具有代表性的高耗能行业，平均节电率达到30%以上，每年节约电量近3000万千瓦时。截至2012年底，公司累计投资2500万元，完成全省421户客户的节能诊断工作。此外，公司还大力支持电动汽车发展，积极参与节能与新能源汽车示范推广试点工作，多方合作，共同推进电动汽车产业发展及相关配套设施的建设，提高清洁能源的利用水平。

第四节 努力促进和谐社会建设

公司深知电网企业在建设和谐社会中的重要责任，在运营过程中努力实现与利益相关方的和谐共赢，全力解决农村用电问题，积极参与社会公益事业，努力保障员工权益和发展需求，促进员工、企业和社会的共同发展。

一、追求利益相关方合作共赢

公司运营过程中离不开各利益相关方的支持与合作。因此，公司非常注重利益相关方关系管理，加强与利益相关方之间的沟通与合作，追求合作共赢的结局。首先，公司在发展过程中，确保员工的合法权益不受侵犯，并为员工提供培训与晋升机会，实现员工与企业的共同发展。其次，公司在开展电网建设与运营业务活动中，平等对待产业价值链上的其他合作伙伴，坚决维护各利益相关方的正当权益，营造和谐、互利的合作氛围。最后，公司大力实施"走出去"发展战略，分别与越南、老挝、缅甸等国家开展跨国业务合作。公司始终坚持"诚实守信、和谐共赢"的合作理念，旨在建立长期战略合作伙伴关系，实现更大范围内的资源优化配置，创造更多的社会价值。

二、加快农网升级改造

公司立足行业优势和自身实际，积极贯彻国家服务"三农"战略，不断推进农网建设和县级供电企业体制改革，持续加大农网升级及改造力度，大力解决农村无电人口用电问题，服务社会主义新农村建设。"十一五"期间，公司电力体制改革取得突破，基本实现了全省"一张网、全覆盖"的目标。公司累计投入110亿元，实施了县城电网改造、完善西部农网、国家2006~2009年中西部农村电网改造及无电地区通电工程和云南省水利厅移交的7批农网改造、无电地区通电等工程。2005年以来，农村电网供电可靠率大幅提升。自2004年国家启动无电工程建设以来，国家下达及公司自筹累计投资49.56亿元，共解决49.6987万户无电人口用电问题，提前3年实现"十二五"户户通电目标。

三、积极参与社区发展

积极参与社区发展，投身社会公益，扶危助困，一直是公司社会责任实践的重要内容。在多次抗冰保电、抗旱救灾和抗震救灾中，公司始终奋战在最前线。公司积极配合落实云南省"兴边富民"工程计划，坚持把实施"兴边富民"工程和扶贫助困紧密结合，热心社区公益事业发展，给社会带来光明的同时也送去温暖。"十一五"期间，公司累计投入扶贫资金3250万元，建成希望小学11所，有效解决了扶贫区域人畜饮水、通路、太阳能、养殖种植、学生上学和技术技能培训，改善了受扶农户的生产、生活条件，有力地促进了边境县的经济发展。仅在定点挂钩扶贫的昆明市东川区、普洱市西盟县，公司就完成扶贫专项资金共计2736.8万元。在云南省定点扶贫考核中，公司连续四年被评为云南省社会扶贫工作先进集体，并被评为"十一五"云南省社会扶贫工作先进集体。

【专栏1-1】

大力开展扶贫工程　助推西盟东川发展

公司实施对口帮扶西盟以来，先后实施了"四个一"、"七个一"帮扶工程，充分发挥公司在社区建设和发展中的推动作用。其中，"四个一"工程包括：建设一所希望小学；培训一批专业技术人；建设一个110千伏输变电工程项目；帮助开发一座水电站。为了尽快落实帮扶西盟县实施"兴边富民""四个一"工程，2005年，云南电网公司投资60万元在对口帮扶的西盟县启动莫窝乡莫美希望小学工程项目建设。5年来，公司共投资200多万元，为学校新建了教学楼、学生食堂、厕所等基础设施，并多次向学校捐赠了电脑、电视、打印机、书包等教学用品。公司员工多次走进学校看望小学生，不仅改善了学校的教学条件和学生的生活条件，更是增加了学生的精神食粮，激励学生们发愤学习，成为有益于国家和社会的栋梁之材。

2008年6月1日，云南电网公司大坪子村扶贫工程正式开工建设，工程共实施五个扶贫项目，包括基础设施、生态建设、经济发展、科技培训、安居工程建设。工程共投入158.2万元，由昆明供电局负责具体实施，完成简易公路修建4130米；村内主干道路硬化、入户道路硬化

1500米；新建松毛棚至大坪子人畜饮水工程，铺设水管1000多米；新建公共浴室400平方米和卫生厕33间，改造卫生厕42间；完成种、养殖业和党员培训4期共500人次；完成危房改造41户。工程受益人数达690人，结束了大坪子村91户329人20多年不通公路的历史，为当地农村的脱贫致富和经济发展创造了良好条件。东川区委常委、纪委书记李加德感叹，这是一项"动真情、真扶贫"的民心工程。

资料来源：云南电网公司。

第二章 发展历程

云南电网公司的历史最早可追溯到 1910 年,其前身是商办云南耀龙电灯公司。石龙坝水电站的建设奠定了云南电网公司建设事业的基础。之后,伴随着中国电力工业体制改革,逐渐从改革阶段步入快速发展阶段,取得了企业规模与综合实力的全面提升,同时也为云南省地方经济和社会发展做出了重要贡献。

第一节 初创起步阶段

新中国成立至改革开放实施前是云南电网公司的初创起步阶段。在这一阶段,随着我国电力工业管理体制经历燃料工业部、电力工业部和水利电力部三个时期,云南电网公司(原云南省电力工业局)也历经多年的上划或下放,在名称上历经变更,但长期以来都是政企合一,履行双重职责。作为云南省政府的职能部门,代表地方政府对电力生产进行经营管理,但又受电力工业部和云南省政府委托,对云南电力工业实行行业管理。

1949 年 10 月新中国成立后,在中央人民政府领导下,组建了燃料工业部,对全国煤炭工业,石油工业和电力工业实行统一管理。在这一背景下,1950 年 7 月,耀龙、昆湖合并为"云南省电业管理局",负责云南省的电力建设和运营及行业管理工作。1951 年 11 月,随着西南军政委员会工业部电业管理局改名为燃料部西南电业管理局,云南省电管局亦改为西南电管局云南电业局。1952 年 11 月,西南电业管理局改由燃料工业部领导,同时,在云南省工业厅下设电业管理局。1955 年 7 月,第一届全国人民代表大会第二次会议通过决议,撤销燃料工业部,设立煤炭工业部、电力工业部和石油工业部。这一时期,云南电业管理局直接由电力工业部领导,负责统一管理云南省电力工业。

由于新中国成立前云南经济技术落后,云南电力工业虽然起步较早,但发展缓慢,基础十分薄弱。从 1910 年建设石龙坝水电站开始到 1949 年近 40 年的历程,云南发电装机总容量只有 1.45 万千瓦。因此在国民经济恢复时期和"一五"计划期间,为了满足开发个旧锡矿和东川、易门铜矿以及昆明的工业用电,采取了电力先行的政策。1951 年在玉皇阁发电厂加装第二台 1250 千瓦机组;1953 年,昆明地区石龙坝、马街子、玉皇阁、喷水洞 4 座电厂实行并列运行,形成 22 千伏昆明电网,结束了云南有电 41 年来单机单线分片供电的历史;1954 年改建石龙坝水电站,建成 3000 千瓦机组 1 台,开远水电厂扩建 1 台 1000 千瓦机组,全厂容量达 2792 千瓦,同时兴建和扩建了昆明普坪村发电厂一期和开远第一发电厂一期。特别是石龙坝电站至安宁钢铁厂全长 8000 米的 35 千伏输电线路建成投产,这是云南第一条 35 千伏输电线路。1956 年 3 月,由前苏联援建 156 项工程之一的开远电厂投产,总装机容量为 7 万千瓦,这是云南第一座中温中压火力发电厂;1956 年 7 月,我国第一座高水头(629 米)、跨流域、梯级开发引水式以礼河水电站首期工程——第二级(水槽子)电站开工建设(1972 年全部竣工投产,总装机容量为 32.15 万千瓦)。

第二节 云南省电力局阶段

1958 年 1 月,昆明电业局改为电力工业部云南电力局。1958 年 2 月二届全国人大五次会议通过决议,将水利部和电力工业部合并成立水利电力部。在这一时期,云南省电业管理局经历了由省政府直接管理再到电力工业部直接管理的转变。1958 年 6 月,原云南省电力局下放云南省,成立云南省水利电力厅。1962 年 8 月,云南省水利电力厅改为水电部云南电业管理局。

1980 年 2 月 5 日,云南电力局改称云南电力厅;1981 年 1 月云南电力工业厅所属企业上划电力工业部,实行双重领导,又改称电力工业局。1988 年 5 月 22 日,能源部正式成立,同年 12 月成立中国电力企业联合会，在网省电力管理局、电力工业局的基础上成立电力集团公司和省电力公司。由此，实现了电力工业的行政管理、企业管理和行业自律性管理职能的初步分开。1993年12月8日，经能源部、云南省政府批准成立云南省电力公司，公司受电力部与云南省政府共同领导，以电力部为主。1996年4月八届全国人大十七次会议通过了《中华人民共和国电力法》，确立了电力改革与发展应采取"政企分开、省为实体、联合电网、统一调度"的方针。根据《电力法》的精神，1997年1月16日国家电网公司成立，而云南电力公司也被列为全国电力体制改革试点企业之一。

在这一时期，云南完成了一系列电源和电网建设项目。1958年11月，宣威电厂第一期2×2.5万千瓦工程开工建设（第一台机组于1960年4月30日发电）；1959年1月，阳宗海电厂5×1.2万千瓦工程开工建设（同年10月1日第一台机组投产电量送到110千伏普吉变电站并网；1966年12月建成，形成宣—以—昆电网，这是西南高海拔地区建成的第一条220千伏线路；1983年7月，昆明—曲靖—宣威300路模拟主干微波通信电路223千米投入运行，这是云南电网第一条模拟微波主干电路；1984年10月，小龙潭电厂至昆明马鞍山变电站152千米220千伏输电线路开工，第一次采用双回路铁塔；1985年11月投产，至此，全省220千伏网架基本形成；1988年9月，220千伏云龙变电站12万千伏安主变压器投产，这是滇南最大的枢纽变电站；1991年6月，云南电网第一座500千伏草铺变电站正式开工建设，1991年6月，我国第一座高海拔500千伏漫湾至昆明一回220.37千米输电线路开工建设；1992年9月，全长86.52千米的鲁天线开工建设；1993年8月3日正式通过鲁天线向广东送电，开创了全国西电东送的历史；1995年2月，临沧—双江—勐省35千伏送变电工程投产，沧源县电网并入省电网运行，省电网开始向省边境地区供电；1997年8月，新建的220千伏青山变电站投产。至此，自1996年以来，由云南省电力局（公司）承建的南昆电气化铁路配套工程全部建成投产。

第三节 云南省电力集团阶段

根据1998年国务院办公厅《关于深化电力工业体制改革有关问题的意

见》，电力体制改革必须坚持政企分开、省为实体的原则，按照"地方各级政府均不设立电力专业管理部门"和实行政企分开后"每个省只设立一个省级电力公司，对全省电网实行统一规划、统一管理"的要求，1998年10月28日，云南电力公司正式改制为云南电力集团有限公司，按《公司法》组建了法人治理结构。云南电力集团公司是由国家电力公司出资设立的国有独资公司，享有全部法人财产权，是投资主体和资产经营主体，也是统一管理、经营云南电网的企业法人。

1998年12月，云南省第一条电缆隧道在昆明建成；1999年8月，由云南省政府和云南电力集团有限公司共同投资1132万元建设的云南省重点高压试验项目——云南省高海拔超高压直流输变电试验基地通过验收；2000年8月，中泰合作建设景洪水电站（装机容量为150万千瓦）投资协议在昆明正式签署；2001年7月，云南"西电东送"的第一条500千伏输电线路罗（平）—天（生桥）线建成通电；2002年1月，"西电东送"重点工程云南小湾电站正式开工建设，同时昭通高桥电站开工建设。

第四节 云南省电网公司阶段

2002年3月，国务院正式批准了《电力体制改革方案》，提出电力改革的总体目标是"打破垄断，引入竞争，提高效率，降低成本，健全电价机制，优化资源配置，促进电力发展，推进全国联网，构建政府监管下的政企分开、公平竞争、开放有序、健康发展的电力市场体系"。2002年12月，国家对原国家电力公司进行重组和拆分，组建五大发电企业集团、两大电网公司和四大辅业公司，掀开了以"厂网分开、竞价上网"为主要内容的电力体制改革序幕，从而开始了电力体制的新一轮改革。在这一背景下，云南电力集团有限公司成为南方电网公司的全资子公司。2004年11月，云南电力集团有限公司更名为云南电网公司。

自此以后，云南电网公司步入了快速发展阶段，不但电力供应和保障能力快速提升，企业规模快速增长，而且对地区经济社会发展贡献水平也快速提高，企业社会形象也得到显著提升。

云南电网公司成立以后，在南方电网的统一部署下，围绕建设"卓越电网"的目标，继续推进云南省电网建设。2003年，220千伏电网延伸进入文山、保山、丽江取得突破，500千伏"三变五线"工程投产。2004年，云南电网公司建设了从河口到越南老街的110千伏电压等级线路，开创了中国电力大规模送电及"走出去"的先河。云南电网公司销售收入首次突破100亿元大关，成为全省销售收入超百亿的四家企业之一。2005年，南方电网公司在云南启动了国内首个特高压输电工程项目，统一规划了保山、文山、德宏、怒江等州市220千伏以上电网，启动了1000千伏云南昭通—广西桂林—广东惠东特高压交流输变电工程的前期工作。2006年，全省新增电力装机容量500多万千瓦，成为历史上发电装机容量投产最多的年份，成功跨越了1000万千瓦水电装机容量的目标。2007年，在电网投资建设方面，电网建设投资64.17亿元，启动了500千伏"四变十七线"工程建设，保障了500千伏"云电送粤"南通道等重点工程的顺利推进，云南电网主网结构进一步强化。加大农网改造力度，完成县城电网改造、完善西部地区农网、无电人口通电等工程投资8亿元，实现了4.9万户无电人口通电。在企业社会责任管理与实践方面，大力推进南方电网节能服务"绿色行动"。面对普洱"6·3"地震灾害，迅速组织开展电网抗震救灾，不到10小时就基本恢复了灾区供电，并向灾区捐款124万元。加大扶贫工作力度，大力实施"兴边富民"工程，以定点挂钩东川区、西盟县扶贫为重点，投入扶贫项目资金3291万元。

2008年，在电网投资建设方面，公司完成电网建设投资68.4亿元，完成了500千伏"四变十七线"工程建设，进一步增强了主干骨架，西电东送能力达到400万千瓦，最大电力送到416万千瓦。在企业社会责任管理与实践方面，发布了南方电网系统的首份企业社会责任报告，在社会上引起了高度关注和强烈反响。公司先后三次向"5·12"汶川地震灾区捐款总计1325.49万元，另外在云南省"送温暖、献爱心"社会捐助活动中为灾区人民和困难群众捐款捐物。

2009年，在电网投资建设方面，完成电网建设投资140.08亿元。解决了8.7万户无电人口通电问题，昆明、玉溪、楚雄、西双版纳实现户户通电。115千伏与老挝北部联网工程建成投产，为开拓国外电力市场打开了新通道。在企业社会责任管理与实践方面，公司连续第二年发布了企业社会责任报告。

2010年，在电力供应方面，完成售电量1176.35亿千瓦时。在企业社会责任管理与实践方面，公司成立了企业社会责任工作领导小组及领导小组办公室；启动了企业社会责任规划、管理体系和指标体系的研究与编制工作，为公司的企业社会责任实践发挥了引领和保障作用。积极参与社会公益，全年累计捐款捐物983.9万元。

2011年，稳步推进"走出去"战略，与老挝国家电力公司签署了老挝北部电网建设谅解备忘录。全年电网建设投资109.91亿元，完成陆良县两个行政村电网改造升级试点建设，树立了南方电网示范样板。在企业社会责任管理与实践方面，公司在子战略制定过程中将企业社会责任列为战略地图的关键因素，从企业社会责任日主题活动、示范基地建设、课题研究、优秀案例评选、培训等方面着手，推进公司企业社会责任工作的开展，逐步将企业社会责任理念融入公司运营。

2012年，在电网投资建设方面，开展了金中送出、云电送桂、"十二五"水电消纳、提高电网防灾能力等专题研究。全年电网建设投资127.67亿元，投产110千伏及以上输变电项目57项。公司调减"西电东送"电量近3亿千瓦时，有力支持了云南省内用电。在企业社会责任管理与实践方面，公司按照南方电网公司责任品牌建设要求，以企业社会责任管理提升活动为载体，切实将企业社会责任工作融入日常管理中，加强社会沟通，提升公司责任形象。完成《社会责任国际标准ISO26000在云南电网公司的应用研究》课题，形成《社会责任国际标准ISO26000在云南电网公司的应用研究》、《云南电网公司社会责任推进管理手册》等研究成果。

【专栏2-1】
耀龙电力公司：奠定云南电力发展的基础

云南电力的历史始于1910年创办的商办耀龙电灯公司，它是云南第一个使用西方先进技术的民族资本近代工业企业，也是我国最早的水电企业之一。公司的石龙坝发电厂于1912年4月建成发电开灯。这不但是昆明有电灯的起始，也是云南电气事业的开端。

1911年7月，石龙坝建设水电站工程正式动工，滇越铁路开通后，发电机组历经艰难运抵昆明，电站建设完成最重要的一步。1912年4月，在昆明小西门水塘子建配电所并架设电杆拉设电线，电站的河道、厂房、建筑均告完工，装机240×2千瓦，开始发电，最初架设900余

第二章 发展历程

根木电杆，供应昆明 7000 盏电灯照明。

随着电力需求的不断增长，1923 年 8 月，公司在资金困难的情况下，开始扩建第二级电站，1926 年第二级电站建成，装置 345 千瓦发电机组两部，并入发电。1929 年，为了解决设备老化、电力不足等问题，公司自筹资金进行增机扩容，并向德国西门子公司商购 900 千瓦发电机一部，同时扩充旧厂房，将滚龙坝至石龙坝的河道扩宽。1934 年，公司改名为"昆明市耀龙电气股份有限公司"。1935 年，又对电站进行了改扩建，将电杆由木电杆换成水泥杆，确保安全。

抗日战争全面爆发以后，云南成为战时大后方，昆明成为战略重镇，从内地、沿海迁来的学校、工厂、机关日渐增加，电力需求迅速增大。1938 年，耀龙电力公司与云南省经济委员会创办的昆湖电厂（马街子火电厂）合并，以满足市面对用电的需求。公司改组成立后，于 1940 年在宜良与嵩明两县交界处的喷水洞建火力发电厂，开了我国火电厂建在煤矿坑口的山洞里以确保安全的先河。

1947 年，"云南人民企业公司"正式成立，耀龙电力公司并入其中。1949 年云南解放后，耀龙电力公司回到了人民的怀抱，成为云南人民电力建设事业的基础。1950 年 7 月，国家成立了云南省电力工业局，耀龙电力公司的历史也画上了一个句号，与此同时，揭开了云南电网公司成长与发展的序幕。

资料来源：云南电网公司。

第三章　发展战略

发展战略，是引领企业发展、实现企业目标的总体规划，指明了未来一段时期内企业的发展方向、核心目标与实施路径。战略管理，已经成为企业运营过程中十分关键的管理工具，其主要功能是基于对企业内外部环境的测评，动态管理企业发展战略的制定、实施与控制。云南电网公司作为南方电网公司的"战略执行者"，紧密结合地方经济社会发展需要，明确自身在中长期发展中的战略定位、业务组合、战略重点、发展目标、实施路径以及具体举措，为公司未来发展指明了方向。

第一节　战略承接

云南电网公司是南方电网公司的全资子公司，在其战略体系中属于省一级的管控主体，是南方电网公司在云南省坚定的"战略执行者"。云南电网公司在制定自己的中长期发展战略中紧密承接南方电网的战略要求，结合自身实际，促进企业的可持续发展。

一、南方电网公司战略体系

南方电网公司战略体系由发展战略体系、战略支持体系和战略执行体系三大板块构成。发展战略体系明确了公司的使命、核心价值观以及战略目标；战略支持体系由管控、组织、制度流程体系和绩效管理体系构成；战略执行体系由职能战略、子战略和实施规划构成，如图3-1所示。

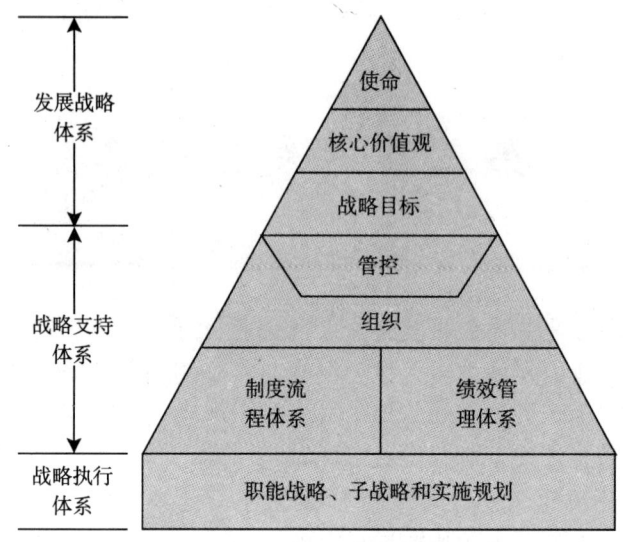

图3-1 南方电网公司战略管理金字塔

资料来源：南方电网公司战略策划部：《公司中长期发展战略宣贯读本》，内部资料，2011年2月。

二、南方电网公司发展战略

2011年，南方电网公司前瞻性地提出了《中国南方电网有限责任公司中长期发展战略》，明确了战略目标，阐明了公司使命、核心价值观、战略目标、战略路径、核心能力建设及战略实施载体。

作为一家公用事业领域的大型中央企业，南方电网公司深刻认识到自身肩负着不可推卸的社会责任，并把这种责任内嵌于公司的使命和价值观。公司确立了"主动承担社会责任、全力做好电力供应"的公司使命，以及"万家灯火、南网情深"的核心价值观，并提出"成为服务好、管理好、形象好的国际先进电网企业"的战略目标。

（一）使命：主动承担社会责任，全力做好电力供应

南方电网公司认为，使命是企业存在的根本原因，而公司存在的意义，正是为了满足经济社会发展和人民日常生活的电力供应，这就是最根本的使命。为此，公司提出了"主动承担社会责任，全力做好电力供应"的使命宣言。

"主动承担社会责任"是指，公司作为关系国民经济命脉的重要行业

和关键领域的中央企业，必须坚定不移地服务党和国家的工作大局，承担维护公众利益的责任和电力普遍服务的义务，在重大灾害面前，责任在先，在构建和谐社会中做表率。

"全力做好电力供应"是指，公司作为电网企业，要协调好发电企业与电力客户，优化电力资源配置，提供安全、可靠、高效、环保的电力供应，服务经济社会发展。

（二）核心价值观：万家灯火、南网情深

核心价值观是企业持久和根本的信仰。南方电网公司从自身业务特征和服务对象出发，将"万家灯火、南网情深"作为公司核心价值观的形象化表述。

"万家灯火、南网情深"聚焦于"情"，其内涵是：

（1）服务客户之情，以客户为中心，以提高供电可靠性为根本。
（2）关爱员工之情，以员工为本，员工与企业共同成长，建设幸福南网。
（3）回报社会之情，承担社会责任，打造绿色电网。
（4）以南网人的真情，点亮万家灯火，给社会带来光明和幸福。

（三）战略目标：成为服务好、管理好、形象好的国际先进电网企业

战略目标描绘了企业不断努力的方向和愿景。南方电网公司的中长期发展战略目标是，"成为服务好、管理好、形象好的国际先进电网企业"。

"服务好"是指在保障安全、可靠供电的基础上，持续提升优质服务水平，让客户满意、利益相关方满意、社会满意。

"管理好"是指公司核心价值观深入人心，基础管理过硬，制度完备有效，流程清晰流畅，机制科学配套，现代化手段先进适用，价值创造能力和经济效益不断提升，经营合法合规，管控高效。

"形象好"是指建立与政府、社会和公众长久和谐的公共关系，树立安全、可靠、诚信、负责的企业形象，持续提升"万家灯火、南网情深"的品牌。

"国际先进电网企业"是指在安全、可靠、客户满意和绿色环保等方面成为国际先进的电网企业。

第二节 环境分析

环境分析的主要目的是评价影响企业发展的关键因素,并确定制定战略应当考虑的影响因素。环境分析阶段的主要任务是,系统分析公司面临的政治、经济、社会、技术等外部环境状况,同时结合公司自身情况,确定公司在未来一段时期内的发展方向。

一、政策法律环境

(一)区域发展政策为公司发展带来机遇

云南省政府将"建设绿色经济强省、民族文化强省和中国面向西南开放的桥头堡"作为云南省经济社会发展的奋斗目标。《云南省加快建设面向西南开放重要桥头堡总体规划(2012~2020)》是云南未来经济社会发展和能源利用的中长期战略规划,是国家能源安全战略的重要组成部分。"桥头堡"建设提出发展优化云南经济产业布局、提升沿边开发开放水平、保障通往东南亚及南亚的陆路能源安全运输和促进以水电为主的绿色能源利用四大要求。同时,国家发改委发布的《西部大开发"十二五"规划》,也提出将云南建成向西南开放的重要桥头堡,深化大湄公河次区域合作,加强云南与东南亚、南亚、印度洋沿岸国家的合作,建设西南出海战略通道。上述相关政策将创造更大的电力需求,对跨区域电力传输建设、电力循环经济建设、电力产业建设及新农村电力建设等方面创造有利条件,也提出了更高要求。

(二)电力体制改革或对公司未来发展带来影响

中国电力体制改革实现了厂网分开和主辅分离,但电力市场化体系尚未建立,电价难以反映供求关系、环境成本和资源稀缺程度。目前,电力体制改革的重点是推进电价改革、大用户直购电和售电侧电力体制改革试点工作。电价改革对公司盈利影响不确定。大用户直购电和售电侧电力体制改革试点将直接改变电网企业的电力交易、经营和盈利模式。省级有关部门为贯彻落实"桥头堡"建设,在电价改革、电力市场建设、电网运营机制等方面也提出了系列改革措施。随着国家和省级电力体制改革、电价改革措施的陆续推进,给公司的生产经营和未来发展带来较大的不确定性。

二、自然地理环境

(一) 丰富的清洁能源储量将有力促进公司可持续发展

从世界电力市场长期发展趋势来看,燃煤发电量仍占主导地位,以水能为主的可再生能源发电量将逐渐超过天然气发电量。国内电源结构将持续调整,云南地区丰富的水能及可再生能源将更具优势。云南河流众多,水能资源储备丰富。可开发装机容量9700万千瓦,年发电量4700亿千瓦时,占全国可开发量的20.5%,居全国第2位,仅次于四川。[1] 云南周边区域水电可开发资源同样丰富,其中,缅甸水电蕴藏量6200万千瓦,老挝水电蕴藏量2000万千瓦,藏东水电蕴藏量1800万千瓦。[2] 云南风能可开发装机容量达到2800万千瓦。太阳能资源仅次于西藏、内蒙古、青海等省区,为中国最丰富的省份之一。

(二) 独特的地缘优势有利于公司开展国际能源合作

受区域经济一体化、能源资源优化利用、提高供电可靠性、区域电力市场开放等因素推动,国际电网互联已是电力工业发展的客观规律和发展趋势,目前主要的跨国互联电网包括欧洲大陆电网、北欧电网、北美联合电网等。云南地处西南边陲,与多国接壤,云南省及邻国的边界线总长为4060公里,其中,中缅段1997公里,中老段710公里,中越段1353公里。云南在能源行业方面具有明显的资金、技术和管理等方面的比较优势。目前,云南省与周边国家的区域合作进展迅速,未来将成为中国从陆路连接印度洋的贸易和能源资源通道,云南与大湄公河次区域电网互联的形成也将为中国能源安全战略的实施提供重要保障。

---

[1]《"十二五"南方电网公司发展规划战略思路》。
[2]《南方电网公司国际业务职能战略》。

（三）特殊的自然地理环境使电网建设运营成本高、风险大

电网行业的建设与运营成本受自然地理情况影响极大。云南地区地理环境极为复杂，以高原山地为主，山地、高原和丘陵约占整个云南地区面积的94%。[①] 根据国家电网工程限额设计标准，高山及山地地区的建设成本远高于丘陵和平地。气候条件上，云南属于低纬度季风气候，四季温差小，全年平均气温15度左右，一般不会出现季节性用电高峰。受气候条件及地理环境的影响，云南省电网建设和运维的成本偏高。

云南地势西北高，东南低，气温随地势高低呈垂直变化异常明显。大部分地区年降水量在1000毫米以上，但季节和地域上的分配极不均匀。此外，云南省境内有大小河流600余条，干流总长度达5000多公里，均由地势高的滇西北顺势而下。云南省因地形的特殊性，微气象、微地形分布较多，局部地区可能发生大风、雨雪冰冻、干旱、泥石流、滑坡、地震等灾害，给电网安全可靠运行带来冲击和潜在风险，电网建设运维成本高。

三、经济环境

（一）持续快速的经济增长将带动省内电力需求

宏观经济的持续快速增长将会带动电力需求的增长，为公司的未来发展提供前所未有的机遇。依托国家整体经济发展及"桥头堡"建设，云南整体经济在未来10年将高速增长，预期2020年GDP将超过2万亿元，达到2010年的3倍，年平均增长率超过11.6%，如图3-2所示。

（二）经济发展整体水平低，发展不平衡

区域整体经济水平将直接影响电网企业的收益与盈利能力。云南省整体经济水平落后，决定云南社会电力消费总量不高。从南方电网公司五省的市场分析看，公司的全社会用电情况处于中等水平，与广西、贵州相

[①]《云南统计年鉴》。

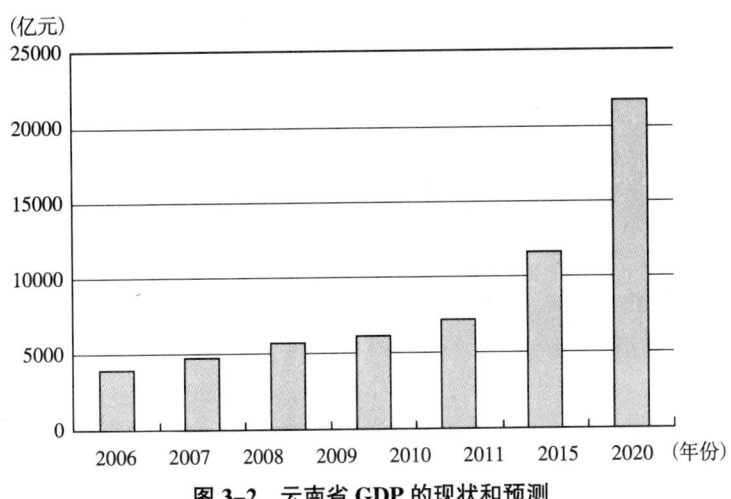

图 3-2 云南省 GDP 的现状和预测

资料来源：国家发改委：《支持云南省加快建设我国面向西南开放桥头堡的指导意见》；《云南省国民经济和社会发展第十二个五年规划纲要》。

当，远低于广东社会用电总量。[①] 与此同时，云南区域经济发展不平衡，16 个州市中，昆明的 GDP 及人均 GDP 水平远远超过了其他州市，[②] 主要用电负荷集中在昆明、曲靖、玉溪和红河等经济较为发达的滇中地区。电力需要高电压、远距离、跨地域输送，欠发达地区电网资产整体效率低，运营难度大，运营成本偏高。

四、社会环境

（一）利益相关方对公司提出了更高要求

我国正处于社会转型期，公众诉求趋向多元化，对自我利益保护意识增强，对安全、环保、企业经营规范透明化的要求逐渐成为社会共识。随着城镇化水平的提高，居民对用电可靠性的要求逐年提高，对绿色环保和电网安全运营的要求日益提升。监管机构与其他利益相关方对企业的价值创造、风险管理和运营、服务水平提出了更高的要求。电网企业在管理决策中要充分考虑社会和环境对决策所造成的影响，积极、主动与政府、产

[①]《中国南方电网公司年鉴》。
[②]《云南统计年鉴》。

业等重要利益相关方合作，以促进企业和利益相关方的和谐发展。

（二）农村人口比重大、密度低、分布广

云南人口居住分散，人口密度低，截至2011年底，农村用电人口比重高达66%，其中无电人口7.7万户，且多分布在偏远山区和极端环境地区，为服务社会主义新农村建设，实现普遍服务义务，公司将承担较大的投资和运营压力。

五、技术环境

（一）低碳经济为电网企业发展带来了新的机遇

在低碳经济要求驱动下，相关行业出现多个新业务机会。发电侧将增加新能源、可再生能源、清洁能源上网比例；用户侧将寻求更为高效、智能和低成本的能源服务，包括分布式能源、电动汽车、合同能源管理等新需求将快速增长。智能电网等一系列新技术的出现为电网企业满足上下游需求，实现产业链延伸，创造新的盈利增长点提供了条件。

（二）低碳经济、新业务也为电网企业现有业务模式带来挑战

新业务的诞生可能改变电网企业现有业务模式，造成潜在的冲击，但总体而言是挑战大于机遇。以可再生与分布式能源为例，在技术方面，可再生能源的间歇性、不稳定性以及分布式发电的双向传输，给电网安全运行带来新的挑战；在投资方面，大规模可再生能源往往远离负荷中心，接入系统工程投资回收周期长、资产经营压力大；在业务价值链方面，分布式发电的大面积推广，会对电网企业现有输配电、售电营业模式带来冲击。

【专栏3-1】

桥头堡建设：开启云南跨越式发展新的战略机遇期

2009年7月，胡锦涛同志在云南省考察时指出：云南要统筹对内对外开放，不断提升开放质量和水平，成为我国面向西南开放的重要桥头堡。2011年5月，国务院印发了《关于支持云南省加快建设面向西南开放重要桥头堡的意见》（国发〔2011〕11号，以下简称《意见》），标志

着云南桥头堡建设正式上升为国家战略。2012年10月，国务院又批复同意了《云南省加快建设面向西南开放重要桥头堡总体规划（2012~2020年）》(以下简称《规划》)，进一步明确了桥头堡建设的主要任务和重点项目，细化了相关支持政策和措施。

《意见》明确提出云南省在加快建设面向西南开放重要桥头堡中的战略定位是：我国向西南开放的重要门户；我国沿边开放的试验区和西部地区实施"走出去"战略的先行区；西部地区重要的外向型特色优势产业基地；我国重要的生物多样性宝库和西南生态安全屏障；我国民族团结进步、边疆繁荣稳定的示范区。

为更好地实施桥头堡建设，把握这一重要战略机遇期，《规划》特别提出"构筑清洁安全可靠的能源保障体系"的能力要求，即以水能和新能源开发为重点，将云南建成以水电为主的清洁能源基地、跨区域电力交换枢纽，形成清洁安全可靠的能源保障体系。具体包括：

（1）加快电力开发，扩大电力市场。在切实做好生态环境保护和移民安置的基础上，积极稳妥推进金沙江中游、下游等流域水电开发；积极推进调节性能优越的重点水库建设；着力调整电力结构，协调建设高参数、大容量火电机组。在满足云南省用电需求的基础上，扩大云南电力送广东、广西规模，开辟华中、华东等国内新市场，拓展东南亚电力市场。大力发展农村水电，搞好农村水电配套电网改造工程建设。

（2）加快油气管道建设，形成能源供应体系。建设昆明至保山、曲靖、富宁、蒙自、普洱、临沧、大理、丽江的成品油管道，建设祥云至临沧天然气管道和红河州内天然气管道支线，建成成品油和天然气输送和供应体系。配套发展现代石化产业，建设新兴石油炼化基地。

（3）加强骨干电网建设，建成跨区域电力交换枢纽。建设满足云南省用电需求，内连华南、华中和华东地区，外连周边国家的强大电网。因地制宜实施电网延伸方式通电工程、开发小水电工程和光伏通电工程，解决无电人口用电问题。加强与国内周边地区电网和周边国家电网的联网和电力交换，积极建设跨区域电力交换枢纽。

（4）积极推进新能源开发利用和能源国际合作。加快风能、太阳能、生物质能等清洁能源的开发和利用。加强新能源技术推广及装备制造业的发展。鼓励企业"走出去"，加强境外水电合作开发。积极推动

云南电网公司考察

> 设立大湄公河次区域电力协调中心,参与并强化大湄公河次区域电力交易平台建设,完善电力交易长效机制,落实次区域电力交易协议;发展替代种植和生物质能原料种植基地。
>
> 资料来源:编者整理。

第三节 战略制定

云南电网公司是南方电网公司的全资子公司,在其战略体系中属于省一级的管控主体,是南方电网公司在云南省坚定的"战略执行者"。为了更好地服务于南方电网公司总体战略的实现,云南电网公司结合云南经济社会发展需要,确立了中长期发展的四大战略定位。在此基础上,确定了公司未来发展的业务选择,在做好电网主业的同时,积极配合专业公司做好产业链的拓展。

一、战略定位

南方电网公司采取了经营型管控的集团管控模式。在南方电网公司战略管控体系中,公司总部、省公司、地市供电局和县区供电局都有明确的定位(见表3-1)。其中,云南电网公司作为省公司一级的管控主体,主要承担"安全生产主体"、"经营管理主体"、"客户服务管理主体"和"绩效责任主体"的管控定位。

云南电网公司作为从事电网主业的区域子公司,有义务和责任对南方电网公司的中长期发展战略进行承接、延伸和具体化,作为南方电网公司在云南省坚定的"战略执行者",更好地服务于南方电网公司总体战略的实现。与此同时,还应根据公司总体战略及职能战略的要求,结合云南地区经济社会发展需要,以及当地的政策、经济、文化环境,在战略定位、战略重点、战略举措中凸显自己的发展特色,确保战略在云南省落实的"可执行性"。基于以上两点战略制定原则,公司明确了四大战略定位:

(1)全力保障云南经济发展。公司要积极响应桥头堡建设和西部大开发的要求，为省内经济发展提供安全、稳定、可靠、优质的电力供应。

（2）坚定支持兴边富民。公司要积极履行社会责任，解决无电人口通电问题，加强农网改造升级；以桥头堡建设为契机，支持因地制宜地发展小水电、太阳能光伏发电和风力发电，支持沿边落后地区加快脱贫发展步伐。

（3）积极推进清洁能源西电东送。公司要充分利用云南及周边国家、地区的绿色清洁能源，加大"西电东送"力度，促进南方五省低碳经济发展。

（4）主动参与大湄公河次区域电网建设与运营。公司要在南方电网公司指导下，抓住东南亚电力合作机遇，积极支持大湄公河次区域的电力合作和能源通道建设，拓展大湄公河次区域的电网建设和运营业务，服务国家能源安全战略。

表3-1 南方电网公司各层级战略管控定位及职能

组织层级	管控定位	具体职能
总部	战略决策中心	总部是公司发展战略、发展规划、重大项目、资本运营、重大投融资、重要干部任免、对外贸易与合作等事关公司科学发展的重大经营管理活动的决策中心
	资源配置中心	总部负责对公司人力资源、资产、物资、科技、政策等战略资源的集中管理和统一调配，负责南方五省区以及关联区域的电力和能源的优化配置
	资本运作中心	总部负责公司重大投资管理、债权、股权管理、资产债务重组、企业并购。实现资本的统一归集和管理，利用内外部资本，优化资本投资、合理配置资本资源，降低成本、实现增值
	运营调控中心	总部对公司下属企业运作的重要环节和重要目标进行管理和协调，对企业运营风险进行评估控制，对下属单位和领导班子的经营业绩进行监督考核
	调度指挥中心	总部依据国家法律法规，对南方区域电力系统实施统一调度、分级管理，优化电力资源配置，保障电力可靠供应，实现电网安全、经济、优质、环保运行
省公司	安全生产主体	接受总部的指导和协调，负责组织本省区电网建设、运行、调度等各项安全生产工作，有效应对自然灾害、突发事件，确保人身、电网、设备安全
	经营管理主体	接受总部的指导和协调，负责组织本省区电网规划建设、生产运行、调度、市场营销、人力资源、财务管理等经营管理及相关业务，指导协调下属单位经营管理业务
	客户服务管理主体	承担本省区客户服务管理，指导下属单位开展客户服务业务

续表

组织层级	管控定位	具体职能
	绩效责任主体	承担企业运营风险的评估和预防，实现所有者权益的保值增值。监督考核下属单位的运营，接受总部的监督及对关键运营指标的考核
地市供电局	运营操作主体	接受上级单位协调与管理，负责本地市内的电网生产运行和经营管理
	客户服务主体	承担客户服务的日常业务
县区供电局	运营操作主体	接受上级单位协调与管理，负责本县区内的电网生产运行和经营管理
	客户服务主体	承担客户服务的日常业务

资料来源：南方电网公司战略策划部：《公司中长期发展战略宣贯读本》，内部资料，2011年2月。

二、业务选择

南方电网公司在深入分析当前国内外形势、电力行业特征、公司外部环境和内部条件的基础上，确定了公司未来发展的业务选择是"集中精力做强做优主业，合理延伸产业链"。公司全面承接南方电网公司的战略选择，在做好电网主业的同时，积极配合专业公司做好产业链的拓展，如图3-3所示。

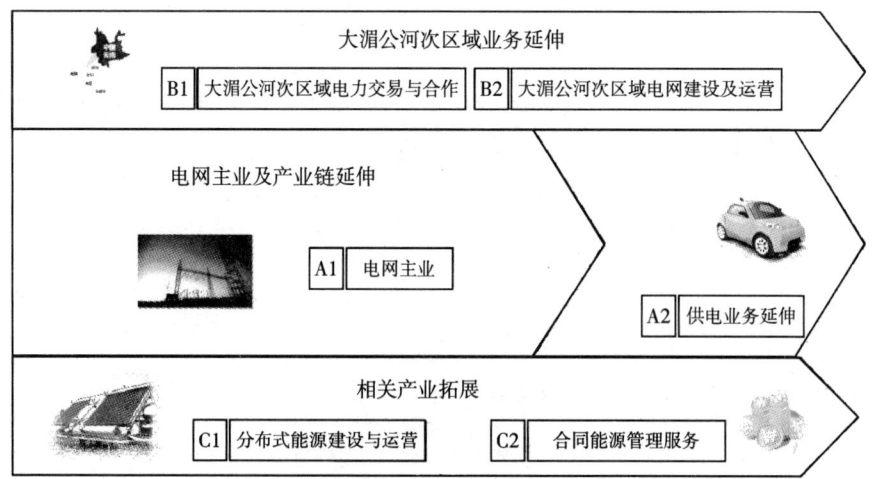

图3-3 云南电网公司中长期发展战略业务选择

资料来源：编者绘制。

(一) 做强做优电网主业

公司作为南方电网公司在云南省内的业务执行单位，集中精力做强做优主业是公司战略发展的核心，输配电、购售电主营业务仍将是公司发展的重中之重。公司需要充分利用云南清洁能源的资源优势，探索清洁能源更为有效的利用方式，科学制定云南电网中长期发展技术路线和电网网架规划，全力保障南方电网公司"西电东送"战略安排和新一轮农网改造升级工程，促进兴边富民，满足省内与省外市场的要求。

(二) 积极探索延伸产业链，支持南方电网业务拓展

公司产业链的延伸分为横向与纵向两个方面：横向延伸即开拓国外业务领域；纵向延伸即利用现有业务资源，进入上下游相关业务领域。在横向延伸方面，根据"主动参与大湄公河次区域电网建设与运营"的战略定位，公司应该主动参与该区域电力市场业务研究，按照南方电网公司统一部署，积极进行业务拓展，积极开展电力交易合作与电网建设运营业务；在纵向延伸方面，在南方电网公司统筹安排下，公司应积极进入低碳经济驱动的新业务领域，发掘增长机会，增强产业链控制力。

第四节 战略实施

战略实施阶段的任务是确定战略重点、战略目标与具体举措。公司立足未来 5~10 年的外部环境变化和自身条件分析，确定了中长期发展的战略重点，并据此分别制定了总体目标和阶段目标。在此基础上，公司围绕战略目标，明确了每个阶段的重点工作和行动计划，并落实到相关部门予以实施。

一、战略重点

为全面贯彻南方电网公司中长期发展战略要求，充分发挥自身优势，云南电网公司在子战略编制中明确了中长期发展的战略重点。公司围绕自身的战略定位与业务选择制定了六项战略重点，作为 2012~2020 年这一中

长期发展阶段的重点关注工作。

(一) 输配均衡的规划建设，实现电网协调发展

公司应着眼于省内、"西电东送"和国外三大市场，在做好输电网规划建设的同时，加大对配电网的投资力度。在输电网方面，公司将做好中长期目标网架规划建设，满足电网安全稳定需要和三大电力市场的用电需求。按照《南方电网中长期网架结构研究报告专家评审意见》的要求，云南作为南方电网区域内的送电主力，省内三江流域和滇东地区是外送电力的主要地区，需要配合南方电网"西电东送"主网架，建立以直流输电技术为主的送端电网，以实现云南电网与主网的异步联网。围绕滇中、滇南等主要负荷中心，需要采用省内直流或 500 千伏交流建设大容量输电母线或紧密型环网，构筑供电能力和接受大容量外区送电能力强、对负荷发展具有较好适应性的受端电网；同时中东部和南部负荷中心区域电网，作为接纳和中转"西电东送"中缅甸、西藏电力的枢纽电网，还要具备较好的电压支撑能力及较强的电力转供能力，适应大容量潮流变化的能力。

在城市配网方面，公司要抓住城市化、工业化快速推进的有利契机，优化投资结构，加大城市配网投资，提高城市供电能力与客户满意度。在农村配网方面，需要进一步争取政策性资金支持，优化农网投资策略，以促进农村经济发展。

(二) 发挥地缘优势拓展国际化业务，努力成为南方电网"走出去"的排头兵

公司充分发挥云南独特的地缘优势，开展大湄公河次区域电力业务合作，是发掘公司新的利润区、促进国家中远期能源安全的重要举措。公司应利用自身技术、资源与地缘优势以及"走出去"积累的经验，充分利用两个市场、两种资源，加强跨国电网通道建设，保障跨国能源通道的电力供应，推进国际能源互利合作；积极推进境外工程承包业务，促进电网建设"走出去"，增强国际电网的互联互通能力；积极探索国际业务开展模式，加强国际业务人才培养，建立与大湄公河次区域国家的信息沟通渠道，提升在大湄公河次区域能源市场掌控力，落实南方电网公司国际化战略发展要求。

(三) 充分利用丰富的清洁能源，努力成为南方电网低碳绿色发展的主力军

发挥资源禀赋，有效利用清洁能源是实现"西电东送"战略和公司实现绿色、生态、可持续发展转型的客观需要。公司要提高清洁能源的利用水平，加大"西电东送"力度，进一步提高南方电网公司区域非石化能源的利用比例；积极探索新能源的开发利用模式，推进新能源示范区的建设，积累新能源利用的管理经验、技术储备，发掘潜在的市场机会，增强产业链控制力，支持南方电网公司整体向低碳绿色环保转型。

云南具有丰富的风能、太阳能等新能源。新能源大量上网，在提供丰富电量的同时，也给电网的安全稳定运行带来了新的问题。公司应加快研究风电、太阳能发电等新能源不稳定、间歇性等特性，建设综合利用模式，统筹考虑互济问题，实现对新能源的充分高效运用。同时，公司应积极探索分布式能源、电动汽车充换电等新业务，发掘新的利润区，主动应对新能源业务对电网企业带来的冲击，保持自身的行业控制力。

(四) 注重集成和吸收再创新的科技发展，为公司可持续发展提供技术支撑

企业自主技术创新主要包括三种基本的创新形式，分别是原始创新、集成创新和吸收再创新。在南方电网公司系统内，公司的科技发展平台和研发水平具有一定优势。公司将把重点放在融合各种相关技术创新的集成创新，以及先进技术的吸收再创新。利用云电科技园、云电同方、云电英纳等现有产学研平台，集中公司系统和全社会可以利用的科技资源协同攻关，加快提升电网核心技术、前沿技术的综合实力，增加自主知识产权的技术储备，推动科技成果的推广应用，为南方电网公司持续发展提供技术储备和技术支持。

(五) 重在协同集约的内部管理提升，实现管理向精益化转变

公司应在落实南方电网公司推进一体化管理部署的基础上，主动借鉴先进管理实践，以协同和集约为核心，完善自身的内部管理体系，支持南方电网公司实现资源集约化水平的提升和整体效益的提升。公司结合自身内部特点，确定了以资产全生命周期管理、客户全方位服务、资源集约化

管理为主线的管理工作改进方向，实现管理精益化转型，提高企业的价值创造能力与运营服务水平。同时以战略管理体系、一体化管理框架体系为核心，全面提升企业内部横向纵向协同水平。

（六）积极推动并主导与利益相关方的合作，促进企业、社会与环境的和谐发展

社会公众对电网企业的期望日益提升并日趋多元化，公司在中长期发展战略中需要加大对利益相关方企业社会责任关注议题的回应，将企业社会责任建设融入战略、融入运营。按照企业社会责任 ISO26000 国际标准的有关要求，公司应在履行国有资产保值增值义务的同时，必须更加充分地考虑政府（出资人）、员工、客户、合作伙伴、社区与公众等利益相关方诉求，积极推动并主导各方合作，实现企业与社会、环境的和谐发展。

二、战略目标

为确保发展战略的顺利实施，公司设定了中长期发展战略总体目标，以及战略实施三个步骤的阶段目标。

（一）总体目标

公司将"成为服务好、管理好、形象好的国内领先省级电网企业"作为公司 2020 年中长期发展的总体目标。并将实现"西部领先，中部先进，东部可比"，在南网系统内"确保第二，靠近第一"作为具体目标。

服务好、管理好、形象好——承接南方电网公司中长期发展战略要求。

国内领先省级电网企业——按照南方电网公司五项核心能力要求，从财务表现、客户期望、运营管理、学习成长四个层面综合衡量领先。

实现"西部领先，中部先进，东部可比"：

西部领先——在西部省份电网企业中达到数一数二水平。

中部先进——在中部省份电网企业中达到前 30% 运营水平。

东部可比——在东部省份电网企业中达到平均运营水平。

在南网系统内"确保第二，靠近第一"：

确保第二——在南网五省内，确保综合水平达到第二名。

靠近第一——逐步缩小各项指标与广东电网的差距。

（二）阶段目标

公司制定了三步走战略，在 2020 年"达到国内领先，基本达到国际先进"的目标。2020 年前，公司在价值创造、客户服务、内部运营、企业成长四个维度重点关注的 16 项企业决策一级指标显著提升，4 项创先关键指标达到网公司中长期发展战略要求。即：

第一步，在 2010~2012 年，实现公司向国内先进水平靠拢。

第二步，在 2013~2015 年，达到国内先进水平。

第三步，在 2016~2020 年，达到国内领先，基本达到国际先进水平。

三、战略路径

基于业务选择和战略目标，公司设定了实现中长期发展目标的战略路径（见图 3-4）。通过"体现价值创造和成本效率的财务表现"实现"管理好"，通过"满足客户期望的产品与服务"实现"服务好"，通过"广受赞誉的电网形象与品牌"实现"形象好"。

价值创造维度，应当体现价值创造和成本效率的财务表现，重点集中于提高税后净利润及合理化资本成本上。

客户期望维度，通过满足客户期望的产品和服务以及建立广受赞誉的电网形象与品牌提升客户期望值。包括提供满足用户期望的产品与服务、构建持续的发电企业合作伙伴关系、加强品牌形象建设与传播以及积极履行企业社会责任。

内部运营维度，则通过适度超前输配均衡的规划设计、标准化精益化的电网运营、便捷及周到专业的客户服务流程以及行业领先的"安、健、环"管理四大模块提升运营管理能力。

企业成长维度，聚焦于高效协调的战略支持能力的搭建，包括加强人力资本建设、加强组织资本建设、加强信息资本建设、加强企业文化建设及推动技术与管理创新。

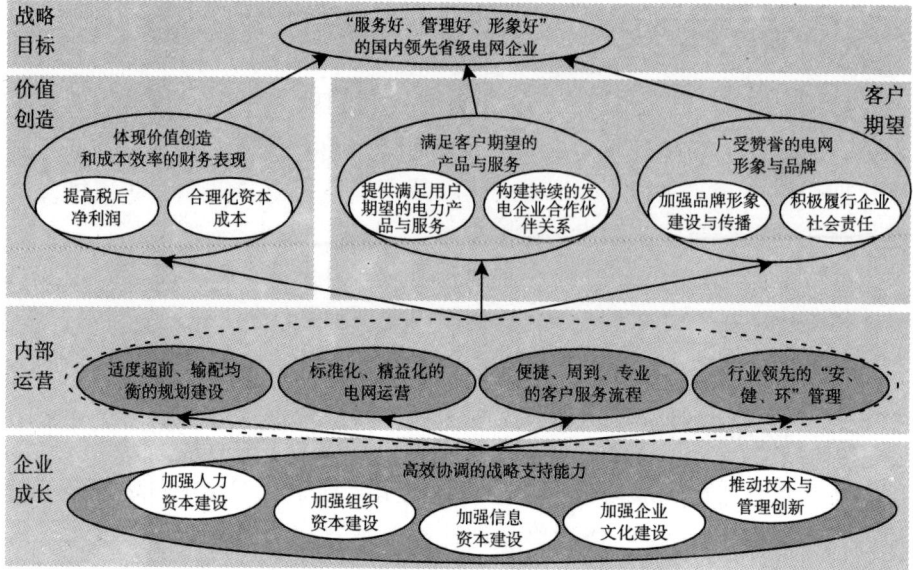

图 3-4 云南电网公司中长期发展战略路径

资料来源:《云南电网公司中长期发展战略 (2011~2020)》, 内部资料, 2013 年 1 月。

第四章 企业社会责任

从当前的国际国内形势来看，履行企业社会责任已经成为社会各界的共同期望和要求，也是企业实现可持续发展的内在需要和动力。我国有越来越多的企业开始注重企业社会责任工作，即推动企业全员在公司运营全过程中积极履行企业社会责任，努力成为经济、社会、环境综合价值创造者。云南电网公司重点从以下方面不断探索和改进企业社会责任工作：树立科学的企业社会责任理念；建立三级联动的企业社会责任组织体系；加强企业社会责任能力培养与提升；促进利益相关方沟通和参与。经过几年来的不懈努力，公司的社会责任工作逐渐步入正轨，履责意识普遍提高，履责能力不断增强，在理论及实践方面均取得了长足进步。

第一节 企业社会责任理念认知

正确理解企业的社会责任，是开展企业社会责任工作的前提和基础。因为，只有明确了企业履行社会责任的范围边界、核心内容、主要议题及处理议题的优先顺序，企业才可能通过系统的行动部署，将社会责任全面融入企业运营过程，从而发挥自身优势、创造综合价值。

一、正确认识企业社会责任内涵

云南电网公司深刻认识到，中央企业履行社会责任，是贯彻落实科学发展观、服务党和国家工作大局，服务和谐社会建设的具体实践。电力行业属于国民经济基础产业和公用事业，关系国民经济命脉、国家能源安全与社会稳定大局。因此，主动承担企业社会责任，全力做好电力供应，促进自身和社会共同可持续发展，是公司义不容辞的责任。

南方电网公司确立了"主动承担社会责任，全力做好电力供应"的使命，以及"万家灯火、南网情深"的核心价值观。其中，涵盖了对客户的服务之情、对员工的关爱之情、对环境的绿色亲善之情、对社会的回报之情，实质是负责地对待政府、员工、客户、合作伙伴、环境、社区和公众等每一个利益相关方。

在南方电网公司使命与核心价值观的指引下，云南电网公司也树立了科学的企业社会责任理念，明确了自身的社会责任内涵，即："企业社会责任，是指公司采取透明和合乎道德的行为，充分尊重利益相关方的利益，努力提供安全可靠优质绿色的供电服务，优化配置清洁能源资源，积极为自身决策和活动对社会和环境造成的影响承担责任，与社会各界共同为促进云南乃至全国经济社会可持续发展做出贡献。"

在科学的社会责任观指引下，公司致力于成为国家清洁能源资源优化配置的执行者，区域经济社会可持续发展的能源保障者，安全可靠优质绿色供电服务的提供者。在追求卓越经营业绩的同时，公司与利益相关方共同为促进云南乃至全国经济社会可持续发展、实现人与环境的和谐相处做出贡献。

二、科学界定企业社会责任内容

中央企业是国民经济的重要支柱，电力行业是国民经济基础产业和公用事业，关系着国民经济命脉、国家能源安全与社会稳定大局。根据公司定位和行业特点，云南电网公司建立了社会责任框架（见图4-1），明确了"电力供应、经济绩效、绿色环保、社会和谐"四大责任的内涵和外延，并制定具体的行动策略推进这四方面企业社会责任的实践。

电力供应责任。为经济社会可持续发展提供安全、稳定、可靠、优质的电力保障，是公司的核心责任。在重大突发自然灾害面前，维护公共安全和公众利益，是公司的政治责任。在实践中，公司应深入贯彻"一切事故都可以预防"的安全理念，以安全供电可靠率为总抓手，以电网安全稳定作为公司的生命线，通过推行安全风险管理体系、安全管理信息建设、健全安全考核机制、构筑坚强电网、推动电网智能化建设、加强电力设施保护、完善应急处理机制等措施，实践好公司的电力供应责任。

经济绩效责任。严格执行国家电价政策，注重提升管理水平，确保国有资产保值增值，降本增效，优先考虑社会效益，是公司的基本责任。

第四章　企业社会责任

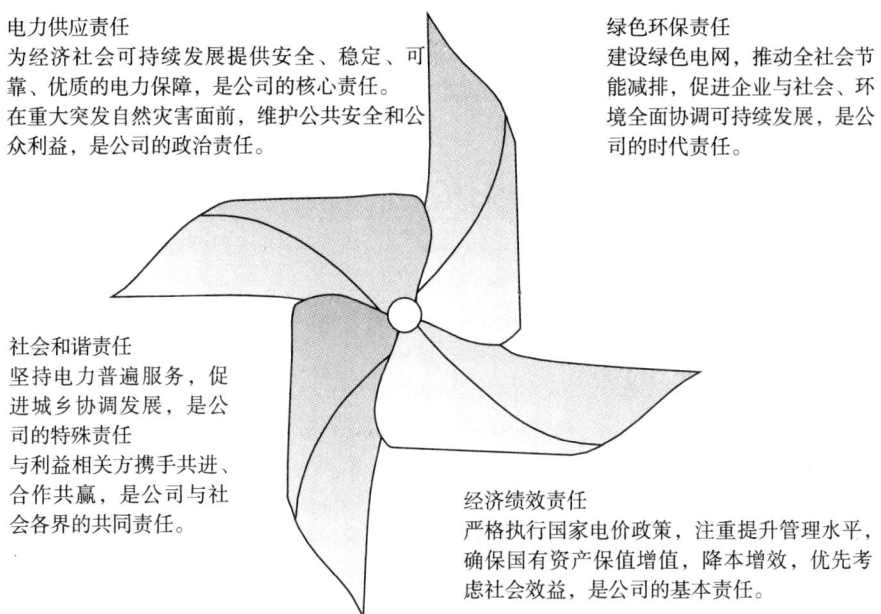

图 4-1　云南电网公司社会责任框架

资料来源：《云南电网公司 2012 年社会责任实践报告》。

在实践中，公司应积极倡导"企业效益为重、社会效益优先"的经营理念，通过大力开展电网建设，加大投资力度，推进"云电外送"，积极开展"走出去"战略，并持续深化企业经营管理改革，在以电网的安全稳定为核心的经营理念下确保国有资产保值增值，履行好公司的经济绩效责任。

绿色环保责任。建设绿色电网，推动全社会节能减排，促进企业与社会、环境全面协调可持续发展，是公司的时代责任。在实践中，公司应积极贯彻落实科学发展观的本质要求，发挥电网企业的优势，通过节能发电调度、提高可再生能源上网比例、降低线损、推行需求侧用电管理、加强环境污染控制和生物多样性保护等手段，在公司发展战略、规划设计、施工建设、生产运行、客户服务等各个环节全过程落实企业的绿色环保责任。

社会和谐责任。坚持电力普遍服务，促进城乡协调发展，是公司的特殊责任。与利益相关方携手共进、合作共赢，是公司与社会各界的共同责任。在实践中，公司应深入贯彻"服务、团结"的企业理念，立足自身实际，发挥整体优势，通过加大投入解决无电人口通电问题、保障员工合理薪酬培训与职业发展、推行职工民主管理与监督、积极参与扶贫帮困、赈灾救危等公益事业、推行员工志愿者活动等手段，处理好与利益相关方的关系，为构建和谐社会履行其职责。

第二节 企业社会责任组织建设

建立健全企业社会责任组织管理体系是企业开展社会责任工作的重要组织保障。只有建立了专门的企业社会责任组织机构，明确各层级的职责分工，制定规范的社会责任日常工作机制，企业社会责任工作才能够得到有效落实并取得实质性进展。

一、机构设置

为了更好地推进企业社会责任工作，云南电网公司建立了专门的企业社会责任组织机构，并确保相关职责落实到位。自2010年6月起，云南电网公司按照南方电网公司的社会责任工作要求，逐步建立健全企业社会责任组织体系，如图4-2所示。

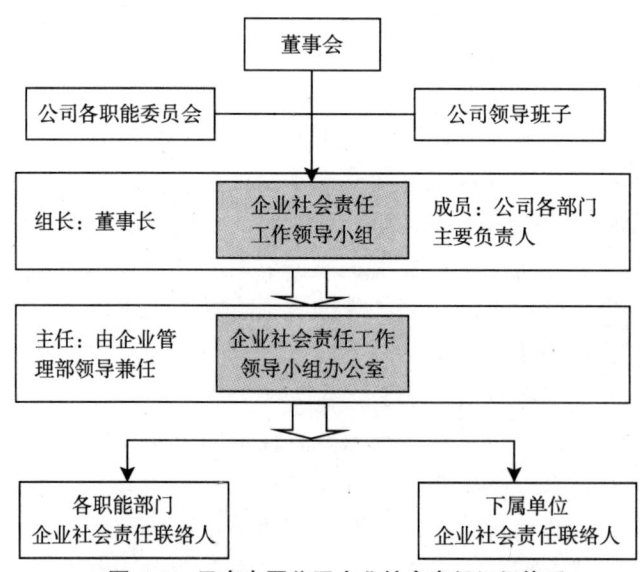

图4-2 云南电网公司企业社会责任组织体系

资料来源：云南电网公司。

企业社会责任工作领导小组是公司企业社会责任工作的管理机构,由公司董事长担任组长,小组成员包括公司各部门的主要负责人。

企业社会责任工作领导小组办公室是领导小组的日常办事机构,设在企业管理部,办公室主任由企业管理部领导担任。

公司各职能部门和下属单位的领导担任企业社会责任负责人,设立专人担任企业社会责任联络人,负责协调落实本部门、本单位的社会责任工作。

此外,云南电网公司的社会责任组织机构随着公司的发展逐步演进,从最开始的企业管理部兼职负责到后来成立领导小组及办公室。董事会成立之后,领导小组也由总经理负责转变为董事长负责。董事会是企业社会责任工作的直接领导机构。

由此可以看出,云南电网公司对社会责任工作的重视,希望通过组织机构的完善,不断推进企业社会责任工作的顺利开展。随着机构的不断调整,各职级的社会责任职责也在不断变化,从最初的协调编制企业社会责任报告,到后来的制定企业社会责任规划、开展企业社会责任培训、进行社会责任课题研究、建设企业社会责任示范基地等,职能不断丰富,更加符合公司社会责任发展的要求。

二、职责分工

公司在企业社会责任机构设置的基础上,进一步明确了各层级的职责分工。

领导小组的主要职责:贯彻落实国家、南方电网公司社会责任工作部署和要求,负责领导、推进公司社会责任工作;负责审批公司社会责任规划和工作计划;负责协调处理公司社会责任工作中的重大问题。

领导小组办公室的主要职责:负责落实领导小组的各项决议,编制公司社会责任规划和工作计划,编制公司年度社会责任报告,开展社会责任沟通宣传,协调推进公司社会责任相关工作。

各部门和单位社会责任专门的职责包括:根据公司社会责任考核指标制定具体的履责计划、工作安排和资源配置;执行领导小组及办公室各项规划计划的具体实施;定期向上级机构提交工作进展情况;协助企业社会责任领导小组办公室的责任沟通工作等。

第三节 企业社会责任能力提升

企业社会责任能力是企业及其员工实现履行企业社会责任的目标或职责所具有的知识、技能和意愿。具备履责能力是全员将履责意愿转化为履责行为的基本条件，是决定全员履责绩效的关键要素。全员履责能力的建设和提升是一个长期的过程，需要企业通过持续的投入和采取多种途径予以开展。常见的企业社会责任能力建设途径包括：覆盖全员的社会责任教育培训，相关理论与应用课题研究，以及国际国内的交流学习活动等。为使企业社会责任工作得到持续改进，还应制定中长期企业社会责任工作规划，并建立企业社会责任评价指标体系，定期开展绩效评价工作。

一、开展教育、研究和交流活动

（一）教育培训

思想是行动的先导。只有树立了正确的企业社会责任理念，全体员工才可能开展履行企业社会责任的行动，企业才可能将企业社会责任理念落实到具体实践中。随着对企业社会责任工作的认识逐渐深入，云南电网公司开始重视企业社会责任教育培训工作。公司每年专门选派企业社会责任专员参加南方电网公司的社会责任培训，涉及企业社会责任基础知识、企业社会责任报告编制等各个方面的内容。公司内部的企业社会责任教育培训工作由企业管理部制定培训计划，培训中心负责组织和实施。公司已经将企业社会责任培训纳入到了全年的整体培训计划之中，年初便制定培训计划，申请专项培训经费，针对不同层次、不同岗位的员工进行相应培训。

在开展企业社会责任教育培训过程中，公司特别注重分层次、分步骤地开展企业社会责任培训，针对不同的员工群体进行有针对性的培训。其中，前期以高层管理团队、中层干部和管理人员为主要培训对象，重点开展企业社会责任理念和基础知识培训辅导，中后期以基层岗位人员为主要培训对象，重点开展企业社会责任管理基础知识、工作岗位的企业社会责任要求与具体做法培训辅导。此外，公司还针对不同的企业社会责任议题，结合自身业务特点，拟定有针对性的培训内容和能力建设要求，确保教育培训与公司运营紧密结合。目前，面向公司内部的企业社会责任教育培训工作已经初见成效，下一步公司将尝试把培训扩展到价值链上的供应商和客户。这将有助于公司与利益相关方建立共同的价值理念，从而促进双方的沟通与合作，实现互利共赢。

【专栏 4-1】

加强教育培训　深化责任理念

2011年11月18日，云南电网公司邀请企业社会责任领域的专家进行了"2011年企业社会责任知识"培训。讲座内容涉及企业社会责任基本知识、国资委《中央企业和谐发展战略纲要》介绍、ISO26000基础知识、云南电网公司下一步企业社会责任工作建议四个方面。公司各部门、供电局企业社会责任负责人40余人参加了此次培训，取得了良好效果。

2012年11月30日，云南电网公司中层管理干部培训班在昆明举行，企业社会责任成为本次培训班的重要内容。公司邀请企业社会责任领域专家向参训学员讲述了企业社会责任基础知识、国资委关于中央企业的社会责任工作要求以及中央企业的优秀企业社会责任案例实践。

资料来源：云南电网公司。

（二）课题研究

企业社会责任工作是一个循序渐进的过程，不可能一蹴而就。这是一个理论和实践相结合的过程，需要经过从理论到实践、再到理论、再到实践的反复检验。为了充分运用社会责任前沿理论指导公司社会责任实践，云南电网公司积极开展社会责任相关课题研究，致力于将企业社会责任先进理念与知识运用到企业运营实践中，从而提升公司的履责能力以及综合价值创造能力。

2010年，公司分别开展了《云南电网公司低碳发展研究》和《云南电网公司可持续发展指标研究》两项课题，初步构建起公司可持续发展指标体系，这为公司进一步建立全面的社会责任指标体系奠定了基础。

2011年，公司结合最新发布的企业社会责任国际标准ISO26000，启动了《社会责任国际标准ISO26000在云南电网公司的应用研究》课题，旨在进一步丰富公司的社会责任内涵，明确企业社会责任推进管理思路，将企业社会责任工作更好地与国际发展趋势进行衔接与融合。

2012年，公司完成了《社会责任国际标准ISO26000在云南电网公司的应用研究》课题，形成了《云南电网公司社会责任推进管理手册》等多项研究成果。同时，启动了《云南电网公司社会责任实践与区域经济社会发展的关系研究》软课题项目，使社会责任研究与公司社会责任实践结合得更加紧密。

公司的社会责任课题研究工作得到了国资委领导的充分认可，国资委研究局局长彭华岗对此做出如下评价："云南电网公司对社会责任有着深刻的理解，难能可贵的是，作为省级电网公司能够按照ISO26000的思路超前开展社会责任理论研究工作，水平很高。云南电网公司社会责任工作管理强、实践好、绩效优。"

（三）交流学习

企业社会责任推进管理工作是一项艰巨的管理创新活动，仅靠单个企业的力量难以完成。公司在结合自身实际开展推进工作的同时，应积极参加企业社会责任领域的讨论活动，与国内外各种机构组织进行广泛交流，了解企业社会责任领域的国内外最新进展及发展趋势，学习国际先进企业的社会责任管理经验和工具，强化与不同类型利益相关方的互动沟通，从而提升公司的社会责任实践能力和社会责任管理水平。同时，强化外部沟通也是扩大企业社会责任影响力的重要途径，有助于塑造负责任的企业形象，提升企业的社会认知度。

云南电网公司非常重视与国资委、国内外社会责任组织以及国内社会责任研究机构、国内外同行业一流企业、国内社会责任管理领先企业、新闻媒体的沟通交流，特别重视参加各种组织举行的社会责任活动，大大提升了公司的品牌形象和社会责任影响力。公司一方面学习借鉴成熟的社会责任理论和实践经验，包括社会责任标准、倡议、工具，以及国内外一流企业的社会责任推进模式与成功实践；另一方面坚持立足企业实际，独立思考，深化认识，坚持创新，逐步形成具有自身特色的社会责任推进管理模式。

二、制定企业社会责任工作规划

经过自觉、自发的社会责任实践阶段之后，云南电网公司开始思考如何促使社会责任工作成为公司的一项常态化工作。基于这一目的,公司启动编制中长期社会责任工作规划。2010年,公司开展了《社会责任规划及管理体系研究项目》软课题研究,目前已经基本完成了《云南电网公司社会责任工作规划(2013~2015)》的编制工作。规划在充分论证公司社会责任发展面临的外部环境的基础上,借鉴国内外同行业优秀企业社会责任最佳实践,基于公司社会责任发展现状和不足,明确界定了公司社会责任的内涵,确立了公司的社会责任发展定位,提出了社会责任重大工程及实施计划,以及组织、制度、机制、能力、文化等全方位保障措施。

在制定公司中长期社会责任工作规划的同时,为确保规划内容得到有效执行和落实,公司每年都会明确提出当年的社会责任重点工作,并配备人、财、物等资源全力推进,同时注重加强对前一年工作的持续改进,确保公司社会责任推进工作的持续性和有效性。展望未来,公司下一步将着眼于推动社会责任工作规划全面落地,不断提升公司的经济、社会和环境综合价值创造能力,进而促进公司整体发展战略的顺利实施。

三、构建企业社会责任指标体系

企业开展社会责任绩效评价的基础是建立符合企业实际的社会责任指标体系。社会责任指标体系是全面反映和衡量企业整体、内部组织和员工个人履行社会责任的行为和效果的依据和标准,是企业推进社会责任工作、进行社会责任业绩考核和员工绩效管理的重要工具,也是企业社会责任推进管理工作持续化、标准化、体系化的基础。企业只有将应当履行的社会责任内容转化为可衡量的指标,才有可能将社会责任工作分解、落实到每个部门、每个岗位的具体工作中,才能对社会责任工作的绩效情况进行考核评价,发现存在的问题,不断进行改进。

云南电网公司非常重视社会责任指标体系的建立和完善。2010年,公司按照《南方电网社会责任指标体系(CSG-CSR1.0)》要求,结合自身实际,初步制定了《云南电网公司社会责任指标体系》,从战略与治理、电力供应、经济绩效、绿色环保、社会和谐五个方面对公司所涉及的社会责任领域进行了指标界定。2012年,公司结合《社会责任国际标准ISO26000在云南电网公司的应用研究》课题成果,对社会责任指标进行了优化。公司社会责任指标分为内部指标和外部指标两大类,内部指标包括责任管理、电力供应、经济绩效、绿色环保、社会和谐五个方面,外部指标主要是指利益相关方满意度（见表4-1）。公司正尝试按照建立的指标体系对社会责任工作进行绩效考核与评价。

表4-1 云南电网公司社会责任指标体系

指标维度	指标类别	序号	具体指标
内部指标	责任管理	1	社会责任规划、计划制定
		2	社会责任机构设置
		3	社会责任制度制定
		4	社会责任能力提升
		5	社会责任报告编制
		6	社会责任活动开展（次）
		7	社会责任课题研究（项）
	电力供应	8	员工伤亡数（人）
		9	大面积停电事故发生次数（次）
		10	城市用户平均停电时间（小时）
		11	农村用户平均停电时间（小时）
		12	年内申请专利数（项）
	经济绩效	13	国有资产保值增值率（%）
		14	资产规模（亿元）
		15	销售收入（亿元）
		16	云电外送电量（亿千瓦时）
	绿色环保	17	清洁能源上网比例（%）
		18	综合线损率（%）
		19	节能减排成效（折合节约标准煤情况）（万吨）
	社会和谐	20	公益捐赠总额（万元）
		21	农网建设投入金额（亿元）
外部指标	利益相关方	22	利益相关方满意度（%）

资料来源：云南电网公司。

第四节 利益相关方沟通和参与

企业履行社会责任，追求经济、社会和环境综合价值，是一种有利于整个社会可持续发展的行动，关系到社会上与企业存在相互影响的各个利益相关方。因此,企业社会责任推进管理工作并不单纯是企业内部的管理活动,而是需要主动与各利益相关方进行充分沟通,借助各利益相关方的责任共识和参与互动,获得社会各界的广泛共识和大力支持,这样才能确保社会责任工作的持续推进。

一、建立利益相关方沟通机制

社会责任沟通是公司尊重利益相关方的知情权、参与权、表达权和监督权,最大限度回应和满足利益相关方的期望和诉求,实现公司与利益相关方共同发展的重要途径。云南电网公司按照南方电网的要求,结合行业特色,建立了利益相关方沟通机制,从利益相关方识别、利益相关方期望与要求的了解、沟通与回应方式等方面进行了界定和说明(见表4-2)。另外,在云南电网公司中长期发展战略中,利益相关方沟通协调同样是非常重要的工作内容。

表4-2 公司主要利益相关方期望与沟通方式

利益相关方	期望与要求	沟通与回应方式
政府 (出资人)	遵纪守法、依法纳税 安全供电 国有资产保值增值 持续稳定回报	合规管理、主动纳税 执行国家能源政策 政企合作推进电网建设 加强日常管理 接受监督考核 工作回报与意见听取 完善治理结构
员工	工资与福利保障 员工健康与安全 公平晋升与发展 员工关爱	及时足额发放工资 依法缴纳社保费用 拓宽员工参与管理的渠道 征集提案并采纳合理建议 提供健康的工作环境 组织健康安全培训和体检 建立公平晋升机制 帮助困难员工
客户	减少停电时间 高质量电能供应 服务渠道便捷 提供节能指导	提供可靠供电 降低客户平均停电时间 开展客户满意度管理 电网建设与改造 技术与管理创新 座谈与走访 探索节能途径

续表

利益相关方	期望与要求	沟通与回应方式
合作伙伴	信守承诺 公开、公平、公正采购 分享经验	公开采购信息 接受反馈意见 谈判与交流 开展项目合作
环境	节能减排 节约资源 应对气候变化 生态保护	节能发电调度 环境信息公开 环境影响评价 节能减排经验交流 创新环保技术 实施绿色办公 促进电动汽车产业发展
社区与公众	社区公共事业发展 扶贫济困 社区交流与沟通	调查社区需求 社区教育与宣传 座谈与交流 开展公益活动

资料来源：《云南电网公司2012年社会责任实践报告》。

二、定期发布社会责任报告

一个负责任的企业应建立和完善社会责任信息披露机制，全面提升运营透明度，建立良好的利益相关方关系。企业应定期收集和处理社会责任信息，规范社会责任信息披露渠道、程序和内容，保障利益相关方的知情权和监督权，促进形成双方的共识与信任。企业社会责任信息披露主要包括三种形式：定期的社会责任报告发布、不定期的重大社会责任信息披露以及社会责任信息的日常披露。

其中，社会责任报告是企业主动披露社会责任信息，加强与利益相关方沟通的重要途径。云南电网公司是国内省级电网企业较早发布社会责任报告的企业之一，于2008年发布了南方电网系统内首份社会责任报告，至今已经连续发布了6份报告。发布社会责任报告既是国务院国资委和南方电网公司的要求，也是体现公司与社会各界沟通诚意的有效方式。通过发布报告，公司让政府、公众等众多的利益相关方对企业的运营与责任实践有了更加深入的了解。特别是近两年的社会责任实践报告，中间运用了具有云南民族特色的蝴蝶、孔雀、东巴文等各种元素，既展现了当地传统文化，又增强了报告的可读性。

公司社会责任实践报告得到了社会上的高度评价。公司2011年的企业社会责任报告从全国1200余份报告中脱颖而出，获得由商务部《WTO

经济导刊》与北京大学社会责任与可持续发展国际研究中心授予的"金蜜蜂优秀企业社会责任报告社会专项奖",成为32家获奖单位之一,也是省级电网企业中仅有的两家单位之一。

三、组织开展社会责任日活动

从2011年开始,南方电网公司要求各家省公司在每年社会责任报告发布当天,同时组织开展社会责任日活动。云南电网公司严格按照南方电网公司的要求,组织昆明、曲靖、红河三家供电局开展了丰富多彩的活动,向社会公众展示了公司的责任理念和实践。每年的活动主题都有所不同,2011年的主题为"责任南网·绿色同行",2012年的主题为"提升管理水平·保证可靠供电"。

2013年5月17日,南方电网公司开展了以"责任接力·真情传递"为主题的首届社会责任周活动。云南电网公司积极响应,迅速安排部署,结合公司实际,制定了《云南电网公司2013年社会责任日活动方案》,并指定昆明、曲靖、红河三家供电局作为活动执行单位。除了播放社会责任纪录片、展示社会责任宣传展板、发放社会责任实践报告等传统形式外,公司鼓励三家供电局围绕活动主题,创新形式、体现特色,积极展示自身特色的社会责任实践,并适时开展满意度调查等相关业务。昆明供电局组织各营配分局、县公司开展了"进社区·进农村"活动;曲靖供电局在曲靖城区各营业厅、江滨酒店及麒麟区三宝镇大观音山村等地同步开展与客户互动的"七个一"活动;红河供电局先后开展了两次"走进农村服务'三农'"活动,同时邀请地方政府领导和大客户代表参加现场活动。

通过首次社会责任周活动,公司广泛传播了2012年社会责任实践开展情况,更加全面、深入地向社会各界宣传了南方电网公司"万家灯火、南网情深"的核心价值观和"主动承担社会责任,全力做好电力供应"的公司使命,显著地提升了公司品牌塑造能力。

【专栏4-2】

首届社会责任周强调特色与创新

2013年5月17日,南方电网公司开展了以"责任接力·真情传递"为主题的首届社会责任周活动。昆明、曲靖及红河三家供电局分别在昆明市真庆观文化广场、曲靖市珠江源广场和蒙自市南湖广场开展了社会责任日活动。与往年相比，2013年的活动形式有明显创新，体现了各供电局的特色。

昆明供电局在5个营配分局和10家县公司都设有活动现场，同步进行社会责任日的宣传活动。工作人员向市民发放营销优质服务、便捷缴费、轻轻松松交电费、阶梯电价等共计2000余份相关宣传资料，向现场市民进行用电满意度调查，并围绕客户需求、合同能源管理、节约用电、安全用电等方面向市民进行现场讲解，接受现场咨询、解答、办理市民反映的问题。除了活动现场的互动活动外，昆明供电局各营配分局、县公司开展了"进社区·进农村"活动，共分成10余个小组，分别对辖区内的100余户居民进行了入户宣传，主要向市民介绍安全用电知识、15种缴费方式等，在收集客户信息的同时还帮客户定制电费通知的短信，并对用户的用电设备进行检查，现场解决安全用电问题。

为提升活动效果，曲靖供电局在曲靖城区各营业厅、江滨酒店及麒麟区三宝镇大观音山村等地同步开展与客户互动的"七个一"活动，即：开展社会责任报告宣传；开展客户用电检查服务，收集客户服务需求；举办节能经验交流会，邀请部分大客户交流节约用电经验；举办节电知识讲座，邀请节能专家宣讲节电新技术、新方法；开展存话费送电费活动，宣传电费缴纳、故障报修流程、第三方客户满意度测评等相关知识；在村委会开设"邮政储蓄电费代扣"现场办公业务，减少农村特别是边远山区的缴费成本；进社区帮助居民修理电器、发放化肥，宣传安全用电、节约用电知识。

5月13~16日，红河供电局先后开展了两次"走进农村服务'三农'"活动，对农村用户进行安全用电宣传和指导。开展了"走进社区"宣传活动，在蒙自市多个居民小区开展宣传服务。活动当天，红河供电局邀请红河州工信委领导，红河钢铁有限公司和蒙自瀛洲水泥厂的客户代表参加现场活动。同时，开展了电力短信息服务宣传推广、银行代扣电费业务宣传、安全用电宣传、移动服务厅现场业务办理等互动活动，并对周边商户进行上门服务，开展安全用电隐患排查，为客户提供安全用电服务。

资料来源：云南电网公司。

四、建设社会责任示范基地

社会责任示范基地建设,是南方电网公司推进社会责任工作的重要举措之一。一方面,社会责任示范基地可以提高社会责任管理水平,推动社会责任理念与电网运营的融合,树立公司的社会责任领先地位,促进可持续发展;另一方面,社会责任示范基地可以强化利益相关方关系改善,营造良好外部发展环境,提升企业的社会责任形象。

云南电网公司积极响应南方电网公司的号召,加快推进社会责任示范基地建设工作。继广州供电局客户服务中心、贵州电力调度通信局后,2013年11月25日,南方电网公司第三个社会责任示范基地落户云南电网公司电力研究院,该基地成为南方电网公司展示电力科技自主创新成果的一个重要对外窗口,同时带动云南电网公司的社会责任推进工作步入一个新的发展阶段。

云南电力试验研究院(集团)有限公司电力研究院坐落于云电科技园,云电科技园是云南电网公司结合云南电网科技兴网的发展理念,依托南方电网公司强大的产业背景,以云南电力试验研究院(集团)有限公司电力研究院为平台,突出高科技和信息化。以创新为灵魂,以改造传统技术为起点,集聚和整合科技资源的电力科技园区。电力研究院是云南电网公司技术支持中心和科技创新发展平台,以技术监督为核心业务,同步推进技术服务、基建调试、科研开发、信息化、人才孵化和培养五项主营业务,大力发展新能源、智能电网等新业务,以支撑电网安全稳定运行为首要任务,辅以基础性、前瞻性技术研究,为云南电力的可持续发展和云南经济的发展做出贡献。

该示范基地除了展示云南电力百年成就,探索电力新能源、新技术的应用研究外,还搭建了一系列的展示平台,成为了利益相关方了解、理解、支持云南电网科技方面社会责任工作的重要窗口。

中 篇　电网运营篇

电网运营篇是本书的核心，主要从社会责任视角围绕电网运营的整个环节对公司的情况进行详细阐述。

电网规划与建设—电网运行与维护—电力营销与服务是电网发展运营的整个全流程环节。无论是哪个环节，对电网发展都是至关重要的，只有将每个环节做好，才能保证供电的安全稳定可靠。这个过程中蕴含了丰富的社会责任内涵和要求。如绿色电网建设、与利益相关方的沟通、提升服务水平等，这些都是公司社会责任实践的体现。

农网建设与改造、国际化发展两章是云南电网公司的特色，在农网建设与改造、无电人口通电过程中有很多自己的特色举措和绩效，可以更好地体现公司的责任理念与绩效。国际化发展也是公司的特色，云南电网公司作为桥头堡建设的电力能源支撑者，在这个过程中做出了重要贡献。

第五章 电网规划与建设

电力关系到国民经济发展、人民生产生活和社会和谐稳定，而电网是实现电力发、变、送、配、用各环节的载体和物质基础。近年来，全国大部分地区负荷逐年攀升，电网在为地区经济社会发展做出巨大贡献的同时，也暴露出供电能力不足、网架结构薄弱、可靠性有待提高、电网建设难度大等突出问题。未来相当长时期内，我国能源和电力需求仍将较快增长，结合我国中长期经济社会发展，充分考虑节能减排总体要求，预测2015年我国全社会用电量将达到6.5万亿千瓦时左右，"十二五"年均增长9.1%；2020年将达到8.6万亿千瓦时，"十三五"年均增长5.9%，随着结构调整和产业升级，最大负荷需求增速将稍高于全社会用电量增速。

2012年7月30日和31日印度北部和东部地区连续发生的两次大面积停电事故，警示了中国的电网统一规划、统一建设、统一管理、统一调度，坚持输配一体化、电网调度一体化、城乡电网一体化对于保障安全的重要性。要大力推进电网发展方式转变，加快建设以特高压电网为骨干网架、各级电网协调发展的坚强智能电网，增强网络支撑、潮流转移和应对连锁反应严重故障的能力，最大限度地提升电网安全保障能力。

因此，打造"统一开放、结构合理、技术先进、安全可靠"的现代化电网是确保电力稳定供应、保障经济社会可持续发展和构建和谐社会的基础。本章将重点阐述云南电网公司自成立以来在电网规划与建设方面的具体举措与成效，系统展示公司如何加强电网规划与建设管理，进而为云南乃至全国的经济社会发展所做出的重要成就。

第一节 电网规划

经济发展、电力先行；电力发展、规划先行。电网规划以负荷预测和电源规划为基础，通过科学的方式确定在何时、何地投建何种类型的变电站、输电线路等电力设施，以满足规划期内的地方供用电需要，在电网规划各项技术指标最优的前提下使整个电网的年费用最小。电网规划的目标是使电网发展能适应、满足并适度超前于供电区域内的经济发展需求，发挥其对电网建设、运行和供电保障的先导作用，是电力工业实现快速、稳定、持续发展的重要保障。全面、长远的电网发展规划和电网规划设计，不仅直接影响到国民经济各行业的发展及其经济性，还关系到电力工业本身投资使用的合理性与资源利用的经济性，是电网安全可靠和经济运行的重要保证，是电力行业可持续发展的前提。云南电网公司加强电网规划建设一体化管理，科学布局云南电网未来发展，做好电网规划中的沟通合作，从管理、技术和关系协调三方面确保电网发展与地方经济社会发展的协调可持续。

一、电网发展概况

(一) 云南电网发展成就

从2003年电力体制改革以来，经过10多年的发展，云南电网公司累计完成电网建设投资450亿元，形成了以省内电力市场为基础，以电力外送为发展方向的省内、省外、国外电力资源交换枢纽，为公司利用国内国外两个市场和两种资源提供了广阔的前景，也给云南电力发展带来新的历史性机遇。

1. 打造电力资源交换枢纽

2012年，云南电网公司电网建设投资127.6680亿元，累计建成投产输变电工程项目数57个，新增变电容量775万千伏安，新增线路长度2917.64千米，拥有500千伏变电站（含开关站）24座，变电容量共计2775万千伏安，500千伏线路8723.7千米；220千伏变电站112多座，变电容量3507万千伏安，220千伏线路12992.2千米。截至2012年底，云南省电源装机容量4995万千瓦，其中，水电3427万千瓦，火电1385万千瓦，风电180万千瓦，光伏发电3万千瓦，清洁能源与火电比例为72∶28。云南电网公司统调装机容量3945万千瓦，占全省总装机容量的79%，其中，水电2522万千瓦，火电1240万千瓦，为保障云南经济发展和区域电力需求提供了坚强的能源支持。如此巨大的电网发展规模，有利于彻底改变云南电网的网架结构，从根本上保证对云南电网薄弱问题的解决，对于实现安全供电，满足全省经济发展的需求，达到"西电东送"、"云电外送"的新要求奠定了坚实的基础。

2. 基本实现全省一张网

统一的电网是电力发展一个重要的客观需要。云南电网认真贯彻落实南方电网公司"一体化"战略，积极响应云南省委、省政府培育电力支柱产业的战略目标和"兴边富民"工程，不断加快建设全省统一电网，优化云南电网结构、提高供电可靠性和供电质量，解决电力送出"瓶颈"，全力以赴抓好220千伏全省统一电网建设。2003年以来，220千伏文山变、马关变、普厅变、保山变、朝阳变、潞西变、卡场变等工程相继投产，"全省一张网"不断延伸，挺进了文山和保山，进入了德宏，翻越了怒江州海拔4200米的雪山，爬上了海拔4300米被称作"生命禁区"的碧罗雪山。截至目前，全省220千伏电网联网基本完成。

3. 国际电力枢纽基本形成

随着中越、中缅和中老电力联网贸易的不断推进，云南已成为连接缅、老、越的国外电力交换枢纽，有力地推动了公司三个市场的建设工作，云南电网公司作为区域电力交换平台的地位逐步提高，资源优化配置的效益逐渐显现。2004年9月，第一条110千伏向越南送电线路建成投运，之后，又相继建成了2回110千伏和3回220千伏对越送电线路，送电能力近80万千瓦。2009年12月建成投产了115千伏向老挝北部供电工程，实现了云南与老挝的电力联网。目前，云南电网公司正在继续完善电网建设，确保瑞丽江（40万千瓦）、太平江（24万千瓦）等水电回送国内，实现中国向缅甸北部镍矿供电，并配合中越、中老、中缅、中缅印的电气化铁道供电设施的前期工作，加大对经济发展特区的电网建设。

（二）云南省能源发展趋势

1. 电源建设方针

云南电网"十二五"电源建设方针：依托大型水电基地建设，大力发展水电，促进西电东送；有序开发省内中小水电；优化省内水电特性，提高资源配置可靠性，协调发展大容量主力煤电。并重点考虑了以下电源规划原则：发挥云南省水能资源十分丰富的优势，积极有序开发水电；鼓励开发风电、生物质能和太阳能利用等新能源；加强区域和国际电力合作。

2. 电源结构

到 2015 年，云南省规划电源装机 7500 万千瓦，其中水电 5800 万千瓦，火电 1700 万千瓦，水火电装机比例预计为 77∶23，今后水电将成为云南电源装机的绝对主力。到 2030 年，预计云南水电基本投产完毕，水电装机约为 1 亿千瓦，水电装机比例将持续提高到 85% 以上。

3. 电源布局

"十二五"期间，云南装机布点也与"十一五"时有所不同。"十一五"期间，云南火电装机主要集中在滇东、滇南；水电装机主要集中在滇西。随着昭通煤炭资源、金沙江中游一库八级水电站和下游 2 个大型水电站的开发，电源布点将逐步延伸到滇东北、滇西北，将有力推动这些地区的经济社会发展。

（三）云南电网面临的挑战

由于电网在区域资源配置和产业引导中的核心地位，云南电网将由电力传输的末梢变成了对外开放的前沿和窗口，在对外电力合作中的前沿性、重要性、带动性和辐射性的作用将进一步凸显，并将在区域资源优化配置中进一步发挥枢纽作用、基地作用和高地作用。为此，云南电网公司在南方电网中长期发展战略的基础上，结合自身实际，提出了自己的发展定位和战略目标。在实现战略定位和目标的过程中，云南电网公司还面临着管理上、技术上和内外部关系协调上的诸多挑战。

1. 内外部资源配置有待优化

"十二五"仍然是云南电网进入高强度扩张、跨越式发展的新时期。电网规划建设的顺利实施涉及很多环节的工作，涉及不同的利益主体，涉及公司人、财、物等资源的优化配置，需要研究如何科学地组织和配置公司各种要素资源，建立强有力的保障机制，以确保"十二五"电网发展目标的实现。此外，如何处理大小电、水火电、传统能源与新能源，国外、省外、省内三种资源、三个市场的关系问题也将面临新的考验（详情参见专栏5-1）。

2. 驾驭复杂大电网能力有待提升

云南电网成为世界上技术最复杂的电网后，各种顶尖的输电技术和设备在网内门类齐全，但公司目前对核心技术的掌握还不深、不透，驾驭复杂大电网的能力有待进一步提升。未来，新一代的智能电网技术、高效输电技术与清洁发电技术等将在云南电网具有广阔的发展空间，从而将使云南电网形成强烈的"后发优势"。

3. 农村与城市电网发展不平衡

云南省在大电网建设方面投入较多，发展较快，而配电网长期投资不足，城市、农村配电网历史欠账较多，造成电网发展不平衡，供电质量和供电可靠性有待进一步提高。其中，农村电网网架结构薄弱，设备成就、管理基础较低，经营状况较差，缺乏可持续增长能力。

4. 适应新能源接入能力尚待提高

随着国家支持清洁能源、新能源发展的力度加大，对电网企业消纳接入新能源的能力提出了更为迫切的要求。目前，云南电网由于技术和设施水平的限制，在接纳风电、太阳能发电等新能源、分布式电源的能力和智能化水平方面还需要提高，以更好地服务新能源发展，打造绿色电网。

5. 外部环境日益严峻协调难度加大

随着云南省经济总量的扩大和水电资源的不断开发以及电网建设的快速推进，土地、输电通道等资源不足的矛盾越来越尖锐，特别是"三江并流"地区，水电装机的集中度较高，通道资源更显得稀缺，只有解决好这些问题，电网才能持续发展。此外，在公司已启动建设的工程中，普遍存在选址、选线、征地难的现象，建设场地赔偿矛盾日益突出，施工屡屡受阻。

【专栏 5-1】

云南省电源结构布局现状以及对电网发展的影响

电源结构和布局的不合理严重影响着电网的规划和建设。云南电网公司在处理大小电、水火电、传统能源与新能源，国外、省外、省内三种资源、三个市场的关系问题等方面面临着重重考验。

首先，云南省内电源结构问题。云南水电装机比重远景预计将达到80%左右，为满足枯期用电需要，云南需要留存大量的水电容量，导致丰期水电大量富余，系统火电机组年利用小时水平偏低，系统运行的整体经济性较差，且电网供电的安全可靠性降低。因此，如何在系统内保证合理的火电、水电比例，大幅提高水电外送规模和送电效益是需要深入研究的问题。

其次，云南省内中小水电有序开发的问题。云南省除"三江干流"电站外，其余大量的中小水电基本为径流式电站，其发电量受来水量影响较大，调节性能差，且中小水电主要位于边远的滇西南、滇西北和滇东北地区，距离负荷中心较远，电气距离很长。因此，在目前中小水电开发与电力市场已不协调的情况下，需加强研究如何促进云南省中小水电的有序开发以及中小水电的合理调度。

再次，云南省风力发电、太阳能发电项目迅速增加，在云南省中小水电尚不落实的情况下，如何协调好高额上网电价新能源项目的市场问题需进一步研究解决。

最后，云南电网市场空间有限，需研究如何发挥南方电网在资源优化方面的配置作用，统筹国外、省外、省内三种资源的开发，统筹国外、省外、省内三个市场的用电，解决好可持续发展的问题。

资料来源：编者整理。

二、"十二五"电网规划

云南省是我国重要的水能资源大省和南方电网主要的"西电东送"基地，做好云南电网的电网规划不仅对云南本省同时对南方电网的发展都具有至关重要的意义。云南电网"十二五"电网规划以构建"统一开放、结构合理、技术先进、安全可靠"的现代化电网为目标，促进云南电网向

"资源节约型、环境友好型"电网转变,实现云南电力工业和全省经济社会的和谐健康发展,促进国家"西电东送"战略的可持续实施。

(一)优化网架结构,提高电网输送能力

1. 云南省的电力供需形势

经过30多年的建设发展,云南省电力工业有了长足的进步,全省发电装机容量和全社会用电量分别由1978年的130.40万千瓦和216.31亿千瓦时,增加到2012年的4995万千瓦和1315.86亿千瓦时,分别是1978年的38.3倍和6.1倍,33年来年平均分别增长9.93%和11.34%。2012年,云南省发电装机容量和全社会用电量分别占当年全国的17.82%和17.40%,其中发电装机速度位居全国各省、市第一位。

随着云南得天独厚的有色金属、冶炼等产业规模的不断扩大发展,有力推动了经济的快速发展,云南省电力需求迅速增长。预计"十二五"期间,全省最大用电负荷将从2011年的2095万千瓦增长到2015年的3010万千瓦,电网装机规模将从2011年的4208万千瓦上升为2015年的7725万千瓦(见表5-1)。

表5-1 云南省"十二五"期间电力供需形势(2011~2015年)

年份	2011	2012	2013	2014	2015
最大负荷水平(万千瓦)	2095	2350	2599	2832	3010
电网总装机规模(万千瓦)	4208	4911	6055	7186	7725
其中:水电装机容量	2780	3208	4052	4873	5343
火电装机容量	1186	1306	1366	1666	1717

资料来源:云南电网"十二五"电力系统设计。

2. 大电网投资建设规划

为支持云南省日益增长的用电需求,充分消纳全省发电装机容量,云南省电网公司坚持电源与电网统一规划、协调发展的原则。在"十二五"电力规划、"十二五"云电外送框架协议的基础上,充分调研跟踪省内电源建设情况,适时调整电网建设方案,在保证电网安全稳定运行的前提下,进一步优化电网结构,增强电网输送能力。

到"十二五"末,云南电网将形成3个±800千伏、3个±500千伏不同电压等级的直流送电规模,形成全省"五个区域"、"六大直流外送通道"和"两纵两横一中心"的远景蓝图(见表5-2)。云南电网发展将向

更加智能、高效、可靠、绿色方向转变,成为南方电网乃至全球具有代表性的电压等级最全、交直流系统混合运行的技术最复杂电网。

五个区域:滇中电网、滇东北电网、滇西北电网、滇西南和滇南电网。

六大直流外送通道:滇中的楚雄—广东直流、滇东北的溪洛渡—广东直流(双回)和向家坝—华东直流、滇西北的金沙江中游—广西直流和滇西南的糯扎渡—广东直流。

两纵两横一中心:两纵(滇西北的建塘—太安—黄坪—大理—永昌大母线;滇东北的甘顶—永丰—多乐—曲靖—罗平大母线)、两横(滇西南至滇东南的德宏—博尚—墨江—红河—砚山滇南双回路大通道;黄坪—仁和—铜都—多乐滇北双回输电大通道)、一中心(围绕滇中负荷中心的大环网)。

表5-2 云南电网公司"十二五"后三年重点工程项目

500千伏变电站新建工程	新建曲靖喜平、保山永昌等500千伏变电站
500千伏变电站扩建工程	扩建昭通永丰、文山砚山、玉溪宁州、昆明七甸和厂口、临沧博尚、丽江太安、思茅等500千伏变电站
500千伏主网架完善工程	建设永昌—大理、仁和—铜都—多乐、威信—镇雄—多乐等500千伏输电工程
电源送出工程	配套金沙江中游梨园、观音岩水电站建设500千伏送出工程

(二)支持"西电东送",促进能源优化配置

1. "西电东送"的背景

我国虽然是世界上水能资源最丰富的国家之一,但分布极不平衡,90%集中在西南、中南和西北;而我国经济发达的东南沿海地区能源消耗量大,能源相对短缺,这对经济发展有制约作用。为了更好地利用西部地区丰富的资源促进经济发展,国家开启了"西电东送"的浩大工程,通过开发贵州、云南、广西、四川、内蒙古、山西、陕西等西部省区的电力资源,将其输送到电力紧缺的广东、上海、江苏、浙江和京津唐地区,不仅为东南沿海地区的发展做出了不可磨灭的贡献,也发展了西部各地区的经济,努力实现共同发展的宏伟目标。我国"西电东送"的主要通道如表5-3所示。

2. 云南电网对"西电东送"的历史贡献

云南水电资源丰富,水能资源理论蕴藏量超过1亿千瓦,可开发的装机容量达9000多万千瓦,年发电量为3900亿千瓦时,位居全国第2位。

第五章 电网规划与建设

表 5-3 我国"西电东送"的主要通道

北部通道	将黄河上游的水电和山西、内蒙古的坑口火电送往京津唐地区
中部通道	将三峡和金沙江干支流水电送往华东地区
南部通道	将贵州、广西、云南三省区交界处的南盘江、北盘江、红水河的水电资源以及云南、贵州两省的火电资源开发出来送往广东、海南等地

资料来源：编者整理。

目前，云南已被列为西部电力能源基地和"西电东送"基地。在"十一五"期间，云南电网公司以输电网协调发展为总体思路，在大规模电网建设当中，不仅为本省提供电力，而且支持"西电东送"和"云电外送"，对培育云南电力支柱产业，起着"血管"般的关键作用。公司相继完成了云电送粤 500 千伏"三变五线"、"三变十三线"、"四变十七线"等工程建设，建成了 4 回 500 千伏和 2 回 220 千伏云电送粤交流送电通道，强化了景洪、小湾、曲靖等大型电源的接入网架，为实现云电送粤 790 万千瓦奠定了坚实的基础，成为了"西电东送"的主力军。

3. 云南电网"西电东送"的"十二五"建设规划

按照"十二五""西电东送"框架协议，"十二五"期间南方电网"西电东送"新增输电能力 1700 万千瓦，"西电东送"总规模将达到 4300 万千瓦。云南电网公司在制定"十二五"电网建设规划中，积极服从于"西电东送"主网架建设的需要，制定糯扎渡电站送电广东直流输电工程建设方案、溪洛渡右岸电站送电广东同杆双回直流工程建设方案和金沙江中游电站送电广西直流输电工程建设方案，为提高、改善"西电东送"主网架电网结构、稳定水平创造条件和服务。

其中，云南糯扎渡直流输电工程和溪洛渡右岸电站送电广东双回±500千伏直流输电工程（简称"两渡"直流工程）建成投产后，云南将向广东增送 1140 万千瓦电力（500 万千瓦 + 640 万千瓦），约为目前南方电网"西电东送"规模的一半。这对我国深入推进"西电东送"战略实施，促进区域协调发展，实现更大范围资源优化配置起到了重要推动作用，同时也进一步推动了我国电力技术发展和提高电力设备制造水平。

云南电网公司考察

> 【专栏 5-2】
>
> **"西电东送"重点工程之一——云南普洱至广东江门 ±800 千伏直流输电工程**
>
> 云南普洱至广东江门 ±800 千伏直流输电工程(简称"糯扎渡直流工程")西起云南省普洱市思茅区普洱换流站,东至广东省江门鹤山市境内江门换流站,途经云南、广西、广东三省区,线路全长约 1451 千米,额定输送容量 500 万千瓦,额定电压 ±800 千伏。糯扎渡直流工程包括普洱换流站、江门换流站、直流线路、普洱侧接地极本体及线路、江门侧接地极线路 5 项主要工程。江门侧接地极与贵广一回直流共用。糯扎渡直流工程是南方电网公司继建成 ±800 千伏云广特高压直流示范性工程后,负责建设的第二条特高压直流输电工程。工程建设在应用云广特高压国产化设备成熟技术的基础上,国产化设备比例进一步提高,尤其在以往进口设备为主的直流场核心设备国产化比例有所提升。
>
> 资料来源:编者整理。

(三) 加强配网建设,提高电力保障能力

公司制定了《云南"十二五"配电网规划》,未来将统筹主网与配网发展,注重各级电压等级的协调,坚持统一规划、统一实施,全面开展城市电网规划和县级电网规划;优化投资结构,继续加大配网投入,加快城乡电网建设与改造,形成安全可靠的配电网络,提高城乡配电网的供电能力和供电可靠性;加大配网自动化的试点与推广力度,提升配电网智能化程度和管理水平(见表5-4)。"十二五"期间,云南电网 110 千伏及以下电网投资 411.7 亿元,其中城网投资 102.3 亿元,农网投资 309.4 亿元。按电压等级分,110 千伏电网投资 133.6 亿元,35 千伏电网投资 44.5 亿元,10 千伏及以下电网投资 233.6 亿元。

(四) 开展节能减排,促进低碳经济发展

节能减排是我国经济和社会发展的一项长远战略方针,是贯彻建设"绿色电网"、促进低碳经济发展、降低生产成本的重要内容。积极开展节

第五章 电网规划与建设

表 5-4　云南电网"十二五"期间各级配电网建设规划

项目	110千伏	35千伏	10千伏
新建、扩建增容变电站（座）	308	454	—
新增变电（配变）容量（万千伏安）	2056.23	283.607	485
新建及改造线路（千米）	6169.31	5500.44	52362.54

资料来源：《云南"十二五"配电网规划》。

能减排工作不仅能够带来更大的经济效益，而且可以把电力工业从传统的追求速度和规模转移到注重质量和效益的轨道上来，从而最终实现电网的资源优化配置和可持续发展的战略目标。

为了积极响应国家和南方电网公司的号召，推动企业全面开展节能减排工作，布置节能减排工作措施，提高资源利用效率，降低生产成本，实现资源的科学利用，云南电网公司专门编制了"十二五"节能减排规划，并制定了在降低线损、需求侧节能减排等方面的逐年工作方案。

1. 降低输配电损耗

在"十二五"期间，公司将建立完善的节能降损管理体系，做好电网规划、运行、技术等方面的降损工作，到2015年综合线损率由2010年的5.65%降低到5.30%以下。更换配网全部的S7及以下的高耗能变压器，通过做好配网"四分"管理工作，到2015年全面消除综合线损率超过10%的县级供电企业，实现云南电网农电系统线损率6.60%的目标。

2. 需求侧节能减排

严格执行和配合完善国家电价政策，落实需求侧管理配套政策；建立需求侧管理长效机制，进一步提升终端能源使用效率，实现年度电量节约指标不低于上年售电量的0.3%，年度电力节约指标不低于上年最大用电负荷的0.3%；持续深化节能服务绿色行动，开展能源管理项目100户以及建设43个节电示范项目；积极开拓低碳发展新领域和新业务，发展电动汽车充换电设施建设试点，引导清洁能源和新能源建设，实施阳光屋顶试点，推进客户终端智能化等。

三、电网规划管理

电网管理是我国电网企业与国际先进电力企业相比的重大短板之一。国际先进电力企业已经建立了成熟、长效、稳定、闭环的电网规划机制，电网建设也非常的规范化。为落实国务院国资委加强中央企业集团管控能力的要求，实现战略落地和深化创先工作，2010年9月14日，南方电网公司全面启动一体化管理，着眼于建设一个战略、一个品牌、一套模式、一套制度，实施统一的战略管理，把共性的管理要素集约起来形成合力，提高全网的协同效应和公司整体的管理水平。

云南电网公司积极贯彻南方电网的一体化管理要求，在规划建设管理方面开展了大量工作，有力提升了公司在电网规划建设过程中的集中管控和资源配置能力。具体工作包括：

（1）在公司的统一协调下，按照电网规划、投资计划、节能管理、综合计划和统计管理五个主要业务模块，对公司计划发展各项工作流程进行了认真梳理，并依据业务需求对计划部的内部分工进行了进一步调整。

（2）结合公司管理界面划分和实际工作情况，及时对公司有关管理办法进行调整和修编，对小型基建、线损管理和统计等工作管理界面和流程认真分析和调整；完成了公司小型基建管理细则、项目核准管理细则、前期协调费管理细则、项目前期工作费使用管理细则等管理制度的修编工作。

（3）按照南网公司安排，做好计划发展"信息化"有关前期准备工作，逐步实现通过"信息化"系统固化"一体化"管理成果的目标。重点抓好电网规划、投资计划、综合计划和统计节能信息系统的前期工作，完成了3项信息化项目建议书的编制上报工作。

四、电网规划沟通

规划对一个地区甚至对整个国家的发展都有着举足轻重的作用。科学合理的电网规划可指导电网建设，对合理安排电网建设项目、建设时机、资金投入，满足国民经济对电力的需求，保证今后电网安全、稳定、经济运行，获取最大的经济效益和社会效益均具有十分重要的意义。电网规划涉及和影响着包括政府、发电企业、客户、周边居民等众多利益相关方，做好电网规划过程中的内外部沟通协调是提高电网规划合理性、前瞻性、可行性，保证电网建设顺利顺畅进行的关键。

（一）加强内部沟通协调

电网规划牵扯到方方面面的知识，一个优秀的规划，是专业知识和技术经验的最优结合的产物；要做出一个好的规划，不仅要有丰富全面的理论知识，还要协调好内部各部门各单位在规划中扮演的职责。云南电网公司于 2007 年制定了《电网发展规划管理标准》，明确规定由公司总部负责 220 千伏及以上电网、110 千伏跨州（市）电网的规划工作。各供电局在公司 220 千伏及以上电网规划的指导下，负责 110 千伏州（市）内电网规划工作，负责或组织县级供电公司进行 35 千伏及以下电网的规划工作，并对 220 千伏及以上电网规划、110 千伏跨州（市）电网规划提出建议（其中输电网规划及联网规划可直接编制，配电网规划必须按层级编制）。同时，明确云南电网公司计划发展部是公司电网发展规划的归口管理部门，负责公司系统电网发展规划的组织、协调、评审、上报等管理工作，指导各供电局、分公司的电网规划工作；云南电网公司生产设备管理部、基建部、安全监管部、财务部、市场营销部、调度中心等部门积极参加公司电网发展规划及有关专题规划工作。生产设备管理部、安全监管部、系统运行部协助组织开展系统二次的规划工作；各供电局（分公司）规划归口管理部门负责本单位的电网规划管理工作，包括规划的组织、协调、编制、评审、上报等管理工作，并指导各县级供电企业的电网发展规划工作。

（二）坚持"开门搞规划"

电网规划是在充分掌握电网现状的基础上，根据当地国民经济发展相关规划，通过多方案的电力需求预测，结合有关电源规划，制定合理的电网输供电方案，指导地区电网的投资建设。云南电网公司于 2007 年启动了社会经济发展预测、主要矿藏资源分布、电煤供应、水电出力特性、负荷特性和外送曲线、外送规模和留存电源、滇西北输电通道资源 7 个专题的研究。云南电网公司坚持"开门搞规划"的思路，公司与政府相关部门、主要发电集团以及大客户企业建立了规划定期座谈机制，每年举行不少于两次的会谈和沟通，通过各方规划的直接对接，掌握发展需求和规划布局，更加科学地编制电网规划，更好地引导电源开发，使得电网规划更加贴近上、下游客户的需求，也更加超前地为客户提供服务，增强了电网规划的科学性、合理性和可实施性。

> **【专栏 5-3】**
> **云南电网公司举办大客户规划建设座谈会**
>
> 　　为让云南电网"十二五"规划更加科学合理，云南电网公司向发电企业、大客户"晒"规划。2010年12月30日，云南电网公司大客户规划建设座谈会在昆明举行，云南电网公司对"十二五"规划成果进行了介绍，大客户、大电源集团对规划提出了意见和建议，也介绍了各自"十二五"期间开工和投产的大项目。与会各方认为，开放搞规划的思路很好，有利于电网、电源企业和大客户做好各自的"十二五"规划。会上共达成4点共识：
> 　　第一，电力产业发、供、用一体，需要协同规划，从规划这个源头加强沟通交流是各方迫切的需求，要尽可能做好协同规划，使云南经济社会又好又快发展。
> 　　第二，要共同关注市场，以市场为导向。发电企业、电网企业和大用户都有寻找市场的需要，各企业要共同培育市场、寻找市场、开拓市场，要统筹开发国内外资源，统筹开拓省内省外、国外三个市场。
> 　　第三，市场运行机制是培育市场、开拓市场的重要手段，一个好的机制，可以让大家在更大范围内、更加合理地配置、利用资源。要研究好市场机制才能使电网规划更加科学合理，也使各自的发展在比较和谐的环境下实现可持续发展。
> 　　第四，企业之间有必要进一步加强在规划指导下的具体项目的衔接，这是把规划落地的重要手段，使各自工作做到无缝衔接，项目同步建设、同步投产。
>
> 资料来源：编者整理。

第二节　电网建设

　　电网建设是整个电力运营过程的关键环节，关系到电网的安全稳定运行。同时，社会公众对电网建设的关注程度越来越高，尤其是电网建设对环境和社会的影响成为了人们关注的焦点。云南电网公司成立以来，在电网建设方面取得了显著成就，积累了丰富的经验。

一、电网建设情况

云南电网公司抓住机遇、积极谋划，配合国家扩大内需的政策，围绕"西电东送"和"桥头堡"建设等区域经济发展战略，大力进行电网建设。通过不断加强主干电网结构、积极进行电网规划，引导电源合理布局、提高电网科技水平以满足未来电力市场需求，致力于将云南电网打造成一张安全、优质、低碳的坚强电网。

2003~2012年，云南电网建设投资累计784.04亿元，建成35千伏及以上线路54021.6千米，是2002年底规模的2.62倍，其中包括500千伏线路8724千米（是2002年底规模的6.54倍）、220千伏线路12992千米、110千伏线路22832.6千米、35千伏线路9473千米；建成500千伏公用变电站21座，新扩建主变19台，主变容量2775万千伏安，是2002年底全网500千伏实际规模425万千伏安的6.53倍。[①]

云南电网从改革开放前的各自为政的电网到全省统一电网的形成，从单一的省内市场拓展至以"西电东送"、"云电外送"为骨架的省内、国内、国外三大市场；从低电压、小电网向超高压、大电网迈进；从隐患较大、事故频发的薄弱电网向安全、稳定、可靠的卓越电网发展。电网技术装备水平、覆盖面和安全可靠性大为提高，形成具有远距离、大容量、跨国跨省区、超高压输电和交直流混合运行的特点，拥有直流电触发、光触发、可控串补、超导电缆等世界先进技术，是世界上结构最复杂、技术含量最高的电网之一。目前，全省已形成环绕昆明和曲靖的"日"字形500千伏骨干单环网络，220千伏电网已连接全省16个州市，形成了"一张网、全覆盖"的格局，为全省经济社会发展和人民生活水平提高做出了重要贡献。

二、电网建设管理

日益增长的电力需求，用户及广大公众对质量安全和环保要求的提高以及电网企业自身发展的需要都对电网建设提出了更高的要求，这就需要电网企业从管理入手，落实基建一体化管理，加强电网建设过程中的项目

[①]《云南电网公司志（2003~2012）》。

云南电网公司考察

管理、质量管理、安全管理、环境管理、进度管理和技术管理。

(一) 基建统一管理

公司按照经营型管控要求，开展了组织架构的梳理和调整，明晰公司本部职能机构、州市供电局、县（市）公司三级管理定位和管理关系。按照"以客户为中心"的导向，建立一体化的业务流程。构建统一内容、统一模板、统一名称三种类型基建设计管理框架。执行南方电网公司统一编制的施工作业指导书、质量控制作业标准（WHS）、监理典型表式、基建工程验收标准、基建安全和文明施工检查评价标准表式、业主项目部工作手册等。启动一体化信息系统建设工作，使得基建工作有章可循、有据可查。

(二) 项目管理

提高电网建设项目的规范化、信息化管理水平是电网建设管理的基础性工作，也是打造优质电网工程的基本保障。项目管理的重点是抓项目部规范化建设，解决业主缺位问题，尤其是解决配电网建设管理业主缺位问题。为此，需要公司建立基建基层单位——业主项目部，业主项目部代表建设单位开展项目过程管理各项具体工作，对项目建设管理负直接责任，确保每个项目有人负责，强化最基层管理，解决好业主缺位的问题。同时，规范组建业主项目部，统一人员配置、岗位职责、管理制度、工作流程、工作标准和考核评价指标。颁布业主项目部一体化工作手册，实现业主项目部管理表单和流程固化，建立业主项目部信息化管理模块。积极研究建立有效机制，鼓励和培育项目经理发展，形成"培养人、留住人"的长效机制。

为提高电网建设项目的规范化管理，云南电网公司在小型基建职能调整后，引入里程碑进度计划管理，制定管理实施细则，理清思路、规范流程、明确职责，该细则已基本纳入基建管理轨道。为提升基建信息化管理水平，公司超前准备，深度策划，大力推广运营基建系统。2012年9月10日，公司成为南网系统内第一家实现基建系统上线试运行的单位。为形成"培养人、留住人"的长效机制，公司采用不同类型的培训形式，2012年公司组织10个基建类型培训班和省内外优质工程考察交流，抽调基层人员到基建部轮训学习；基建部定期开展内部培训、组织人员进行执业资格考试等。2012年公司共计培训约1.2万人次，初步形成了基建学习型组织的氛围，有效提高了人员素质。①

（三）基建安全管理

云南大部分地区地形陡峭，植被茂密，山地占全省总面积的94%，森林覆盖率达50%，这样的地形地貌给输电线路架设施工带来了极大的挑战。针对严峻的基建安全形势，云南电网公司构建电网工程建设安全平台，采用规范化的管理流程不断提高基建过程中的安全管理水平，同时大力引进先进的科学技术，确保工程施工中的电网安全和人身安全，如表5-5所示。

表5-5　云南电网公司基建安全管理举措

安全管理领域	具体举措
加强安全生产风险管理	梳理基建安全管理流程，辨识、提炼出基建安全管理风险要素，重点防范外包企业人身伤亡事故；通过与生产风险管理要素对比，将基建安全风险管理要素纳入公司安全生产风险管理体系
建立健全各级安全施工责任制	安全施工责任制是安全施工经营思想和岗位职责的体现，建立责任制度建立机构配备得力人员，层层负责，做到事事有人管理
编制和实施安全技术措施计划	安全技术措施是施工计划的重要组成部分。施工前，施工单位要对工程进行总体考虑和策划，编制详细的施工组织方案、施工安全措施、施工技术措施，经过监理单位的审核签证后报由建设单位审查批准实施。作为电网工程建设实施的指导书，施工组织设计方案及相关措施对工程起到全程指导的作用
严格执行相关安全制度	电网工程建设要严格遵守《电业安全工作规程》、《电力建设安全工作规程》、《云南电网公司基建安全监督管理规定》、《电网建设工程施工安全监督管理规定》等安全规章，并在此基础上制定工程项目部的安全施工细则及制度。由监理单位、建设单位监督实施
加强安全施工教育	建设单位在管理过程中要严格履行国家电监委4号令对建设单位的职责要求，督促施工单位对现场施工人员进行安全培训教育及考试，考试合格方能上岗

资料来源：云南电网公司部门总结。

---

①2012年云南电网公司基建部工作总结。

云南电网公司考察

【专栏 5-4】
架设施工索道，天堑变坦途

云南省地形陡峭、植被茂密、道路崎岖，电网建设中经常会用到马匹来运输电力设施。但马匹运输的效率低、成本高，还存在一定的安全隐患。为了解决电网建设中的运输难题，2009年12月初，云南送变电工程公司全面启动了索道运输系统的研制工作。通过大量新思路、新技术的应用，有效地解决了架设过程中的一系列"瓶颈"障碍，并于2010年2月成功进行了试验场地内的试运行，标志着这一新设备具备了实用条件。

通过一系列的持续改进，施工索道具有架设效率高、组装灵活、操作简单、成本低廉、运输效率高的特点。2011年，云南送变电工程公司再次登上碧罗雪山，施工南方电网最高海拔的220千伏输电线路——福剑线。该线路有25公里属于无人区，整个线路沿线沟谷纵横，地形起伏较大，悬崖峭壁众多，施工人员即使空身行走仍旧充满了艰难险阻，要把上万吨的物资运到山上，索道是唯一的选择。为此，云南送变电工程公司建设了23公里的运输索道，沿线设了32个站点，海拔最低的站点为1250米，最高的接近4200米。在整个工程施工中，运输索道发挥了巨大的作用，将2400吨塔材、9000吨混凝土以及1000多吨生活物资顺利运送上山，为工程施工的顺利完成奠定了坚实的基础。

目前，索道运输系统已在正在建设中的±800千伏糯扎渡直流送出工程、"西电东送"的±500千伏溪洛渡直流送出工程、南方电网最高海拔的500千伏线路——建太线等一大批工程中得到广泛应用。索道运输系统成为了电力施工物资运送的绝对主力，为电网的快速发展添瓦加翼。

资料来源：编者整理。

（四）质量管理

电网工程质量关系到供电安全和经济社会的健康运行，云南省的复杂地理环境和气候条件更是对电网工程的质量安全提出了更高的要求。云南电网公司通过严把设计质量关，强化标准化建设，推进基建QC工作以及重视档案管理和土建管理，为确保电网工程质量奠定了管理基础（见表

第五章 电网规划与建设

5-6）。2012 年，中国电力建设企业协会授予 500 千伏通宝输变电工程 2012 年中国电力优质工程奖；2011 年，500 千伏永丰输变电工程被中国电力建设企业协会授予 2011 年度中国电力优质工程奖；云南省电力建设工程质量监督中心站被电力建设工程质量监督总站授予 2010 年度电力建设工程质量监督先进集体；云南电力建设定额站被电力工程造价与定额管理总站授予电力工程造价与定额管理优秀成果奖；云南省送变电工程公司被中国电力建设企业协会授予 2010 年度全国电力建设优秀施工企业；云南电力建设监理咨询有限责任公司被云南省人民政府授予云南省 2009 年度建筑业发展奖励扶持"走出去"战略企业。

表 5-6　云南电网公司电网工程质量管理举措

质量管理领域	具体举措
严把设计质量关	公司高度重视设计质量工作，从源头抓起，提升工程建设质量。加强对设计单位、中介审查单位的管控力度，从初设深度及质量、设计进度和审查配合等方面拟定评价指标对设计单位进行评估，将评价结果作为公司设计单位招投标评价的基础资料
基建标准化管理	公司全面推广执行基建工程质量控制作业标准（WHS）、施工作业指导书、监理典型表式等作业标准，提高基建质量管理水平；同时高度重视培训工作，定期举办基建质量管理培训班和质量检查（监督）员培训班，有力提升公司各级基建单位质量管理意识和管理水平
推进基建 QC 工作	基建 QC 是指基建中的质量控制，内容涵盖工程施工、设计、监理、制造、建设管理等方面。为夯实质量管理基础，鼓励和推进施工工艺的改和工程实体质量提高，公司制定了基建 QC 年度工作计划，并督促各单位建立了 QC 工作小组
加强土建工程管理	组织编写了电网建设工程土建抹灰质量工艺控制规范和电网建设工程土建涂饰质量工艺控制规范，举办了复杂岩土工程管理培训班。发布了《关于规范电网土建工程施工检测试验项目的通知》，规范了公司土建工程施工检测试验项目。同时高度重视缺陷处理工作，组织完成了 220 千伏香格里拉变场地沉降治理，正在开展 220 千伏朋普变滑坡地质灾害治理工作

资料来源：云南电网公司。

（五）环境管理

公司重视建设过程中的生态环境保护，加强建设项目的环境影响评价，按照相关标准，针对生产废水排放、生活污水排放、噪声影响、施工期环境影响、电磁场影响等情况，积极制定并采取防治措施。例如：在输变电工程施工中产生的废旧设备材料，通过招标确定具有资质的单位进行统一处理，确保不对环境产生污染；产生的废钢筋、废铁丝、废电线和各种废钢配件等金属经分拣、集中、重新回炉后再利用；砖、石、混凝土等废料经破碎后作为回填土或混凝土垫层骨料。公司电网建设过程中主要固体废物的数量、处理方法及其循环使用率如图 5-1 所示。

此外，加强对环保技术的引进和应用。变电站主变压器采用低耗能变压器，站用变压器选用 11 型及以上低损耗、节能型产品。户内布置的站用变压器采用带金属箱体的干式变压器。变电站各房间或场所的正常照明功率密度值不高于规范。建筑物暖通施工按照相关规范执行。

做好基建中的各方协调，尽力减少对资源的浪费和环境影响。例如：站址及进站道路新建段不占用基本农田，变电站总体规划按最终规模统筹规划，一次性征地，分期建设；合理对变电站进行平面布置，生活给水系统设置合理，充分缓解市政供水压力，生活污水及含油废水处理达标后排放；建筑外观简洁大方，体现工业化特征，建筑造型元素简约，无大量装饰性构件；土建与装修工程一体化设计施工，不破坏和拆除已有的建筑构件及设施，避免重复装修。

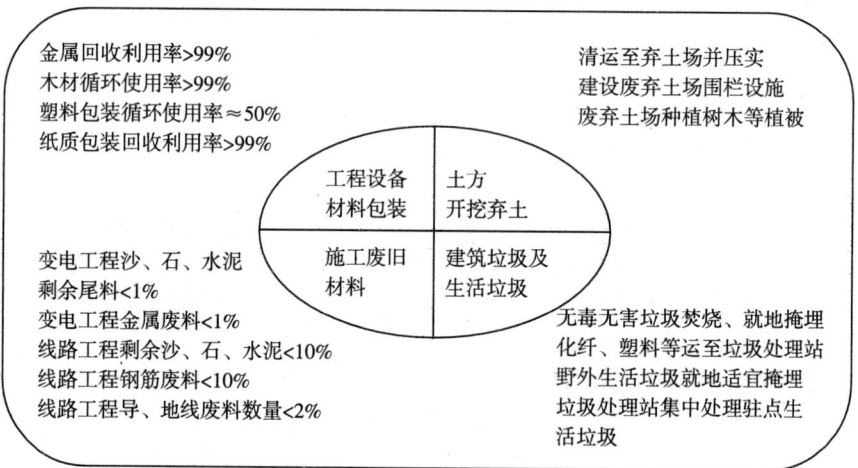

图 5-1 电网建设过程中主要固体废物的数量、处理方法及其循环使用率

资料来源：《云南电网公司 2012 年社会责任实践报告》。

第五章 电网规划与建设

【专栏 5-5】

飞艇放线领跑全国同行

云南大部分地区地形陡峭,植被茂密,山地占全省总面积的 94%,森林覆盖率达 50%,给输电线路架设施工带来了极大挑战。为保护环境,实现人与自然和谐发展,"不砍伐林木进行线路架设"成为电网建设亟待解决的难题。

2000 年,云南省送变电工程公司在全国率先启动高原山地遥控飞艇展放导线引绳技术研究项目。2002 年 4 月,项目人员带着自行研制的第一艘飞艇,在 500 千伏宝草线成功实施飞艇展放引绳的施工任务,成为国内首家具备制造和使用飞艇能力的电力企业。

为使这一先进的施工方法在全国推广使用,提高我国输电线路施工的技术水平,保护生态环境,实现电网建设和谐发展,云南送变电工程公司积极向全国推广这一先进技术。目前,已向省外多家送变电企业输出了遥控飞艇放线技术,培养飞艇操作人员近百名。

从 2005 年开始,云南省送变电工程公司开始攻克遥控飞艇展放引绳后续分绳的技术,从引进、自制飞艇,到持续技术创新使飞艇放线成为电网施工的"规模作战",再到飞艇放线技术领跑全国同行,成为全国飞艇放线推广、培训基地。在 10 年的时间里,利用飞艇放线较之传统施工方式少砍伐树木 300 多万株,飞艇放线走上了一条电网建设与生态保护协调发展的道路。

资料来源:编者整理。

(六)造价管理

做好电网建设项目的造价管理,有利于优化资源配置,降低电网建设成本,提升公司经济绩效。云南电网公司不断加强工程造价管控能力,建设公司项目管理单位二级工程造价控制工作机制,明晰公司各层级在工程造价管理中的定位和关系,有效控制工程投资,合理降低工程造价。同时,通过加强计划和预算管理,使两者逐步靠近;严格执行投资计划要求;加强"标准设计"与"典型造价"的执行力度;按规定逐级严格审批工程变更;严格控制预备费使用;按预算实施造价控制;编制工程总结算报告；严防关联交易，规范招投标工作；严格评审投标报价等举措；进行工程全过程造价管理与控制。加强定额管理，加强基建工程造价计价依据、定额工作经费、专业资格的管理，及时发布基建工程价格信息。

（七）进度管理

为确保电网工程按质、按量、按期竣工投产，电网公司需要在坚持工程质量安全第一、建设规范、合理工期的原则下开展基建工程的进度管理工作。为此，云南电网公司制定了基建工程项目建设指导工期、进度管理及考核的相关制度；每年下达公司工程项目工期计划，审核、监督、检查分公司的项目里程碑进度计划制定工作，并将里程碑进度计划引入计划、物资、基建环节，加强各部门横向联系；监控检查工程实施进度并考核所有工程项目里程碑进度计划完成情况。公司电网工程建设项目的进度管理更加科学。

（八）技术管理

加强技术管理，提升电网工程技术水平是公司促进电网发展的重要手段。为此，需要公司统一和规范基建的技术标准，实现公司基建技术标准一体化的目标；开展电站、线路、配网工程标准设计，逐年修订滚动发展，实现公司系统基建工程技术水平上台阶；开展工程项目可行性研究，初步设计招标，开放招标市场，引进更优更强的设计队伍；抓好抓实工程初步设计审批工作，组织好施工图审查工作；积极引进先进技术，在工程项目中推广新技术应用。

【专栏 5-6】

2012 年云南电网公司技术管理成果

2012 年，云南电网公司认真组织参加南方电网公司首届基建"金点奖"大赛。在最终评出的 23 项金点"创意与建议"荣誉奖中，云南电网公司共获得了 5 项；在评出的 12 项金点"创意与建议"大奖中，云南电网公司共获得了 2 项。为表彰云南电网公司在此次大赛参与过程中高度重视、组织有力，参赛作品质量普遍较高，入围决赛作品数量最多，特向云南电网公司颁发了"最佳组织奖"。

同年，公司圆满完成了交流电流电压回路检验办法研究的科技项目研究工作，并获得公司科技进步三等奖，申请了6项专利，其中1项已获得国家专利，5项已进入实质性审查。该项科技项目研究成果已广泛应用到电网建设实际中，检查出了一些交流电流电压回路的隐患问题，在推广应用中取得了良好的实效。

资料来源：云南电网公司基建部2012年工作总结。

三、重大电网工程

（一）500千伏南通道工程

由500千伏景洪电站送出工程、砚山输变电工程和德宏输变电工程组成的南通道是云南电网建设历史上规模最宏大的工程，工程总投资约51.6亿元，建设战线绵延约2000公里。工程实施克服了诸多艰难险阻，高速度、高质量地提前完成了工程建设任务。2009年4月27日，500千伏"云电送粤"南通道全线双回贯通，圆满完成了南通道工程建设。工程的建成投产确保了云南省"西电东送"、"云电外送"和省内输电主网架得到进一步加强，云南电网"西电东送"通道输电能力由330万千瓦提高到460万千瓦，对促进滇西南地区丰富的水电资源开发、促进全省支柱产业的快速发展具有十分重大的战略意义。

（二）500千伏北通道工程

"500千伏北通道工程"是云南电网的又一重大工程，包括新建16条500千伏输电线路，线路总长约1803千米。新建永丰、多乐、通宝3座500千伏变电站，扩建和平、厂口、曲靖3座500千伏变电站，新建建水、博尚2座串补站等，新增500千伏变电容量475万千伏安，新增串补容量321万千伏安。工程中大量采用了串补技术，在理论上将输电能力提高了30%左右。该工程计划投资约63亿元，目前各项工程正按照既定计划实现投产，对满足小湾电站电力送出、实现"西电东送"和"云电外送"战略目标，进一步改善云南主网结构，提高主网的稳定水平和供电可靠性，加强云南省水电和火电外送能力具有重要意义。

(三)云南至广东±800千伏特高压直流输电工程

2009年12月28日,世界上第一个±800千伏特高压直流输电工程——云南至广东特高压直流输电工程单极800千伏成功投产。该工程的顺利投产树立起世界直流输电领域新的里程碑,标志着我国直流输电技术、装备制造及电网建设管理水平上升到一个新台阶,占领了世界特高压输变电技术制高点。云广特高压直流输电工程的投产,使南方电网形成"八交五直"共13条500千伏以上的"西电东送"大通道,输电能力超过2300万千瓦。大大增加了云南水电送广东的能力,为两省更远距离、更大容量、更高效率的"西电东送"奠定基础,使云南电网的科技水平和安全水平又上一个新台阶。

(四)"两渡"直流工程

"两渡"直流工程是南方电网公司云南普洱至广东江门±800千伏直流输电工程和溪洛渡右岸电站送电广东双回±500千伏直流输电工程。工程建成后,将新增"西电东送"能力1140万千瓦,减少二氧化碳排放约3400万吨。2012年10月31日,糯扎渡500千伏交流送出工程竣工投产。

表5-7 云南电网历年电网工程获奖项目

年份	获奖工程	获奖项目
2004	500千伏七甸变电站	中国建筑工程鲁班奖
	500千伏大朝山至昆明输变电工程	国家优质工程银奖
	厂口—曲靖500千伏输电线路工程	全国电力行业优质工程称号
2005	曲靖罗平输变电工程	南方电网建设优质工程奖和中国电力行业优质工程称号
2006	500千伏大理输变电工程	南方电网建设优质工程奖
2007	500千伏大理输变电工程	国家优质工程银奖
2008	500千伏墨江输变电工程	南方电网建设优质工程奖
	500千伏广南变电站工程	中国电力行业优质工程称号
2009	500千伏和平变电站工程	南方电网建设优质工程奖
	500千伏砚山变电站工程	南方电网建设优质工程奖、中国电力优质工程奖和国家工程银质奖
2010	500千伏德宏输变电工程	国家优质工程银质奖

续表

年份	获奖工程	获奖项目
2011	云南 500 千伏永丰变电等六项工程	中国电力行业优质工程奖、南方电网建设优质工程奖
2012	500 千伏通宝输变电工程	中国电力优质工程、南方电网优质工程奖

资料来源:《云南电网公司志(2003~2012)》。

四、智能电网建设

(一)绿色电网建设

云南电网公司的智能电网主要是指 3C 绿色电网。所谓 3C 绿色电网,是指运用先进的计算机技术、通信技术、控制技术建设的覆盖城乡的智能、高效、可靠的绿色电网,它是现代电网的发展方向。通过推进电网自动化、智能化全面升级,有利于优化电网结构,实现各电压层级协调发展,提高电网利用效率,节约资源消耗,从而更好地服务低碳社会发展与经济可持续发展。

2011 年,南方电网公司将发展 3C 绿色电网写入了公司"十二五"电网规划建设职能战略,提出"打造一个智能、高效、可靠、绿色电网,为公司创建国际先进电网企业打好基础"的规划建设职能战略目标。其中:

智能电网是实现能源变革技术支撑和网络平台的必然要求。通过提高现代信息技术、电力电子技术和电网输电新技术在电力系统中的应用,成为满足低碳社会、新能源利用、交互式用户需求的技术支撑和网络平台,支撑电网高效、可靠、绿色发展。

高效电网是提高能源利用效率的客观要求。通过提高电网资源优化配置能力,提高资产利用效率,提高电网精益化管理水平,减少电网综合损耗。2015 年,电网综合线损率降低至 6.12%。

可靠电网是满足客户电力需求的基本要求。通过提高电网安全稳定运行水平,提高电网综合应急能力,提高电网供电可靠率,减少客户停电时间。2015 年城市客户年平均停电时间不超过 5 小时。

绿色电网是满足低碳可持续发展的目标要求。通过提高非化石能源在区域能源中的消费比重,提高电网在新能源和低碳社会发展中绿色平台作用,提高客户的服务满意度,减少资源环境代价。2015 年,非化石能源发电量占一次能源消费比重达到22%，占全社会用电量44%。2020年，非化石能源发电量占一次能源消费比重达到27%，占全社会用电量50%。①

为实现电网发展向建设"智能、高效、可靠"的绿色电网转变，云南电网公司按照有关要求认真执行南方电网公司"3C绿色电网"示范工程建设工作方案。根据《南方电网3C绿色电网输变电示范工程建设指导意见》及评价指标体系，结合云南电网公司实际情况，考虑到220千伏龙泉变、110千伏洱河变以及110千伏文澜变均位于城区附近，能够最大程度体现示范工程在节能、降耗、降噪、环保、智能化等方面的效果，便于在工程竣工投产后测试评估等因素，云南电网公司经研究后建议推荐昆明220千伏龙泉变、大理110千伏洱河变以及红河州110千伏文澜变为云南电网公司"3C绿色电网"示范工程建设项目。

目前，220千伏龙泉变正在进行可研收口工作，近期将按"3C绿色电网"输变电示范工程建设指导意见及评价指标体系对220千伏龙泉变进行可研批复，同时将按相关标准开展初步设计。110千伏洱河变、110千伏文澜变目前均处在可研阶段，目前正按"3C绿色电网"输变电示范工程建设指导意见及评价指标体系进行可研设计。

【专栏5-7】

昆明供电局电网规划向智能、高效、可靠、绿色转变

昆明供电局从规划设计阶段就开始遵循智能、高效、可靠、绿色的原则，为打造绿色智能电网做出了有益的尝试。

一是加快推进3C绿色电网的建设。以创先为载体，围绕建设智能、高效、可靠、绿色电网的发展目标，综合利用节能减排技术，在3C绿色变电站、绿色采购等方面开展绿色电网的建设与运营工作，积极推进"3C绿色电网"220千伏龙泉输变电工程建设。

二是注重新技术应用，推进智能电网建设。按照因地制宜、因网制宜的方针，积极推进智能电网建设，将节能降耗的新科技、新举措应用到实际的电网建设与改造中。

三是加快配网自动化建设步伐。认真开展配网自动化的试点实施工

---

① 《南方电网公司"十二五"电网规划建设职能规划》。

作，提升配网装备水平，逐步实现对配网的信息化监控。

四是促进清洁能源接入。关注清洁能源发展趋势，根据国家和公司积极支持和发展绿色能源的战略，促进风电、太阳能发电等清洁能源的接入。

五是开展节能、经济调度，确保电网经济可靠运行。根据昆明电网实际情况，制定昆明电网节能调度实施方案，优先安排并确保光伏、水力、风力发电厂和垃圾焚烧电厂发电；在保证电网安全、稳定的前提下，优化潮流分布，提高系统运行电压和功率因数，确保昆明电网经济运行。

六是着力深化"绿色行动"，推进社会节能降耗工作。严格限制不合理用电，倡导全社会节约用电、科学用电，积极促进全社会形成实践低碳生产、低碳生活的氛围。

七是积极开展环境污染防治工作。在电网建设过程中，按照相关标准，针对生产废水排放、生活污水排放、噪声影响、施工期环境影响、电磁场影响等情况，积极制定并采取防治措施，实现企业与环境和谐。

资料来源：编者整理。

（二）新能源接入

新能源是未来能源发展的方向，也是云南电网公司的优势。公司积极推进新能源接入的技术研究，加快新能源电网配套工程建设，积极推动风电、光伏发电等可再生能源的送出工程，在保证电网建设的同时，为国家的节能减排和能源战略发展做出了重要贡献。

第六章 电网运行与维护

电网运行和维护是电网运营管理中的关键环节,直接决定了电力能源供应的安全、稳定、可靠。加强电网运行和维护管理,不仅可以创造直接的经济价值,还可以带来间接的社会价值,更是保障人民生产生活用电和维护社会稳定的需要。

电网安全稳定运行需要着力强化电网运行调控和设备运行维护,严格控制运行风险,提升防灾应急与事故抢修能力,确保电网和设备安全可靠运行,以连续、可靠、优质的电力供应,实现让客户用上电、用好电、用可靠电的承诺。

云南电网公司根据自身的区域和行业特点,在电网运行和维护方面开展了一系列的创新探索,尤其是在节能发电调度、促进区域资源能源优化配置、提高供电可靠性等方面充分考虑自身行为对环境和社会的影响。"十一五"期间,云南电网公司调度系统认真贯彻"安全第一,预防为主"的方针,按照"完善、规范、巩固、提高"的总体要求,以"三公调度"为原则,精心安排,精心调度,各发、供电单位共同努力,克服了重重困难,保障了云南电网安全稳定、优质经济运行。"十二五"期间,云南电网公司将按照中长期发展战略的要求,不断提升电网运营能力、电网发展能力和价值创造能力,全力保障云南经济社会发展。

第一节 绿色电网运行

电网的安全、稳定、经济、绿色运行关系到经济持续发展和社会和谐进步。云南电网公司严格按照《中华人民共和国电力法》、《电网调度管理条例》、《电力监管条例》等国家及行业有关法律法规和《中国南方电网电力调度管理规程》的要求，坚持"三公调度"的原则，实施节能发电调度，促进资源能源的优化配置，保障电网的安全、稳定、优质、可靠、绿色运行。

一、节能发电调度

节约资源能源是我国国民经济社会发展中具有战略性意义的任务，是实现经济社会可持续发展的必然选择，也是企业落实科学发展观，建设资源节约型、环境友好型社会的直接体现。

云南省水能资源位居全国第三，可开发水能资源装机容量位居全国第二，单位面积可开发的水电装机容量居全国之首。另外，云南太阳能、风能地热和生物质资源也较为丰富，且开发利用条件较好，实施节能发电调度是云南电网推行国家能源政策的具体体现。

云南电网公司自2008年实施节能发电调度至2012年底，累计节约标煤约2081.9万吨，统调火电发电标煤耗从2005年的344克/千瓦时，下降到2012年的309.56克/千瓦时。其中，2010年，共减少燃料消耗折合标煤607.69万吨，相应减少二氧化碳排放1336.91万吨，减少二氧化硫排放14461吨。而2011年通过合理控制水位及优化调度，水电经济运行水平显著，可再生能源发电比例达61.62%，水电同比增发117亿度，其中，漫湾、大朝山、景洪因平均耗水率减小而增发电量7.9亿千瓦时，节约标煤363万吨。2012年节约标煤522万吨。

（一）节能发电调度的内涵、原则及程序

1.节能发电调度内涵

《节能发电调度办法（实行）》（国办发〔2007〕53号）规定，节能发电调度是以节能、环保为目标，以全网内发、输、供电设备为调度对象，优先调度可再生能源和清洁能源，按能耗和污染物排放水平，由低到高依次调用化石类发电资源，最大限度地减少能源、资源消耗和污染物排放，促进电网高效、清洁运行。

2.节能发电调度原则

节能发电调度的基本原则是以保障电网安全可靠运行和连续供电为前提，以节能为目标、以环保为约束，通过对各类可调发电机组分省排序、区域内优化、区域间协调的方式，实现优化调度，并与电力市场建设工作

相结合,努力使电能生产中消耗的化石能源最少。

具体体现为:

(1)安全第一,即以保障电网安全可靠运行和连续供电为前提,这是电力生产最基本的原则。

(2)以节能为目标,是对现行调度目标的重大改变。

(3)以环保为约束,对不符合环保要求的机组,通过实施节能发电调度加以限制。

(4)区域优化、分省排序、跨区协调,这是最大程度地吸纳资源能源优化配置的内在要求,是上述原则的体现。这一原则,打破了省间壁垒,能够在跨省、跨区内最大范围地实现电力资源优化配置,最大限度地减少化石能源的消耗。

(5)节能发电调度工作与电力市场建设工作相结合,实施信息公开和接受严格监管的原则。

3.节能发电调度程序

节能发电调度实行"统一调度、分级管理"。省级以上电网调度机构统一平衡电力系统内发电和用电负荷,各级电网调度机构按照管辖范围统一安排发、输、供电及其相关设备的运行、检修,统一进行电网安全校核并组织落实电力系统安全稳定措施。任何单位和个人均不得非法干预节能发电调度工作。节能发电调度主要程序如图6-1所示。

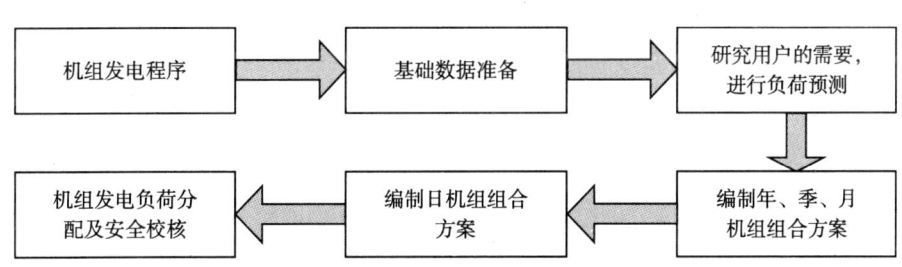

图6-1 云南电网公司节能发电调度程序

资料来源:云南电网公司。

(二)云南电网公司节能发电调度举措

2007年,云南省迈出节能发电调度工作的实质性步伐。当年,云南省政府下发了《云南省电网节能经济调度实施意见》,明确提出了云南节能发电调度原则同时，为充分使用汛期低谷弃水资源，通过协调优化"西电东送"低谷负荷曲线，提高低谷时段外送能力。

按照《云南省电网节能经济调度实施意见》的要求，云南电网公司联合省工信委在2007年研究制定了《云南电网节能发电调度实施方案（试行）》，开展节能发电调度。在具体执行过程中，云南电网公司紧紧围绕云南水电比重大的电源结构特点，着力做好水电资源的充分利用。云南电网通过充分利用具有调节库容的水库，汛前拉水腾库，汛期优先蓄水，优先安排发电。同时，积极开展梯级联合调度，加大跨流域间的协调。2009年，为配合方案的试行，云南电网公司还组织开发了"云南电网节能发电调度决策支持系统"，系统顺利通过了验收并投入了模拟运行。这种新的调度模式打破了传统计划分配机组发电量的调度方式，按能耗和污染物排放高低排序，优先安排清洁能源发电，依次调用化石类发电机组，最大限度地减少能源消耗和污染物排放。

1. 充分挖掘优化调度潜力

云南电网公司依托技术支撑加强运行监控跟踪，充分利用不同流域间的时空互补优势，持续深化优化调度，提高水能资源利用效率和水电经济运行水平。

2. 不断深化节能调度管理

云南电网公司积极贯彻落实、执行国家、政府能源、节能减排政策，落实网省公司节能发电调度部署，扎实推进节能发电调度工作。充分加强严峻形势下的供需平衡分析和调度运行管理，优化各类能源利用组合，做好水电高效利用和火电节能降耗。

2012年，全网新增风电装机126万千瓦，增幅超过87%，风电发电量28.07亿千瓦时，同比翻了2倍，光伏发电量0.29亿千瓦时，云南电网新能源发展渐成规模。

2012年，全网脱硫设施投运率99.82%，脱硫效率94.17%，同比提高1.03%，减排二氧化硫68.3万吨，全网火电厂平均发电煤耗309.56克/千瓦时，同比下降1.92克/千瓦时，平均供电煤耗333.26克/千瓦时，同比下降3.16克/千瓦时，燃油耗量1.91万吨，同比减少0.23万吨。

3. 持续深化节能调度服务

云南电网公司深化调度服务，促进受阻地区水能公平、高效利用。公司针对各类严峻形势，做好调度运行管理和信息披露，深化调度服务，动态校核西部水电送出能力，及时调整各送出通道极限，推动送电通道重点工程投产节点的优化。

【专栏6-1】
云南电网公司"三公"调度原则

在保障电网安全和电能质量的前提下，公开、公平、公正地平衡处理各电厂的发电分配。

遵循国家节能发电调度原则，优先安排可再生能源发电。

同样是可再生能源，在电网不得不弃水调峰时，不论其是总调、中调、地调或是县调调管的发电厂，将按等比例原则弃水。在送出受阻的局部地区，区域内电厂原则按等比例弃水，如还需参与全网的弃水调峰时，将综合考虑其受阻弃水情况。

对具有年以上调节性能的水电厂，有限考虑蓄水，达到水库蓄水控制水位后，优先考虑安排发电。

遵循国家节能发电调度原则，水电机组发电排序的确定，按照发电耗能由低到高，并考虑环保因素。

因市场原因或电厂自身原因引起的合同电量少发，在电网无条件时，调度机构将不安排补发。

对机网协调工作开展好，有利于电网安全的电厂，在发电安排上将给予有限考虑。

对机网协调存在的问题或不足，不满足电网安全要求的电厂，在发电安排上加以限制。

资料来源：云南电网公司。

二、强化停电管理

随着电网的发展，设备不断增多。因设备预试，计划检修及缺陷处理的停电越来越多，特别是非计划性、重复性停电，给调度员及变电操作人员带来极大的工作压力，是引发误调度、误操作事故的主要原因之一。为此，实施综合停电管理，控制停电次数，已成为保人身、保电网、保设备安全的重要手段，也是实现电网经济调度，完成各项经济技术指标的重要措施。

云南电网公司坚持以客户为中心,以客户停电时间统计达标为手段,以客户停电业绩指标考核为契机,深化客户停电管理工作,减少迂回检修、重复停电、超时停电和临时停电现象。

公司加强综合停电管理,积极推行"先算后停"的停电管理机制。加强与网内外各部门的沟通协调,完善省地县三级调度、发输配用四个环节综合停电协调机制,统筹安排一、二次设备检修计划,强化检修计划执行的刚性,减少重复停电和临时停电。推广综合停电管理信息系统,对停电时户数进行预控管理,严格控制停电时间,减少盲目、低效率停电和重复停电。进入"十二五"以后,农村用户年平均停电次数大幅下降,城市用户平均停电次数也有所减少,如图6-2所示。

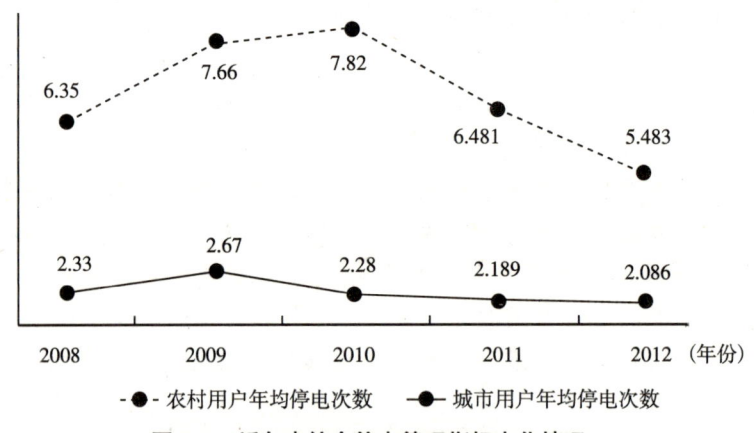

图6-2 近年来综合停电管理指标变化情况

资料来源:云南电网公司。

三、加强线损管理

发电厂发出来的电能,通过输变电设备供给用户使用。电能在电力网输送、变压、配电的各个环节中,有一部分损耗,主要表现在电网元件如导线、变压器、开关设备、用电设备发热、电能变成热能散发在周围空气中,另外,还有管理方面的因素造成的电能流失等。这些情况就叫线损,是电能在电力网传输、分配过程中客观存在的物理现象。

南方电网的《"十二五"节能减排综合性工作方案》明确提出要"降低输配电损耗,较少温室气体排放"。首先要求深化开展线损的各项管理。

认真总结"十一五"节能降损工作经验,开展"十二五"节能降损规划。在所有地市级供电企业实现线损"四分"管理省级达标的基础上,2013年全部实现网级达标。加强线损的统计分析工作,采取有针对性的改进措施,在做好技术经济分析的基础上,逐步改造高耗能的配电变压器,改造走径迂回、供电半径超过经济合理值的线路,改造截面太小或输送负荷较重的"卡脖子"线路等,努力实现"十二五"末,电网综合线损率(母公司口径)确保控制在 6.2% 以内,力争降至 6.12% 的总体目标。同时,还要加强县级供电企业的线损管理。制定县级供电企业"十二五"节能降损规划,开展县级供电企业线损重点整治工作,将线损"四分"管理工作逐步推向县级供电企业,持续推进农网降损工作,到 2015 年全面消除综合线损率超过 12% 的县级供电企业。

云南电网公司也发布了自己的《"十二五"节能减排规划》,要求做到"三个统一",即与国家节能减排工作相统一,与云南省政府的节能减排工作相统一,与南方电网公司的节能减排工作相统一。要求"继续做好降低线损的工作;要合理规划电网,提高电网利用效率;要发挥电网规划的引导作用,协调电源、电网协调发展;应用节能技术和节能材料;继续推进线损四分管理;尽快完成理论线损的计算"。公司充分贯彻"提高供电可靠率、降低线损"的技术要求,继续开展线损分区、分压、分线、分台区的"四分"管理工作。2012 年,公司完善了线损"四分"管理体系和线损计量点,并深入开展线损理论计算工作,该工作首次覆盖公司管辖范围内所有供电局和市、州、县供电公司。2012 年,综合线损率(母公司口径)5.48%,同比下降 0.12 个百分点。

【专栏 6-2】
玉溪供电局澄江供电公司刷新线损管理新纪录

2013 年,玉溪供电局县级供电企业综合线损率取得了显著成效。其中,澄江供电有限公司线损率下降幅度比较大,刷新了澄江电力线损新纪录。澄江供电有限公司在降低线损方面积累了丰富的经验。

(一)苦练内功　强化学习

2012 年,公司面对种种困境,领导高度重视,在全公司 5 个供电所范围内开展了全面、彻底、不留死角的营业大普查，为公司线损精益化管理奠定了坚实的基础。同时开展一户一表抄、核、收效能监察工作，进一步完善了公司抄核收管理制度，理顺规范流程，管理规范行为，确保抄表到位率。为进一步提高营销员工的线损管理和分析能力，全面提升线损管理水平，2012年5月22日，公司开展了大规模的线损"四分"管理培训，培训围绕《县级供电企业供电所规范化建设工作要求》、《县级供电企业供电所规范化建设标准制导则》，全面系统地分析供电所规范化建设工作中线损"四分"管理各项标准，对线损"四分"、"五步法"作了讲解，以推进"一体化"建设为契机，逐步规范线损管理。

（二）创新模式 规范管理

2012年9月，公司成立了线损管理工作小组，并对小组成员开展线损理论计算工作培训，学习掌握了线损理论计算的知识和软件使用方法，为线损理论计算工作打下了坚实基础。公司定期召开线损管理分析会，按照分压线损、分区线损、分线线损、分布台区线损进行分析，对线损异常进行原因分析，组织各部门对线损管理中存在的问题进行整改落实，保障线损率在受控状态。

以扎实深入开展创先工作为契机，按照省公司提出的创先目标，对线损指标进行分解，下达至各供电所，各供电所严格按照该指标进行线损管控，制定相应处理措施，按时限完成异常处理。加强对35千伏和0.4千伏的线损管理水平，对抄表到位实施监督、管理。加强对重要用户、重要场所在各重大节假期间客户侧安全用电检查工作。

（三）多措并举 节能降耗

为使节能降耗工作扎实有效，澄江公司加大增供扩销的力度来提高供售电量及线损负载率，同时对"大马拉小车"的台区进行优化调整。2012年下半年，公司针对高损耗线路、台区进行了大修技改，更换部分损耗较高的S9型变压器以及部分老化线路，对过长或分布不合理的线路进行了相关规划。同时，各供电所对抄表人员督促到位、安排合理，错抄、漏抄现象普遍降低，规范了营业工作中"跑、冒、滴、漏"现象。加强抄核收、业扩报装、用电检查、客户服务稽查工作，通过稽

第六章　电网运行与维护

查,有效提升供电服务品质,进一步提升营业经营管理水平。

经过不懈努力,澄江供电有限公司的线损率成效显著,同时探索出了一套符合公司实际的线损管理模式。

资料来源:云南电网公司。

第二节　电网维护

加强电网维护管理,强化供电可靠性管理,是提高供电质量的重要保障。云南电网公司始终重视加强供电可靠性管理,持续不断提高带电作业水平,强化配网自动化,多措并举提高供电可靠性。经过不断努力,公司的供电可靠性有了较大提高,保障了地区经济社会发展和居民生活的用电需求。

一、供电可靠性管理

供电可靠性是指电力系统对客户的持续供电能力,反映供电系统对客户电能需求供给的满意程度。供电可靠性是评价电网的一项重要指标,直接关系到经济社会发展和人民生活品质的提升。提高供电可靠性是保证供电质量、实现电力工业现代化的重要手段,对促进和改善电力工业生产技术和管理,提高经济效益和社会效益,构建和谐社会有着重要作用。

供电可靠率和用户平均停电时间是衡量电网可靠供电的两个重要指标,也是社会公众普遍关心的。客户停电时间指标综合体现了电力企业在电网建设、生产技术、安全运行、电力供应、优质服务、员工素质和队伍建设等方面的综合管理水平,是广大客户评价供电企业优质服务的关键指标。

供电可靠率 =(用户有效供电时间/统计期间时间)× 100% =(1 − 用户平均停电时间/统计期间时间)× 100%

用户平均停电时间 = $\sum$(每次停电时间 × 每次停电用户数)/总供电用户数

对于云南电网公司来说,供电可靠性直接反映了公司满足客户需求的能力,是公司规划设计、基建施工、设备选型、生产运行和技术进步管理水平的综合体现,是实现公司"服务好"战略目标的重点之一。

云南电网公司在南方电网的要求下,立足自身实际,积极实施提高供电可靠性策略,全面提高供电可靠性。

首先,制定公司供电可靠性总体政策。公司以供电可靠性为抓手,制定公司供电可靠性总体政策,明确公司供电可靠性总体管理思路,建立覆盖生产运营、规划建设、客户等环节的供电可靠性管理工作机制。把提高供电可靠率、减少客户停电时间作为各环节的重要工作目标之一,以全过程综合管理实现提高供电可靠性的目标。

其次,实施差异化的供电可靠性管理策略。公司根据不同层面的工作特点,借鉴供电可靠性创先经验,明确不同层面提高供电可靠性的实施策略,实施差异化的管理手段和技术措施。

最后,落实提高供电可靠性的管控措施。在管理方面,公司严格综合停电管理,加强停电计划性,坚持先算后停、停后复算,注重控制客户停电时间等指标。在技术方面,以供电可靠率为重要指标指导开展配网规划,加大配网建设、改造力度,实施配网智能化改造。

近年来,云南电网公司开展了可靠性管理指标体系的建设和评价工作,以省内外先进城市为标杆开展对标工作,致力于减少停电范围、缩短停电时间。经过不断努力,供电可靠性的各项指标有了显著提高(见图6-3)。2012年,城市用户平均停电时间为4.9小时,同比下降1.01小时;农村用户平均停电时间为18.03小时,同比下降8.38小时。

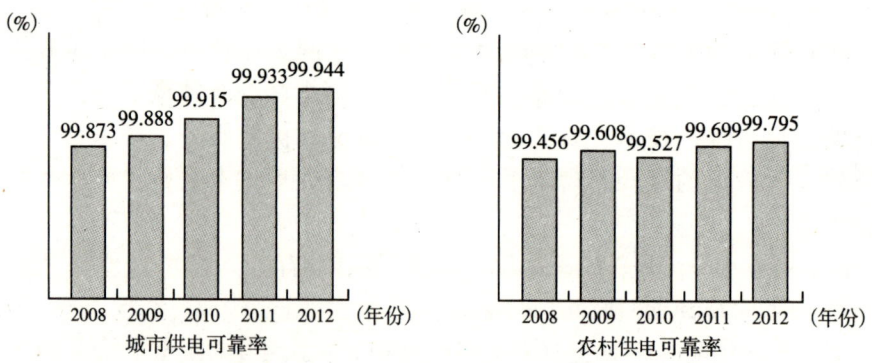

图6-3 近年来供电可靠性指标变化情况

资料来源:云南电网公司。

二、设备缺陷管理

设备缺陷是指使用中的设备、设施发生异常或存在的隐患。这些异常或隐患的影响包括：人身、电网和设备安全；电网和设备的可靠、经济运行；设备出力或寿命；电能质量。

为加强输变电设备的缺陷管理，提高设备健康水平，确保电网安全、经济、优质运行，云南电网公司坚持"控制源头、及时发现、及时消除"的指导思想，始终积极加强设备缺陷管理，开展设备隐患排查，及时发现并有计划地处理设备缺陷，通过对设备运行情况的统计分析，引导基建、技改的设备选型，制定反事故措施和大修改造计划，多措并举，提高设备缺陷的处理水平。

云南电网公司设备缺陷管理实行电网公司、供电单位、运行及检修部门（分局）、班组（变电站）四级管理，生产设备管理部是设备缺陷归口管理部门，负责设备缺陷管理工作，其他部门和单位协同推进相关工作（见图6-4）。

（一）设备缺陷分类及处理流程

云南电网公司根据国家相关标准和南方电网公司要求，结合自身实际，将设备缺陷按照其严重程度分为紧急缺陷、重大缺陷、一般缺陷。具体如表6-1所示。

设备缺陷处理具有一套完整的流程，包括缺陷的发现、报告、受理分析、处理、验收、反馈6个环节。云南电网公司根据业务特点，梳理了设备缺陷处理流程，保证了设备的健康运行。

（二）设备缺陷处理举措及成效

近年来，云南电网公司扎实推进设备精益化管理，在设备缺陷管理方面采取了诸多举措，取得了显著成效。

公司进行体系化分析设备风险，找准工作重点，统筹安排全年设备管理工作，充分应用设备事故、障碍、缺陷分析成果；细化设备管理要求，提高措施执行效果；强化闭环管理，确保设备管理要求落实到位；认真开展设备缺陷专项治理，有效消除设备隐患。以指标为导向，持续改进运维策略，强化PDCA闭环管控。

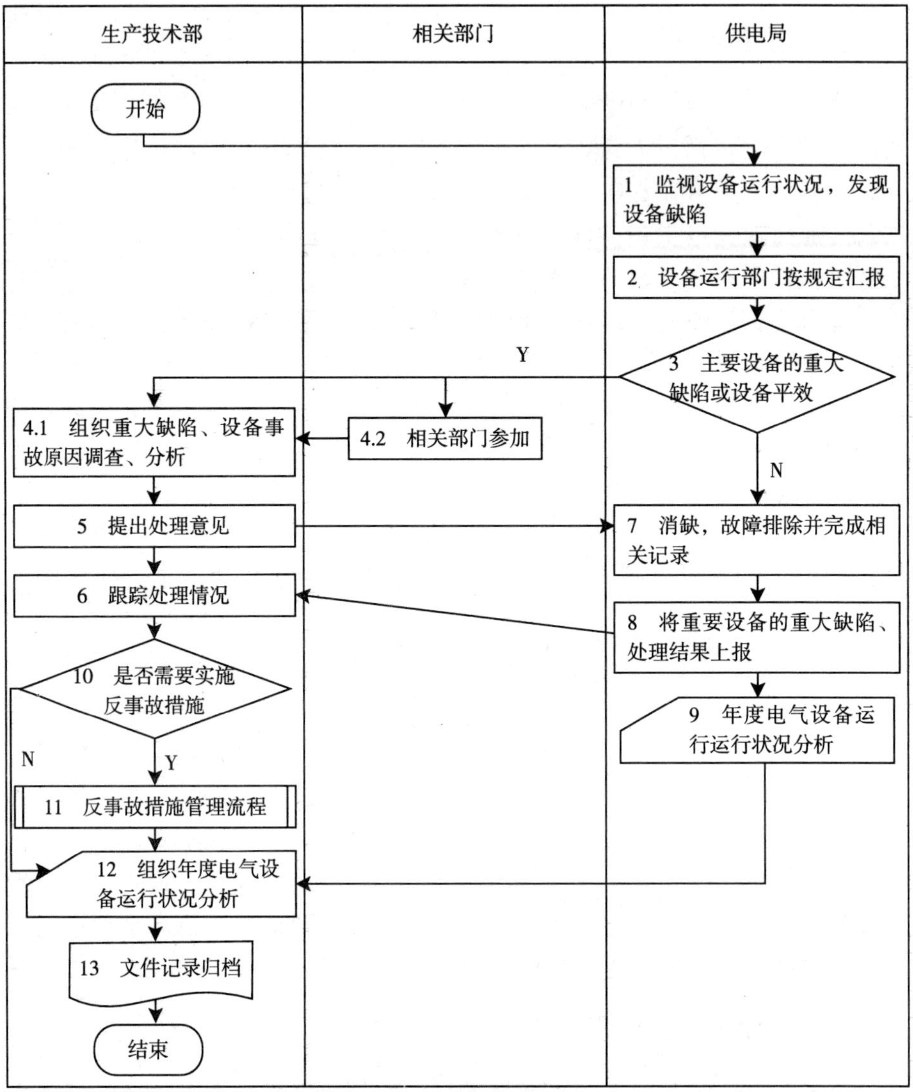

图 6-4 设备缺陷管理流程

表 6-1 设备缺陷类型

缺陷类别	说明
紧急缺陷	设备或设施发生直接威胁安全运行并需立即处理，随时可能造成设备损坏、人身伤亡、大面积停电、火灾等事故的缺陷
重大缺陷	对人身、电网和设备有严重威胁，尚能坚持运行，不及时处理有可能造成事故者
一般缺陷	短时内不会发展为重大、紧急缺陷，对运行虽有影响但尚能坚持运行的缺陷

第六章 电网运行与维护

通过几年的不断努力，公司设备管理更加有序、高效，2010~2012年连续三年实现故障、缺陷"双下降"，成效显著。

【专栏6-3】
临沧供电公司设备缺陷管理见成效

2012年，临沧供电有限公司为保障电网安全稳定运行，将加强设备缺陷管理作为一项重要工作，重点采取了三大措施。

一是年初制定输变电设备检修计划、反事故措施计划，并根据计划扎实组织开展输电线路和发、变电站的机组大修和电气预防性试验工作。全年共完成6个电站13台水轮发电机组的大修工作；完成4变电站和1个发电站电气部分定检预试工作。完成发电站设备缺陷消缺27项，变电站设备缺陷消缺24项，35千伏输电线路设备缺陷消缺16项，保障了设备持续运行和健康水平。

二是对设备存在的缺陷进行跟踪和分析，建立健全台账，紧急和重大缺陷消缺率100%，对暂时不能消除的一般缺陷采取一定的管控措施，确保设备风险处于可控、在控状态。

三是加强对备品备件和应急物资的管理，确保设备发生缺陷时，能及时组织进行消除。

截至2012年12月31日，公司圆满完成了年度各项保供电任务，在12月28日召开的客户关系委员会、行风监督会暨新春答谢会上，公司的供电服务工作得到了社会各界参会人员的高度认可。

资料来源：云南电网公司。

三、设备检修与改造

带电作业是指在高压电工设备上不停电进行检修、测试的一种作业方法。带电作业是电网企业的一种特殊检修业务，该业务广泛应用于输配电网的运维过程中。在电网上开展带电作业，能有效地提高电网的安全稳定运行能力，主要体现为：带电运行过程中对个别缺陷进行带电消缺处理，能减少输电线路停电的次数。

（一）设备检修

面对电力供需矛盾突出、自然灾害频发、国际金融危机蔓延，给电网安全和电力供应带来的巨大不利影响，云南电网公司按照南方电网公司管理思想现代化、管理制度规范化、管理手段信息化、管理机制科学化的要求，认真规范供电设备检修管理，有效应对了自然灾害多发和电力供应严重短缺等严峻挑战，确保了云南电网连续、安全、稳定、可靠运行。

1. 主要设备检修

云南电网公司对输变电设备进行周期性更换和修理、维护，恢复设备原有形态和生产能力，提高设备健康水平，保证设备安全、经济、稳定、可靠。检修包括年度计划检修和非计划检修两类。年度计划检修包括大修和日常修理，非计划检修包括未列入计划的抢修及应急检修。通过及时检修，全面消除设备缺陷，恢复设备原有技术性能和效率，减少设备损耗，延长设备使用寿命，有效提高了设备完好率。

2012年，云南电网公司共计下达生产大修项目资金8.86亿元，技改资金11.98亿元。完成大修项目1601项，技改项目1684项。公司系统所管辖110千伏及以上电压等级继电保护类设备总套数6099套，保护微机化率达到99.96%。

2. 设备大修管理

生产设备管理部是云南电网公司系统供电设备大修归口管理部门，负责制定云南电网公司年度大修计划；公司所属各市、州供电局、电力公司等根据云南电网公司下达的计划任务组织大修项目的实施，并负责大修项目的综合管理，云南电网公司其他职能部门按分工对大修实施管理。为实现云南电网安全、经济、优质运行，提高设备健康水平，云南电网公司所属各单位坚持"应修必修、修必修好"原则，对供电设备大修项目的立项、概预算、工程实施、竣工验收、决算审计及总结等实施全过程规范化的管理，保证供电设备大修后安全、可靠、高质量运行。

2012年，公司共计下达生产大修项目资金8.86亿元，完成大修项目1601项。

3. 实行状态监测和状态检修

云南电网注重实行状态监测和状态检修工作，从2008年开始，每年不断深化状态监测和状态检修举措，取得了显著成效（见表6-2）。

第六章 电网运行与维护

表 6-2　云南电网公司 2008~2012 年状态监测和状态检修实践

年份	实践
2008	通过学习借鉴国外先进电力企业的有效做法，在所属部分重点城市供电局对变电站设备实行状态监测和状态检修
2009	公司成立状态检修领导小组、工作组、专家组；制定发布《输变电设备状态评价管理办法》和变压器、断路器、输电线路等 13 类主要输变电设备《状态评价细则》
2010	建立公司状态检修管理制度
2011	根据上年输变电设备状态评价结果，对 2011 年公司预试定检项目进行优化
2012	编制印发《输变电设备状态检修及预试定检与预防性维护指导意见》，将设备预防性维护和检修试验工作相结合，基于设备状态评价结果，结合反事故措施、设备缺陷专项治理等工作，优化状态检修及预试定检计划

（二）设备改造

生产设备管理部是云南电网供电设备技术改造（简称技改）的归口管理部门，负责制定云南电网公司系统技改规划，并组织实施；负责制定云南电网公司年度技改计划。云南电网公司财务部负责云南电网技改费用预算和资金的综合管理工作；所属各单位根据公司下达的计划任务组织技改项目的实施，并负责技改项目的综合管理工作；其他职能部门按分工实施管理。

为提高发电、输电、变电和供电设备安全生产水平，云南电网公司以提高经济效益为中心，节能降耗、环境保护，保证供电设备有重点、有步骤地进行改造，保证资金主要用在生产上，严格控制非生产性开支，发挥资金的使用效益。公司系统从规划、计划到项目施工管理（包括立项、概预算、工程实施、竣工验收、决算审计）等实行全过程规范化管理，对重点技改项目做到事前有技术经济及技术方案可行性论证分析，事中有跟踪监督，事后有决算审计，并进行效益评估。将所投资的技改项目纳入基建管理，按南方电网公司基建投资管理办法进行管理。2003~2012 年，云南电网公司技改投入 78 亿元。其中，2012 年，公司共计下达技改资金 13.81 亿元，技改项目安排 1684 项，当年应竣工项目 832 项，实际完成 827 项，完成率为 99.4%。

四、带电作业

带电作业是指在高压电工设备上不停电进行检修、测试的一种作业方

云南电网公司考察

法。带电作业是电网企业的一种特殊检修业务,该业务广泛应用于输配电网的运维过程中,在电网上开展带电作业,能有效地提高电网的安全稳定运行能力。主要体现为:带电运行过程中对个别缺陷进行带电消缺处理,能减少输电线路停电的次数,能减少运行方式调整及停电操作对电网的影响,从而提高电网运行的稳定性。在配网上开展带电作业,最直接的影响就是减少对客户的停电和停电时间,从而提高供电可靠率。同时,在自然灾害面在电网构成威胁或破坏时,带电作业作为一项高效、快捷的电力检修业务,也能发挥重要的作用,保障电力供应,维护公众利益。

云南电网公司将带电作业作为提高供电可靠性,减少用户停电时间的重要举措之一,积极进行带电作业技术研究,深入开展带电作业实践。2012年,云南电网公司系统共完成带电作业9739次,输电网带电作业共5332次,同比减少27.69%,其中,带电检修作业345次,同比增加38.55%;输电网带电检测作业4949次,同比减少30.29%;变电站带电水冲洗作业38次,同比增加46.15%;输电网带电检修减少停电时间1569.51小时,少损电量14783.92万千瓦时;变电站带电水冲洗作业少损电量9160.37万千瓦时。配电网带电检修作业共4407次,同比增加49.09%;配电网带电作业减少停电时户数33.66万时户,同比增加122.90%;多供电量1456.51万千瓦时,同比增加96.65%。

在公司历年带电作业的基础上,云南电网公司带电作业不断取得新的成绩,2011年,南方电网公司授予了带电作业分公司"中国南方电网公司带电作业(云南)示范基地"称号。

2011年11月,南方电网公司人力资源部在昆明组织召开"昆明带电作业培训基地复审认证会",经评审组复审核查、讨论评定认为"该基地符合公司级培训基地条件,具备面向南网五省开展10~35千伏带电作业培训取复证的条件",正式授予"中国南方电网公司昆明带电作业培训基地"称号。

(一)成立专门的组织机构

为了更好地推广实施带电作业,云南电网公司于2010年3月19日成立了带电作业中心,并于2011年2月28日更名为云南电网公司带电作业分公司,是直接隶属于云南电网公司的直属机构。带电作业分公司主要以"三个中心、两个基地"为主开展各项工作。即专业技术管理中心、专业化作业中心和专业化培训中心、带电作业示范基地和带电作业培训基地为一体的专业化管理分公司。其主要职责：

（1）主要负责公司系统带电作业专业建设及管理、研究开发公司带电作业核心技术和先进技术，并投入应用，占领国内带电作业制高点。统一管理公司系统内输电网带电作业业务，审批公司系统内所有输电网带电作业计划、方案。

（2）负责按《云南电网公司带电作业管理规定》实施公司系统 500 千伏及部分 220 千伏带电作业。

（3）负责公司系统所有带电作业人员的专业培训。

（二）开展带电作业专业培训

云南电网公司以南方电网公司《教育培训质量管理办法》为标准，加强带电作业各个类别培训班的规范管理，统一培训方法、培训标准和流程，从云南电网各供电局一线班组抽选优秀技能人员担任兼职培训师，并严格考评，在考评过程中对出现安全问题的学员实行"一票否决制"，严把出口关。

公司修订完善了《带电作业取复证及职业技能鉴定管理规定》等 13 个教育培训管理制度，实现了与南方电网公司教培一体化要求有效对接。按照安全风险体系建设要求，编制了《取（复）证培训现场突发事件现场处置方案》，为培训安全的有效预控奠定基础。建立了培训班管理内控机制，实现培训全过程闭环管理。制定了输电网、配电网实际操作项目评分标准 20 个，为公平、科学考评奠定了基础。

【专栏 6-4】

公司实现全国首次高海拔直升机带电作业

2011 年 4 月 1 日，云南电网公司在楚雄成功实施了国内首次高海拔 500 千伏紧凑型线路直升机带电作业，更换一组间隔棒可以较以往方式节约工作时间 1 小时以上，充分体现了直升机带电作业的优势。这次作业填补了直升机高海拔带电作业和 500 千伏紧凑型输电线路直升机带电作业的空白，标志着中国南方电网公司——云南电网公司带电作业水平迈上了新的台阶。

资料来源：云南电网公司。

云南电网公司考察

(三) 带电作业技术研究

云南电网公司积极开展带电作业科技创新工作,取得了一定的成效。2011年开展了《500千伏紧凑型线路直升机带电作业》、《高海拔紧凑型500千伏线路带电作业研究及应用》、《采用绝缘索桥跨越带电线路新技术研究》、《输配电线路带电作业仿真培训系统》四个带电作业科技项目的研究,其中《高海拔紧凑型500千伏线路带电作业研究及应用》为南方电网公司的重点科技项目。公司研制的"配电线路带电作业两用绝缘锁线杆装置"获得了国家知识产权局颁发的实用新型专利证书。该专利技术能有效克服老式绝缘锁线杆装置在操作时带电引流电脱出锁线杆的危险所产生的安全隐患,进一步扩大作业范围,降低作业难度和风险。

【专栏6-5】
高海拔紧凑型500千伏线路带电作业研究及应用

随着电网的不断发展,超高压、特高压大电网互联是我国今后发展的必然趋势。500千伏线路作为目前大电网的骨干网架,其长期稳定运行对整个系统的安全稳定及全网送电量的影响非常巨大,为最大限度地缩短停电检修时间,则开展常规的带电作业是重要的检修手段之一。但云南受到地理环境、道路交通不便影响,传统的带电检修方法,受外部环境及道路交通条件制约因素较多,大量时间消耗在将作业人员送达现场和工位的过程中,而利用直升机带电作业,可减轻劳动强度,提高作业效率。

针对电网的发展趋势,结合目前云南电网的现状,云南电网公司开展了《高海拔紧凑型500千伏线路带电作业研究及应用》课题。重点研究在高海拔、500千伏紧凑型输电线路上,如何利用直升机采用绝缘索吊将带电作业人员送入电场,开展带电线路设备检修、维护。对开展直升机带电作业时的技术条件(即带电作业过程中作业人员进入电场的方式、作业环境、作业流程、需要配备的工具设施等)进行研究,提出云南电网紧凑型500千伏线路直升机带电作业技术要求。

2012年3月,南方电网公司在昆明组织11名全国知名专家(其中包括两名中国工程院院士)对该项目进行鉴定。项目研究成果得到了与会评审专家的高度评价，评审专家一致认为该项目多项成果达到国际先进水平。

资料来源：云南电网公司。

五、配电网自动化

配电网自动化是运用计算机技术、自动控制技术、电子技术、通信技术及新的高性能的配电设备等技术手段，对配电网进行离线与在线的智能化监控管理，使配电网始终处于安全、可靠、优质、经济、高效的最优运行状态。其最终目的是为了提高供电可靠性和供电质量，缩短事故处理时间，减少停电范围，提高配电系统运行的经济性，降低运行维护费用，最大限度提高企业的经济效益，提高整个配电系统的管理水平和工作效率，改善为用户服务的水平。随着城网改造工程的进一步实施，配网自动化系统将是保证配电网安全、经济运行的重要手段。

云南电网公司不断推进配网自动化试点，加快配网通信建设，深化配网生产信息化应用，为电网切实提高供电可靠性、实现配电网经济运行以及确保向用户不间断的优质供电提供有力的保障。

【专栏6-6】
公司有序推进配网自动化试点工作

2011年，按照《云南电网公司配网自动化工作总体推进方案》，昆明、玉溪两家配网自动化试点单位完成了规划、设计、设备采购工作，完成了主站及大部分终端、通信设备安装，并转入系统试运行阶段，为昆明、玉溪下一步全面推广建设配网自动化打下了较为坚实的基础。对整个云南电网的配网自动化建设起到有益的探索。

资料来源：云南电网公司。

第七章 电力营销与服务

电力营销与服务是电力行业经营与发展中非常重要的一环,也是与客户接触最多的一个环节。电网企业社会责任的实践情况与营销服务紧密相关,决定着客户对企业的满意度。电网企业只有始终坚持以客户为中心,以客户的需求为出发点,不断丰富营销和服务渠道,提升服务水平,致力为客户提供便捷、绿色、可靠的供电服务,才能赢得客户的尊重和理解,才能树立企业的责任形象。

云南电网公司自成立以来就把客户的需求和期望作为企业生存和发展的动力,根据市场变化和自身实际制定自己的营销和服务策略,加强与客户的沟通和交流,不断提高客户满意度,使"万家灯火、南网情深"的形象深入人心,致力实现"服务好、管理好、形象好"的目标。

第一节 营销管理

电力作为一种特殊的商品,使得电力营销不同于传统意义上的商品营销,具有其自身的特殊性和特点。电力营销主要指在不断变化的电力市场中,以电力客户需求为中心,通过供用关系,使电力客户能够使用安全、可靠、便捷、经济、绿色的电力商品,并得到周到、满意的服务。电力营销的目标就是要对电力需求做出快速反应,最大限度地满足客户的用电需求;在帮助客户节能高效用电的同时,追求电力销售的最大化,实现供电企业的最佳经济效益;提供优质的用电服务,与客户建立良好的业务关系,树立电网企业责任形象,实现企业的环境和社会价值。

一、营销理念

云南电网公司牢固树立"以客户为中心"的全员服务理念，着力提升客户关系管理能力、后台服务链支持能力，突出营销管理向标准化、集约化、精益化转变，客户服务向规范化、便捷化、个性化转变，努力赢得各级政府、社会各界、广大客户和发电企业的广泛认可和高度满意，为公司科学发展树立良好形象，创造良好环境。

二、营销体系

完善的营销体系是贯彻落实公司"以客户为中心"的营销服务理念的重要载体。云南电网公司面对不断变化的市场，逐步调整营销策略，摒弃不适应市场变化的经营理念和营销方式，改变过去供电管理模式，建立能适应市场需求、充满市场活力的市场营销体系和机制。

（一）营销管理一体化

2010年9月开始，南方电网公司在全网开展了"一体化"工作。其中，营销一体化工作要求营销系统在营销制度、标准、流程、指标、业务指导书、信息系统等实现七个一体化，并在网、省、地级市三级推行。目标是2010年实现网、省公司机构一体化，2011年向地市和县级供电企业推行，建立起"三级管理、四级执行、五级服务"的管控模式。云南电网公司根据网公司中长期发展战略，不断深入推进营销一体化工作。

1. 统一制度标准

云南电网公司营销系统配合公司人力资源部编制各级市场营销组织架构方案，组织20多位专家编制电网公司的客户服务管理、市场营销计划管理、电力市场分析与预测管理、跨国跨境电能交易管理及计量标准化等制度、流程、作业指导书、表单，建立统一制度标准。

2. 强化指标考核

公司印发了营销服务考核实施细则以及营销指标分解方案，建立了统一、分层、分级的营销关键指标体系，加大营销专业化管理向县级供电企业延伸的力度。

3. 重视专业培训

重点对迪庆、德宏、怒江州公司和文山电力的一体化服务开展了业务规范化培训、服务人员素质提升、营销系统一体化技术指导,形成帮扶工作责任到人、帮扶到位的局面。

云南电网公司通过以上工作,明确了营销一体化相关制度、标准和流程,提高了相关人员素质,保证营销管理"一体化"工作的顺利推进。

(二) 营销风险管理

风险管理是指通过风险识别、风险估测、风险控制与处理、风险管理效果评价等一系列活动来防范风险的管理工作,营销风险管理则是有效防范和控制营销风险的手段。电网企业的营销服务活动涉及各行各业,关系到千家万户,一直是备受社会关注的对象,同样存在着营销风险管理问题。云南电网公司从组织构架、标准流程、信息系统三个方面完善监控机制,强化营销业务过程管理,促进营销精细化管理,不断规范电力营销行为,加强对电力营销稽查管理和电力营销的监督、检查,堵塞管理漏洞,防止经营流失,提高供电企业工作效率和服务质量。

公司层面,市场部每周专题研究监控发现的异常,提出催、督、办等整改要求。州市供电单位层面,主要依托监控系统对营销异常事件进行监控、处理,并对营销管理信息系统中的异常数据进行清理。落实投诉集中受理、处理要求,实现州市供电单位对县公司投诉的集中处理。目前,监控范围已拓展到用电检查、营销稽查、计量等业务。依托信息化手段,有力提升供电单位的营销风险管控能力,初步形成了内部风险(现状)评估—识别—控制的常态闭环管理模式。

【专栏7-1】

南方电网公司"十二五"营销工作总体思路

发挥好电力资源配置、客户服务、客户价值传递的核心作用,认真落实国家能源政策,全力保障电力有序供应,全力提升良好客户关系,积极引导客户低碳消费习惯,在推动客户满意度不断提高的同时,持续提高公司的市场空间和"万家灯火、南网情深"服务品牌的社会形象。围绕"一个核心价值观",打造"两个平台",实现"三个转变",提升"四项能力",推进"五个重点任务"。

一个核心价值观:万家灯火、南网情深。

云南电网公司考察

两个平台：高效的电力资源配置平台；优质的客户服务平台。
三个转变：服务向"全员服务"转变；管理向"精细化"转变；业务领域向"综合能源服务"转变。
四项能力：市场应对能力、客户价值传递能力、风险管控能力、技术创新能力。
五个重点任务：强化区域电力资源配置；完善客户价值服务链；实现市场营销精细化管理；建立客户节能服务体系；实现营销信息一体化。
资料来源：云南电网公司。

（三）电价管理

严格按照国家的有关电价政策执行电价管理，确保各项电价政策的平稳实施，促进电力资源的优化配置，是电网企业营销工作的基本责任。2011年11月，国家出台居民阶梯电价政策，其目的是建立"多用者多付费"的阶梯价格机制，引导用户节约用电。云南省电网公司结合云南电力资源特征，对城乡居民生活用电实行丰水期单一电价，枯水期阶梯电价政策。为保证居民阶梯电价政策的平稳落实，公司对城乡低收入用户实行每月给予15千瓦时免费电量的优惠帮扶；配合政府召开听证会，向居民开展宣传和解释工作；加快实施"一户一表"改造，确保居民阶梯电价的平稳实施。

（四）营销信息化管理

电力营销信息化是指依据电力营销业务规范，结合建设单位具体业务需求，借助现代计算机与网络通信技术，将电力营销日常工作进行电子化管理，实现电力营销工作计算机全过程管理。电力营销信息化具备客户服务、营销业务处理、质量监督管理和决策支持等功能特点，是促进电力营销服务创新、管理创新和技术创新的基础和重要保证。

1. 公司营销信息化的发展历程

云南电网公司成立初期，各地市电力公司电力营销信息、客户服务技术系统规划、开发模式差别较大，应用水平参差不齐。经过云南电网公司营销自动化、信息化"十一五"规划的实施，云南电网营销信息化系统已全面支持供电营业、电力服务、计量、客户、购电管理五大营销业务领域，固化核心，覆盖全网 16 个供电局、4 个州公司、86 家县级供电公司、1078 个营业网点，覆盖率达到 100%。云南电网营销信息化应用均达到 A 级水平，在云南电网公司四大业务系统信息化评估中营销信息化均达到 90 分以上。

表 7-1　云南电网公司营销信息化里程碑事件

年份	事件
2004	客户服务技术支持系统实用化的关键一年，营销 MIS 各大功能模块基本开发完成，昆明、曲靖、玉溪、红河供电局相继上线
2006	在全国率先建成全省数据、流程与管理大集中的客户服务技术支持系统
2007	扩大"95598"系统覆盖面，开展县公司接入"95598"系统试点工作
2008	积极推进营销信息化、自动化建设，营销信息系统覆盖至 35 个县级供电企业
2009	历时七年建设的云南电网公司大集中模式客户服务技术支持系统通过南方电网公司鉴定。在网公司 2008 年底组织的信息化评价中，公司营销系统达到 A 级水平
2011	全面推进计量中心国家实验室认可工作，曲靖等 8 家供电局计量中心已全部通过国家认可实验室认证，昆明、楚雄两家供电局计量中心通过年度复审

资料来源：《云南电网公司志（2003~2012）》。

2. 营销信息化管理的成效

云南电网公司营销信息化系统以构建企业综合业务管理平台为目标，实现了对电力营销工作的全业务管理，包括业扩报装、抄表管理、电费计算、电费账务、计量资产等 28 个核心业务功能模块，1000 多个功能点，涵盖了省、地、县供电所的日常营销业务工作以及统计分析工作，对日常业务支持度达到 100%。

支持日常业务。系统上线以前，各供电局系统建设基本以抄表算费电算化为主，少量上了业扩报装模块，其余营销业务基本还是手工方式操作。系统上线后，全面覆盖了营销日常业务，所有业务实现了流程化、工单化管理，并且所有数据入口唯一，各个环节处理的数据职责明确，有效避免了以前的电费账务处理用手工账簿或电子表格完成，不同部门提供的电量电费信息可能因统计口径或人为原因造成数据不一致的弊端。系统的投运，实现了业务面的全面覆盖，数据的唯一、准确。

支持电费计算。原系统中电费计算功能薄弱，算一户的电费约需 3 秒，算几户则需要几分钟甚至几十分钟，运算速度慢。系统上线后，批量电费计算功能极大地提高了电费计算速度，几十户或几百户同时计算，几秒钟的时间就完成了，提高了运算速度、准确性及效率。

支持电费审核。系统上线以前,审核质量完全依赖核算人员,系统上线后,通过异常查询,可以快速找出异常用户及详细错误信息,核算人员可以根据系统提供的信息有目的地审核,提高了核算的正确率。

支持计量管理。系统上线后,计量管理按照系统的流程展开工作,通过流程的流转确保了运行计量参数的准确性和唯一性,避免了以往不同班组、营业站各有一套运行台账的混乱现象,实现了资源共享。

支持营销账务。系统完成了营销与财务的流程化无缝集成,在营销账务流程中实现了电费资金流全过程的透明化、可控化和账务数据的自动化处理,实现了财务与营销的实时对账机制,保障了营销与财务的账款一致。

支持政策调整。以电价调整为例,在系统应用过程中,经历了数十次的电价调整,不仅是政策性电价调整,还包含了分时电价、阶梯电价等计费模型的变动。如按原来的作业方式,全省调整一次电价需要30天左右,使用系统后,集中模式的客服系统使得企业能快速适应此类调整,系统内调整一次,系统覆盖范围内都得到了应用,调整工作仅需一个工作日即可完成。

系统纵向覆盖云南电网公司各供电局、州公司、县级供电公司、基层供电所等各个层面,形成省、地、县、乡四级营销业务的"集中化、一体化、标准化"管理。横向覆盖了公司本部的市场交易部、财务部、农电局及相关管理部门,地区供电局的营销部、农电局、计量所、客户服务中心、95598客户服务、抄表班、核算班、收费班、用电检查班和市县公司的营销部、计量所、客户服务中心、95598客户服务、抄表班、核算班、收费班、用电检查班、供电所等各级营销部门及所有营销工作岗位,覆盖率达到了100%。系统应用后,有效支撑了营销业务高效运转,并有效推进了云南电网营销服务一体化工作。

第二节 优质服务

供电服务是电力经营机制中的一个重要环节,是电力安全的保证,是电力生产部门与客户之间的特殊纽带。优质服务就是通过在营销过程中,采取各种方式,为广大客户提供方便、快捷和高效的服务。优质服务对电力行业非常重要，不仅可以为企业创造效益，还能不断提升企业的形象，打造企业的品牌，巩固和扩大企业的市场份额，促进企业实现持续发展。

优质服务作为电力产品的重要组成，在电力营销中显示出了越来越重要的地位。

（1）优质服务是营销理念的重要组成部分。一个企业只有对内抓管理，才能对外树形象，才会有满意的客户。

（2）优质服务是企业承担经济和社会责任的客观要求。电力企业不仅要维护电网稳定、服务好客户，更要参与社会经济建设。企业一味地追求利益的最大化在当今社会是行不通的，还要考虑社会责任，企业需要增大服务成本以改善社会竞争环境，而优质服务是电力企业承担责任的保证。

（3）优质服务是保证电力企业经济持续发展的重要途径。企业只有通过优质服务，才能有效地减少电网事故，从而降低企业成本，促进经济的持续健康发展。

云南电网公司始终贯彻南方电网公司的"万家灯火、南网情深"核心价值观，坚持"以客为尊，和谐共赢"的服务理念，以市场和客户需求为导向，通过电力营销与优质服务，积极拓展省内、省外、国外三个电力市场，促进售电量持续快速增长。不断优化购电空间、降低购电成本。强化供用电和线损管理。依法回收电费。加强生产系统、基建系统与经营系统的协同。提高营销队伍的素质，提升驾驭电力市场的能力，保障电力供应。

一、减少停电时间

随着社会对电力服务的期望越来越高，客户的需求正从"用上电"向"用好电"转变。在此形势下，云南电网公司通过不断加强综合停电管理、构建可靠性指标体系、重视可靠性相关技术开发和使用、开展全口径客户停电时间统计等工作，把加强客户停电管理、提高供电可靠率作为供电企业优质服务的重要内容来抓，把减少客户停电时间作为优质服务的一项重要承诺和考核内容。

自2008年南方电网公司印发了《客户停电管理规定》以来，云南电网公司客户停电管理工作取得了一定的成效。一是建立了客户停电管理制度体系，填补了制度上的空白。二是优化了客户停电管理流程，推进了停电管理从"生产导向"向"市场导向"转变，从"以设备为中心"向"以客户为中心"转变。三是促进了供电可靠性和客户满意度的提高，得到了广大客户的一致好评。四是建立了客户停电时间统计的工作体系，建立了各类停电事件的采集渠道，仔细核对每次事件的停电时间和影响范围，准确统计客户停电时间并开展相关分析，为电网的规划、建设生产、运行提供了重要的决策依据。

云南电网公司在客户停电管理方面主要采取了以下几项措施：

（1）强化停电时间分析与考核，全面推行客户停电时间先算后停机制，完善跨专业的客户停电管理内部协调机制和与重要客户的计划停电协调沟通机制，推进营配信息一体化工作，避免客户重复停电，控制好客户停电时间，确保公司全年客户停电时间控制在南网下达的17小时以内。加强与网内外各部门的沟通协调，完善省地县三级调度、"发、输、配、用"四个环节综合停电协调机制，统筹安排一、二次设备检修计划，强化检修计划执行的刚性，减少重复停电和临时停电。重点以重复停电率指标引导各单位加大停电需求整合的周期，减少重复停电。各单位每月召开停电检修工作平衡会，对本单位工作任务所涉及的停电时间和指标影响进行测评，确保停电任务的统筹协调。

（2）建立健全客户停电管理监督机制，动态跟踪客户停电管理工作，健全完善客户停电管理及考核制度，形成长效工作机制，定期通报停电管理工作开展情况，发现问题，及时分析并督促解决。2011年，云南电网公司着手开展了可靠性管理指标体系的建设和评价工作，并制定相关制度和办法，加强中间过程指标管理，强化过程控制，为生产运行提供有效的服务。公司各单位高度重视预安排停电检修的合理性，认真分析研究停电方案，特别是供电单位统筹兼顾变电检修、线路施工工作，制定具体有效的措施，严格控制用户停电时户数。在城（农）网改造过程中，加强停电管理，杜绝随意停电、重复停电，合理安排工作步骤，尽量减少停电范围、缩短停电时间，面对目前电网网架结构不强、电网改造和检修任务繁重的情况下，确保指标持续提高。

（3）加强客户停电时间分析的牵引作用，对客户停电时间、停送电按时率、抢修到达时间等数据进行深入分析和总结，查找出影响客户停电时间的深层次原因，为综合停电管理提供强有力的数据支撑。

（4）加快推进客户停电时间统计网级达标，加强与生产、调度等部门的沟通协调，建立更丰富更合理各类停电事件的采集渠道，完善统计技术手段。云南电网公司全面开展全口径客户停电时间统计，充分运用营配信息一体化等创新技术,将统计范围全面延伸到了县级供电企业和低压客户,逐步形成停电时间统计、分析、上报和考核的常态化机制。

(5)积极配合好营配信息一体化建设工作,努力探索利用营配信息一体化和计量自动化系统开展客户停电事件自动记录、停电户数自动计算和停电时间的自动采集。

(6)继续深入开展中低压侧户变对应关系的清理工作,对包括变电站、10千伏线路、配电、低压主干线、低压分支线到户表对应关系清理,建立动态维护机制,确保配网信息完整准确。

(7)推进县级供电企业开展客户停电管理工作,按照客户停电时间统计"从无到有,从有到真,从真到优"的总体思路,规范县级供电企业的客户停电时间统计标准,建立停电时间统计、分析、上报和考核的常态化机制。

(8)努力完善客户停电快速响应机制,切实解决客户停电问题,进一步完善电力供应与营销服务的应急机制,统一调配与使用应急资源,实现应急事件的快速处理。

【专栏7-2】

大理供电局多措并举缩短停电时间

大理供电局以为客户需求和发展为中心,不断加强停电管理。

(1)结合先算后停,加强综合停电管理。每年初收集大客户生产检修安排计划,营销、生技、调度等相关部门在局年度检修计划,对涉及客户停电的统筹进行平衡。例如,2011年安排的110千伏顺濞变二期工程项目由于工期长,对大钢公司影响较大,经过与用户的多次协调,把110千伏线路改接和更换主变工作由原计划安排在5月调整至7月底与大钢公司设备检修同步进行。虽然雨季给施工带来很多困难,但有效地缩短了客户平均停电时间接近8小时/户。

(2)在大理市推行配网带电作业,并逐步引入业扩带电搭火。为提高供电可靠率、尽量缩短客户停电时间,大理供电公司开展配网带电作业,并且2011年起推行具备条件的业扩搭火按带电作业方式开展。当年1~8月共开展带电作业20次,减少停电时间80小时,确保了834户用户的正常用电,多供电量11.26千瓦时,收到了良好的经济效益和社会效益。行风监督员何蜀东说:"2012年8月的一天中午,我住的龙泉社区电杆被大卡车撞断,估计晚上要摸黑了,但想不到的是,到傍晚,电杆已被供电局更换了。我们对电力服务非常满意。"

资料来源:云南电网公司。

二、优化用电方式

需求侧管理(Demand Side Management,DSM)。根据这个意义,电力需求侧管理是指在政府法规和政策的支持下,采取有效的激励和引导措施以及适宜的运作方式,对用电一方实施的管理。这种管理引导用户高峰时少用电,低谷时多用电,提高供电效率、优化用电方式的办法。这样可以在完成同样用电功能的情况下减少电量消耗和电力需求,从而缓解缺电压力,降低供电成本和用电成本。使供电和用电双方得到实惠,达到节约能源和保护环境的长远目的。

20世纪70年代,为应对世界能源危机以及日益严峻的环境压力,美国率先开展了电力需求侧管理,并带动了其在全球的发展。电力需求侧管理于20世纪90年代初传入我国。在政府的倡导下,电力公司及电力用户做了大量工作。如采用拉大峰谷电价,实行可中断负荷电价等措施,引导用户调整生产运行方式。同时,还采取一些激励政策及措施,推广节能灯、变频调速电动机等节能设备。从我国近年来的电力持续负荷统计来看,全国95%以上的高峰负荷年累计持续时间只有几十个小时,采用增加调峰发电装机的方法来满足这部分高峰负荷很不经济。如果采用需求侧管理的方法削减这部分高峰负荷,则可以缓解电力供需紧张的压力。

建立需求侧管理长效机制。公司出台了《云南电网做深做细需求侧管理工作实施办法》,明确了各级政府是推动电力需求侧管理工作的主导,云南电网公司和各级供电部门是该工作的主体,用户是重要的参与者。针对电力供需紧张形势,云南电网本着"分阶段、分层次"的递进原则,科学制定了电力需求侧管理工作目标及规划,并依据电力供需形势的变化,适时对需求侧管理的目标及工作规划进行调整,同时跟踪节电、蓄能技术的发展,及时引进、开发,推动电力需求侧管理技术的发展,不断深化、细化,使之发挥更大作用。

优先安排重点用电。云南电网公司确定了"保居民生活、保效益、保重点、保增长、保行业整合"、"按度电产值高低优先安排用电"的"五保一优先"原则,明确了电力供应的保障范围和计划用电的重点,下发了《云南省计划用电暂行规定》和"计划用电"指标,较好地缓解了电力供需矛盾,确保了全省经济的稳定增长和"西电东送"。

提高负荷利用率。云南电网公司采取多项措施移峰填谷,提高电网的负荷率,让有限的电能资源得到最优化的配置。一是实行减免基本电费政策,鼓励全省黄磷企业高峰时段错峰避峰让电、低谷时加强生产。二是积极推动并实施丰枯、峰谷电价,挖掘低谷用电潜力。三是强化负荷率内部管理与考核,有效提高电能的利用率。

三、拓展缴费渠道

随着区域电力市场的不断发展和客户用电需求的日益增加,用电服务逐渐呈现多元化的趋势,与之相适应的重要手段则是缴费方式的多元化。现代电力客户服务渠道具有服务个性化、服务方式多样化的特点,电网公司为客户提供的服务也渐趋发展为随时、随地、随意的全方位客户服务。面对这一发展趋势,云南电网公司高度以客户需求为基准,视"以客户为中心"的理念为宗旨,不断丰富服务内涵,积极调整营销策略,不断引入和开发各种缴费方式,形成了包括定点营业厅、网上营业厅、流动营业厅、95598服务平台、掌上营业厅以及社会化第三方支付平台在内的全面发展的多渠道缴费手段,为客户提供方便快捷的缴费途径,从而为自身在激烈的市场竞争环境中获得生存和发展创造更好的条件,如图7-1所示。

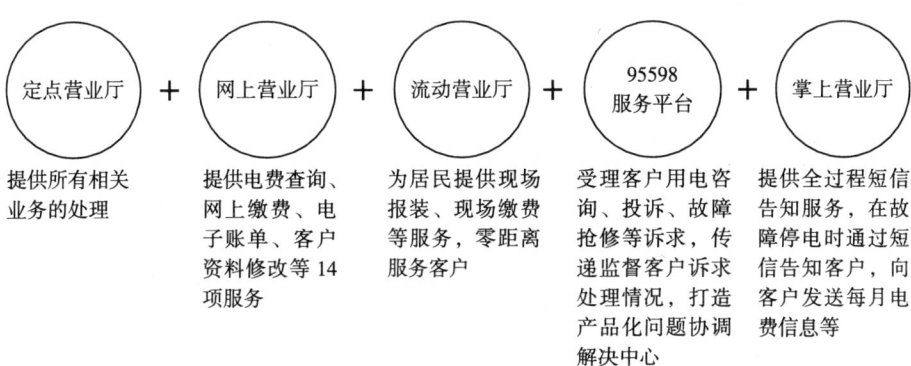

图7-1 云南电网公司主要电费缴纳方式

资料来源:云南电网公司。

【专栏 7-3】

昆明局成为全国首家推出"椅背上的营业厅"供电局

截至 2012 年 5 月 31 日,昆明局"椅背上的营业厅"完成了所有设备的安装和调试工作,并于 2012 年 6 月 1 日正式投运。该项目的实施更多的是从细节入手,让客户感受到贴心的服务:只需要一张用户信息卡,轻轻一刷,就可以查看到电费信息;利用排队等候时间,可以浏览新闻网页;通过网上银行,可以进行电费交纳;登录网上营业厅,可以进行办电流程、停电公告、交费方式、用电常识等信息的查询。"椅背上的营业厅"一定程度上缓解了窗口压力,提高了营业厅服务能力。

相较于以往的自助缴费机及自助查询终端,"椅背上的营业厅"在节约资金成本的同时,也很大程度上扩大了受众面。更重要的是,实现了将自助缴费机与自助查询终端所具备的功能集合于椅背上的自助终端,并增加了用电业务受理以及企业信息宣传的功能,加强了企业理念和企业服务信息的宣传,创新了"以客户为中心"的服务渠道。

资料来源:云南电网公司。

四、开展节能服务

节能绿色服务是实现经济社会可持续发展和能源可持续利用的需要。云南电网公司在开展营销服务的过程中,通过实施合同能源管理、客户节能诊断、支持电动汽车发展等举措,全力推动节能绿色服务,为"资源节约型、环境友好型"社会建设贡献自己的力量。

(一)实施合同能源管理

合同能源管理(Energy Performance Contracting),国外简称为 EPC,在国内广泛地称为 EMC(Energy Management Contracting),是一种新型的市场化节能机制,于 20 世纪 70 年代在西方发达国家开始发展起来。合同能源管理不是推销产品或技术,而是推销一种减少能源成本的财务管理方法。其经营机制是一种节能投资服务管理,客户见到节能效益后,EMC 公司才与客户一起共同分享节能成果,取得双赢的效果。其实质是一种以减少的能源费用来支付节能项目全部成本的节能投资方式。这种节能投资

第七章 电力营销与服务

方式允许用户使用未来的节能收益为用能单位和能耗设备升级，以及降低目前的运行成本。节能服务合同在实施节能项目的企业（用户）与专门的营利性能源管理公司之间签订，它有助于推动节能项目的开展。

近年来，我国政府加大了对合同能源管理商业模式的扶持力度，2010年4月2日，国务院办公厅转发了发改委等部门《关于加快推行合同能源管理促进节能服务产业发展意见的通知》、财政部出台了《关于印发合同能源管理财政奖励资金管理暂行办法》，从政策上、资金上给予大力支持，促进节能服务产业的健康快速发展。

公司充分发挥电网企业主体作用，全面推广合同能源管理，提高客户实施节电改造的积极性，推动需求侧管理工作可持续发展。如公司的首个合同能源管理项目"与曲靖市益宁水泥厂的节电改造项目"已于2009年顺利完成。经实测，节电改造后综合节电率达到35%，每月节约电量7.76万千瓦时，减少电费支出近4万元，节电效果显著。2010年底，公司与云南最大水泥集团开展合同能源管理合作，为拉法基云南瑞安公司下属6家全资子公司的19台风机设备装置上开展节能变频改造工作，计划总投资750万元，预计项目节电率将达到15%以上，3年可收回全部投资。楚雄矿冶股份有限公司由于井下通风设备多，供电线路长，负荷侧功率因数低于考核标准10个百分点，每个月功率因数调整电费高达15万元，造成客户用电成本增加。后在楚雄供电局的帮助指导下，该公司安装一套4500千瓦的无功补偿装置，实施后功率因数从0.83提高到0.92，从每月被考核电费数十万元转变为奖励，大大节约了用电成本。

2012年，公司继2011年完成12个项目的节电改造，又按照合同能源管理模式实施了云南红塔滇西水泥股份有限公司资源综合利用、澂江龙凤磷业有限责任公司黄磷尾气发电等一批节能项目。改造项目涉及钢铁、水泥等具有代表性的高耗能行业，平均节电率达到30%以上，每年节约电量近3000万千瓦时。

【专栏7-4】
红河州第一个合同能源管理节电项目通过验收

云南国资水泥红河有限公司目前拥有两条日产2000吨新型干法水泥熟料生产线，年水泥生产能力200多万吨。水泥生产企业是国民经济生产中的能源消耗大户，水泥行业已被列为国家节约资源的重点领域之一。在水泥的生产中，电动机负载电耗占生产成本的30%，其中拖动风机用的高压电动机在电机负载中占有很大的比重。一条水泥生产线上有35%~40%的电能是用于拖动各种类型风机上，因此做好风机电动机的降耗增效工作就显得极为重要。

2011年3月，云南电网公司节约用电服务中心采用能源合同管理的方式，对云南国资水泥红河有限公司6号窑高温风机、窑头排风机、煤磨循环风机的电机控制进行加装高压变频器的改造。2011年3月28日，所有安装调试工作结束，4月10日竣工投运。

高压变频器节电技术是国际上较为成熟先进的节电技术，是风机、泵类节能降耗的首选电气传动方案。利用变频调速技术改变电机的运行速度，以调节风量的大小，既能满足生产要求，又能节约电能，同时减少因调节阀门而造成的挡板磨损和管道磨损，以及经常停机检修所造成的额外经济损失。

经过改造前后数据对比，改造后的6号窑高温风机单耗减少2.94千瓦时/吨，节电率25.14%；窑头排风机单耗减少1.25千瓦时/吨，节电率36.71%；煤磨循环风机单耗减少0.84千瓦时/吨，节电率26.6%，项目改造后综合节电率达到29.49%。按6号窑设计日产2000吨的生产能力来计算，每天可节约用电近万千瓦时。

此次对6号窑三台风机的节能改造，企业总投资138.4万元，从目前的节电效果来看，企业16个月就可收回投资，与项目可行性研究报告中估计的基本吻合，而综合节电率则远远高于可研报告中20.86%，达到了29.49%。

资料来源：云南电网公司。

（二）开展客户节能诊断

公司通过为客户提供节能诊断、编写节电建议书、促使客户采取措施提高用电设备的功率因数等服务，减少客户能源损耗，实现产品升级和经济节约用电，服务地区绿色经济发展。2012年，云南电网公司进一步加大客户节电诊断测试工作力度，加大投资，为全省10个州（市）煤矿、水泥、有色金属冶炼及加工等行业共421家客户开展现场免费诊断。

目前，云南电网公司正在有序采集现场诊断测试数据，撰写诊断测试报告，计划为每家客户出具一份有针对性的诊断报告，引导客户大力开展节约用电工作。待诊断报告正式出来后，将选择30余家节电潜力大的客户，推广合同能源管理和建设节电示范项目，为完成国家要求的年度节约电力电量两个3‰的考核指标提供支撑。下一步，云南电网公司将积极推进16个州市的节约用电中心建设，对照国家要求的两个3‰节电考核指标，筛选有节电意愿和节电潜力的客户免费进行节电诊断。

【专栏7-5】

昆明供电局开班教客户节电

"我们公司非常重视无功补偿，无功补偿设备投入运行以来也确实为我们公司节约了很多电量，但是也存在着一些问题，比如很多技术难题无法解决，也希望通过培训大家相互有个交流，技术专家可以给我们一些建议和帮助。"4月26日，昆明供电局2012年客户节能技术培训班上，来自中国石化销售有限公司华南分公司的学员张新表达了愿望。

据悉，昆明供电局市场营销部节电服务中心组织的本年度第一期培训班，共邀请了全市范围内各行业的80位客户参加。此次培训的课题是"无功补偿"，现在很多客户都是有无功补偿设备的，但是在运行中是否达到了补偿的效果，设备应该要怎样去维护，大家都存在很多的疑虑。昆明供电局希望通过举办客户节能技术培训班，对各行业客户存在的问题进行实例分析，引导客户合理地选择补偿装置，并正确使用它，在帮助客户节电的同时也可以提高供电的效率，改善供电环境，也让客户能切身体会到优质服务。

资料来源：云南电网公司。

（三）支持电动汽车发展

电动汽车从能源、动力、控制、互联等方面都与目前的汽车有着很大区别。随着石油资源的减少、全球变暖问题的凸显，发展并使用以电为动力的汽车就显得尤为迫切。电动汽车不仅可以减少资源的消耗、实现低碳发展，达到零排放、零石油。而且能够改变目前汽车的操控方式，实现人车互动、车车互动、电子控制，进而达到零交通伤亡、零交通堵塞。云南地处高原，内燃机在高原不管是采用油还是燃气，效率都无法得到最大发挥。云南有很好的契机和理由来发展电动汽车，而且云南的电力资源也多为清洁的水电，产业化发展更有优势。

云南电网公司充分发挥电网企业优势，积极推动电动汽车充电设施发展工作，编制了充电设施的运营及维护制度；参与南方电网电动汽车智能充换电服务网络发展规划编制工作，配合完成了《南方电网."十二五"电动汽车智能充换电服务网络规划研究》；公司建设的充电设施通过了国家四部委对节能与新能源汽车示范推广试点检查；与昆明市科技局积极商讨昆明市电动汽车发展方案和规划。

【专栏 7-6】
云南电网公司建成省内首个电动汽车充电站

"电动汽车以电代油，能够实现零排放、零污染、噪音低，有利于国家节能减排目标的实现和低碳经济的发展。" 2010 年 12 月 23 日，云南首个纯电动汽车充电站——盘龙电动汽车充电站建成启动，这是全国第一座高海拔充电站。据悉，这是继混合动力的新能源车之后，纯电动汽车首次登陆昆明。随之投产的还有位于云南电网公司下属各单位停车库、停车场内外、昆明公交集团北市区立体公交车库等处的 150 个充电桩。

该充电站占地面积约 1000 平方米，全站建有 10 个直流充电桩和 8 个分布式交流充电桩，可同时为两辆大型电动汽车、16 辆小型电动汽车进行充电，并有监控室对其进行监控。此外，为方便顾客汽车充电，充电站还配备了休息厅、24 小时数字化营业厅，全程监控室及其房顶安装太阳能屋顶发电系统。据悉，太阳能屋顶发电系统所发电力可满足整个分局、营业厅、休息厅、展示厅的照明和日常用电。

资料来源：云南电网公司。

第七章　电力营销与服务

第三节　客户关系管理

为了更好地服务每一位客户，云南电网公司实施客户分类管理，提供差异化客户服务。同时，注重加强客户关系管理，全面贯彻落实南方电网公司的《中国南方电网公司供电服务承诺》，与客户建立长期的战略合作关系，提高公司市场竞争能力，创造长期可持续发展的必要条件。

一、差异化客户服务

随着市场经济的不断发展，人们的消费结构不断发生变化，消费者在消费产品时，开始注重个性化消费，由此产生了差异化营销理论，要求企业根据市场细分原则，通过差异分析方法对总体市场环境和个体市场环境的分析和比较，找出对自己企业最有利的差别利益，设计和生产出在性能、质量上有独特性的产品；或是在销售方面，通过有特色的宣传活动、灵活的推销手段、周到的售后服务，在客户心中树立良好形象。

云南电网公司在营销工作中，定期召开电力供需形势通报会、厂网联席会、大客户与行风监督员座谈会、客户联谊会，构建与发电企业及用电客户的有效、畅通、公开沟通平台，了解客户的需求差异，不断提升服务质量，拓展附加服务和增值服务，开展精细化营销，增强企业的市场竞争力和客户的认可度。

公司在电力消费全过程中制订不同的附加服务和增值服务方案，研究制定时空上有差异的营销策略，对大型居民区等重要用户和大用电客户给予在电力服务、信息服务、安全服务和专职客户经理服务四方面的倾斜。

在规范客户用电工程市场方面，在供电方案答复、设计审查、中间检查、竣工验收、装表接电五个环节服好务，保质保量地兑现公司服务承诺。加强事故报修服务，高度重视客户投诉举报的管理，电费催收坚持人性化服务，开展"万家灯火、南网情深"客户关怀活动，加强客户走访，及时了解客户生产、生活状况，认真听取客户对供电服务工作的建议。

云南电网公司考察

【专栏 7-7】

中国南方电网公司供电服务承诺

城市地区供电可靠率99.9%、居民客户端电压合格率98%，农村地区供电可靠率99.5%、居民客户端电压合格率92%。计划停电、限电，提前通知或公告。

不随意对居民生活拉闸停电。

故障停电后，城市地区供电抢修人员到达现场时间平均45分钟，农村地区90分钟，特殊边远地区2小时。城市地区抢修到达现场后恢复供电平均时间4小时，农村地区5小时。

供电方案答复期限：居民客户、低压客户、高压单电源和高压双电源客户分别不超过3个、7个、15个和30个工作日。装表接电期限：居民客户、低压和高压客户分别不超过3个、5个、7个工作日。

欠费停电的客户缴清电费后，当日复电。

客户在营业厅平均等候时间不超过15分钟。

95598供电服务热线20秒接通率超过90%。

每年举办100期节能服务培训班，为1000家大客户提供节能诊断。

95598供电服务热线24小时受理客户咨询查询、故障报修和投诉举报。

资料来源：云南电网公司。

阶梯电价政策实施后，云南电网公司积极进行宣传引导落实阶梯电价政策，消除居民的电价疑虑。同时，针对一些困难弱势群体，云南电网公司出台了一系列的专门配套政策和制度，通过减免电费等方式，在生活上给予其帮助和关心，体现了"万家灯火、南网情深"的核心价值观。

【专栏 7-8】

职工爱心捐款帮助困难用电群众

2013年11月18日，云南电网曲靖公司启动了2013年"爱心电费"捐款扶助活动。此次活动共收到职工爱心捐款13162.5元，所有捐款都用于解决特殊困难用电群体用电缴费难的实际问题，让广大人民群众切实得到实惠，为特殊困难用电群体提供安心电、贴心电。

第七章　电力营销与服务

> 为了保证"爱心电费"扶持工作的实施有效,曲靖供电公司专门成立了"爱心电费"推广工作组,结合用电客户实际情况,确定"爱心电费"客户受益名单,并由多个职能部门组成"爱心电费"监管小组,保证"爱心电费"机制常态运转。逐步解决供电区域内如五保户、孤寡老人、残疾人、重病患者家庭等特困用户缴纳电费难的问题。
>
> 自从2011年开展爱心电费捐款以来,曲靖公司通过电力员工内部捐款、营业厅捐款箱捐款共募集捐款44132.5元,帮助了1500多户困难用户解决缴费难的问题,活动得到了用电困难用户的一致好评。
>
> 资料来源:云南电网公司。

二、客户资信管理

随着云南电网公司系统营销信息化系统的应用,所属地市公司逐步建立客户资信管理系统。管理内容包括客户信息的收集和资信调查,客户资信档案的建立和管理,客户信用分析管理,客户资信评级管理,客户群的经常性监督与检查。

(一)建立客户信用等级评定机制

云南电网公司结合营销管理信息系统的建设和完善工作,开发客户信用等级评定子模块,实现客户信用等级的自动评定和管理。客户信用等级评定的范围为用电大客户。客户信用等级实行滚动评定,每3个月或每个抄表收费周期滚动评定1次。

(二)开展客户信用等级综合评价

客户信用等级参照"交费、催费记录、欠费情况、窃电记录、违章用电行为记录、流动性情况、社会信用记录、其他与客户信用相关的信息"等进行综合评定,对信用不佳的用电客户,各供电企业采取有针对性的电费回收措施,防范电费回收风险。对已发生欠费停电的,在恢复供电时,供电企业与客户协商采用担保、预付电费等任一方式(或多种方式),并签订补充协议。对不属于上述情况的,供电企业与客户协商采用担保、预付电费等任一方式(或多种方式),协商一致后签订补充协议。供电企业在选定VIP客户和提供差异化服务时,将客户信用等级评定结果作为其中一个重要考虑因素，并不断完善对信用优良客户的鼓励措施。

三、满意度监测与改进

客户满意度（Consumer Satisfactional Research，CSR），也叫客户满意指数，是对服务性行业的顾客满意度调查系统的简称，是客户期望值与客户体验的匹配程度。进行客户满意度研究，旨在通过连续性的定量研究，获得消费者对特定服务的满意度、消费缺陷、再次购买率与推荐率等指标的评价，找出内外部客户的核心问题，发现最快捷、有效的途径，实现最大化价值。作为企业，在为客户提供服务的时候，也在不断地去了解客户对于服务的期望值是什么，然后根据自己对于客户期望值的理解去为客户提供服务。

中国南方电网公司第三方客户满意度测评始于2010年，该项目由盖洛普公司与中国南方电网公司共同合作开展。主要目的是帮助电力企业倾听客户声音，并以客户满意度测评为管理工具实现创先。该项目采取分层抽样的调查方法，通过倾听工业客户、商业客户、居民客户及其他客户声音，完成涉及供电稳定、供电安全、用电缴费、业务办理、营业厅服务、95598服务热线、客户沟通、问题处理八大模块的问卷调查。

云南电网公司积极开展客户满意度调查评价工作，以调查数据为依据，寻找不断改进的机会，深入开展"为民服务创先争优"、"居民用电服务质量监管"等专项活动，通过不断提高服务标准、优化业务流程、开展客户满意度调查等行动，持续提升客户满意度。2012年，公司在云南省供气、供水、公交、供油、电视、银行、通信、铁路、民航、供电十大服务行业公众满意度测评中实现"五连冠"，取得了76.88分的成绩，高出十大行业平均分4.28分，如图7-2所示。

【专栏7-9】

盖洛普咨询公司对云南电网公司开展第三方客户满意度测评

第三方满意度调查是南方电网公司在2010年试点的基础上在全网开展的。其目的有两个：面向社会，在公共事业领域中率先关注客户感知；面向企业内部，是客户关系管理的起点，是创先进程中的重要工具。

2012年，盖洛普咨询公司对云南工业、商业、居民、其他行业共计

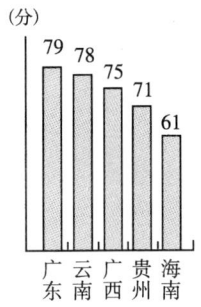
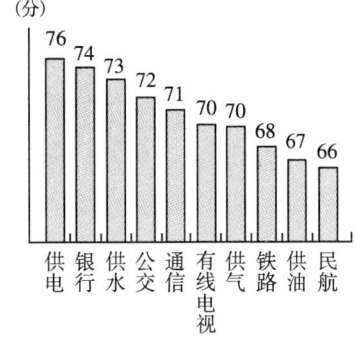

2012年南方电网公司　　　　　2012年云南省十大公共
五省区盖洛普满意度调查　　　服务行业综合满意度排名

图 7-2　云南电网公司客户满意度测评结果比较

资料来源：《云南电网公司 2012 年社会责任实践报告》。

8325 人的云南电网客户进行了成功访问，为云南电网公司客户满意度进行了评估和监测。其中工业、商业、其他、居民四类用户分别为 1324户、1909户、1005户、4087户，参与供电局为昆明、曲靖、红河、玉溪、大理、楚雄、临沧、普洱、昭通、西双版纳 10 家供电局。

此次调查指标的构成由总到分、分层推进，总体满意作为一级指标，旗下含供电稳定、供电安全、用电缴费、业务办理、营业厅服务、客户沟通、问题处理、95598 服务热线八大二级指标，以及细化的电压稳定程度、恢复供电的时效性、解决问题的速度等 29 个三级指标。

调查多数问题采用 5 分制打分的方式进行评价，5 分为最高分，表示"非常满意"，1 分为最低分，表示"非常不满意"或"完全不同意"，满意度最终得分采用非常满意（5分）加上比较满意（4分）人数，除以该问题的总评价人数。为保证结果的科学性，最终得分采用加权的计算体系，其重要性根据客户总量占比（50%）和电量占比（50%）计算。

从调查结果来看，云南电网公司 2012 年第三方客户总体满意度为 78 分，略高于南网平均水平，客户关系状态良好并较 2011 年有所改善。

资料来源：云南电网公司。

第八章 农网建设与改造

保障农业、农村、农民的生产生活用电是社会主义新农村建设的重要体现。云南省地处我国西南,地理位置特殊,地形地貌和气候复杂,是我国少数民族最多的省份。云南省农村范围广阔,差异较大,这也给农网的建设与改造带来了诸多的困难与挑战。

云南电网公司自成立以来,始终牢记"主动承担社会责任,全力做好电力供应"的使命,主动加强与政府等利益相关方沟通,努力推进农电体制改革,加强农网建设与改造,全力解决无电人口通电问题,不断加强农电基础管理,为云南省的社会主义新农村建设提供安全、方便、稳定用电服务。

第一节 农电体制改革

云南省的农电体制改革是伴随着我国经济的发展而逐步进行的。十几年来,云南电网公司坚持以国务院国发〔1999〕2号和〔2002〕5号文件精神为指导,坚持公司化改制取向,依靠各级人民政府,加强沟通和协调,立足长远,着眼大局,互惠互利,共同发展,加快推进农电体制改革。同时,积极探索改革模式,推进县级供电企业建立现代企业制度,努力实现在共同利益上的良性互动。

在农电体制改革不断推进的保障下,云南省农村电力基础设施得到根本改善,农村电价大幅度降低,基本实现了"两改一同价"的目标,加快了全省、全国区域性电力市场的形成,优化了电力资源的配置,调动了各方面的积极性,推动了电力产业技术进步,培育了一批电力大企业大集团,促进了电力科研、电力装备、电力咨询、电力设计、电力培训等的发展,有力支持和促进了农村经济社会发展。体制改革充分体现了"主动承担社会责任"的使命,是对国家建设社会主义新农村发展战略的具体实施。

表8-1 云南电网公司农电体制改革历程

时间	具体举措
2002年以前	农电体制改革开始探索起步
2003年	云南电网公司先后与富民、石林等10个县(市)人民政府签订了组建当地供电有限责任公司协议,共同组建了镇沅、西盟等20个供电有限责任公司。积极探索改革模式,整合输配电网络资源,加快地州中心城市和经济较发达地区的电网建设,先后与个旧、开远、蒙自、弥勒、江川县(市)人民政府签订了资产上划重组协议,组建了云南电网公司的5个全资子公司。截至2003年底,由于省情的差异性,云南省各县情况的差异性形成了上划、股份制和代管三种模式
2004年	云南电网公司坚持"平等协商,互惠互利,共同发展"的原则,把深化农电体制改革与加快农村电网发展相结合,把整顿农村电价与规范农村用电秩序相结合,把加强农电管理与改善服务相结合,以改革促管理、增效益、求发展,得到了地方政府和县供电企业的广泛赞同,积极支持按照《公司法》有序推进农电体制改革。形成以控股供电有限责任公司为主、全资供电有限公司和代管县电力公司三种模式并存的格局
2007年	云南电网公司继续因地制宜深化农电体制改革,妥善处理改革的历史留问题,促进农电发展。24家县级供电企业上划方案通过国资委审批,44家并账县级供电企业完成产权年检和产权占有、变更,运作进一步规范
2008年	云南省政府明确了云南电网公司作为全省电力管理体制改革的实施主体。按照《云南省电力管理体制改实施方案》的要求,大力推进电力管理体制改革,先后与德宏、临沧、丽江、迪庆、怒江等州市政府签订了地方电网企业重组协议,初步实现全省"一张网、全覆盖"
2009年	云南电网公司签订了41个地方供电企业国有产权划转协议,公司供电营业区覆盖了全省16个州(市),基本实现了网架、管理、资产"一张网"。深入推进农电"一体化"管理,组建农电管理督导大队,强化对县级供电企业的指导和服务
2011年	国务院国资委正式审批了富民、罗平、宣威、元阳、绿春、绥江、会泽和云南水利电力有限公司8家地方供电企业国有产权无偿划转云南电网公司。通过各方攻坚克难,共同努力,富源、师宗、华坪、宁蒗、古玉(黑白水)5家地方供电企业国有产权无偿划转云南电网公司待国务院国资委审批。在全省103家独立核算供电企业中,云南电网公司管辖102家
2012年	云南电网公司加ράθ与地方政府的沟通协商,积极推进马关、广南、麻栗坡、泸西、金平5家供电企业以及西双版纳农垦电力整合工作并取得阶段性新进展。国务院国资委批准富源、师宗、华坪、宁蒗、黑白水等5家供电企业国有产权无偿划转云南电网公司

第八章 农网建设与改造

第二节 农网建设

云南电网公司将服务"三农"放在重要位置，立足自身实际，发挥整体优势，大力推进农网建设和升级改造，服务社会主义新农村建设。

一、农网升级改造

云南电网公司根据云南省的地理、区域以及产业特点，一直将农网建设作为工作的重点，不断增加农网建设投资，持续加大农网升级及改造力度，积极解决电网"卡脖子"等问题，保障农电的稳定供应。

1996年，云南省委、省政府做出"三通一建"（通路、通电、通电话、建学校）工程建设的重大决策，实施"村村通电"扶贫工程后，在全省范围内真正拉开了农村电网建设与改造的序幕，农村电网及通电情况得到了大面积的改善。

1998年，云南电力集团有限公司作为项目法人，投资开展云南省129个县（市、区）（含丽江五龙区）一期农网改造。

2001年，国家计委下达云南省二期农网改造投资，明确云南省农网改造由云南省电力集团公司负责95个县。云南省农网改造的实施方式由"一省多贷"变为"一省两贷"。农网一、二期工程的建成，使云南省农村电力管理和农村电网发生了根本变化，农村电价显著降低，农民用电负担明显减轻，也为后来开拓农村电力市场奠定了基础。

根据云南省委省政府的部署，云南电网公司在2005~2007年实施"兴边富民"工程。该工程是农网改造的重要组成部分，云南电网公司计划投资对4个州（市）的11个县进行电网改造并对口帮扶思茅地区的西盟县。县城电网改造和完善西部农网改造的重点是35千伏及以下电网工程和一户一表工程。

2009年，公司积极推进县级电网建设改造，服务社会主义新农村建设。

2010年10月，国家下达了农网改造升级和无电地区通电工程计划。由于公司前期准备工作充分，工程随即进入了全面实施阶段。公司全力推进农村电网改造升级，改善农村电网状况。

云南电网公司考察

2011年，公司积极开展陆良改造升级试点工作，完成了试点村的建设和试点乡设计、评审和建设工作。

2012年，云南电网加快农村电网建设，进一步强化业主项目部建设，开发应用农网工程进度信息化管理系统，编制应用10千伏及以下农网工程施工工艺质量控制规范，开展农网工程二级示范点建设。

【专栏8-1】
公司积极开展陆良改造升级试点工作

一期农网建设后，陆良县户户通电率达到100%，户表改造率达到96%，农村电网结构明显增强。但是，随着"家电下乡"等拉动农村消费措施的实施，陆良县农网薄弱的矛盾凸显，需要通过电网改造升级提高农村电气化水平，为当地经济发展提供有力的电力保障。

2010年，国家启动了新一轮的农村电网改造升级工作，南方电网公司把陆良县作为第一个农网改造升级试点县。公司编制了《陆良县110千伏及以下配电网改造升级规划（2010~2015）》，确定了"整村试点—整乡推进—全县推广"的工作模式。

2011年3月，陆良县新村、大地两个试点村农网改造升级工程完工，总投资771.23万元，共改造10千伏线路10.94千米、400伏线路14.95千米、220伏线路14.32千米。截至2011年底，新村、大地两村售电量为1042.7万千瓦时，同比增加17.65%。

农网升级改造完成后，试点乡镇的电气硬件设施得到提升，用电安全得到保障，满足了生产、生活需要，供电可靠性、电压质量得到改善和提高，线损明显下降。同时，云南电网公司通过试点探索出农村电网改造应整村整乡推进的实施步骤，确定了农网改造升级工程技术路线和设计控制要点，明确了只有依靠科技进步提高农网装备水平才能提升改造升级质量促进农电管理水平的思路，探索了新型农村电网下县级供电企业和供电所业务运行及管理变化及对策。

资料来源：云南电网公司。

二、服务农民增收

云南电网公司一直将服务农业、农民用电作为自己的责任之一，通过

第八章 农网建设与改造

支持种植、养殖业务发展,不断提高农民的生活水平,让云南百姓能够共享改革发展的成果。

【专栏8-2】

电力充足茶飘香

梁河县大厂乡回龙寨是典型的山区自然村,坝少山多,有85户389人。回龙寨出产的"回龙茶",在云南省茶叶产品中小有名气。近年来,回龙寨大力发展回龙茶种植、加工产业,全村85%的耕地种茶,现有茶园面积616亩,初制茶所21个,2012年实现户均茶叶收入16667元,人均茶叶收入3642元,茶叶收入占家庭总收入90%以上,成为远近闻名的回龙茶村。多年来,为了更好地服务茶农,云南电网公司德宏供电局大厂供电所推出一系列贴心服务。

每年在春茶加工用电高峰来临之前,大厂供电所检查产茶区的电力设备隐患问题和薄弱环节,对全乡产茶村的变压器进行了大规模的维修和保养。进入炒茶高峰期,大厂供电所抽调技术精湛的检修人员到各个春茶加工厂进行上门"诊断","对症"开方,并将抢修人员的手机号码告知各加工厂,确保春茶加工的可靠供电。

电网是基础,服务是保障。要完全实现茶叶电气化、改变茶农生活仅有电力本身是不够的,还需要优质、快速的服务来作为保障。大厂供电所的服务正是按"优质、快速"的标准,本着"24小时全天候应急抢修服务"的理念,全力保障用电需求。

近年来,随着大厂茶叶产业的不断发展和机械炒茶、烘焙茶等科技的推广运用,不少茶厂都新增了揉捻机、杀青机、速包机、平板机、空调、冰柜等10多项制茶所需的电气设备,用电负荷大幅增长,为解决这一新的供电"瓶颈"问题,梁河分公司早做谋划,多管齐下,积极向上级争取农网改造项目,多方筹措资金通过新增、增容变压器及台区低压线路改造,安装电压电容补偿装置等方式对大厂乡进行电网改造。为了保障茶农的收入,梁河分公司农网改造的投入是不计成本的。同样,大厂供电所也不断用实际行动,践行"万家灯火、南网情深"的服务理念,努力为促进茶农增收致富提供强有力的保障。树立企业优质服务形象的同时,极大推动了山区农村茶叶经济发展,有效带动了山区茶农的收入提升与致富,实现政府、企业、茶农的三赢。

云南电网公司考察

随着家电下乡政策的实施，农村用电负荷迅速增加，云南电网公司采取多项措施助推家电下乡活动：一是加快城农网工程和无电人口通电工程建设，超前规划、积极消除农村电网"卡脖子"问题，提高农村电网供电可靠性。二是增强主动服务意识，主动跟踪掌握当地农村居民购置"家电下乡"产品动态，根据客户需求做好上门服务，并组成"家电下乡"服务小分队，广泛走访农村居民用户，确保村民买回家电后能够即插即用。三是开辟农村用电服务"绿色通道"，开展明察暗访，为新农村建设添光加彩。为客户住宅用电报装增设绿色通道，用电优先办理，积极为农民室内线路的敷设提供技术指导，确保家电正常使用。同时开展明察暗访，加强行风建设。随着"家电下乡"的持续推进，云南省农村用电量增势明显。

【专栏8-3】
德宏市瑞昌农村电网积极助推"家电下乡"

2009年2月国家推行"家电下乡"优惠政策，激起了农民购买家用电器的热情，并由此带动了农村用电负荷的不断攀升。

为配合好这次"家电下乡"活动，德宏供电局瑞昌供电公司在此之前制定了一系列优质服务措施，广泛宣传"家电下乡"用电安全知识；成立"家电下乡"小红帽光明服务；与辖区各经营"家电下乡"产品的商场建立沟通联席制度；义务帮购置"家电下乡"产品需要增容的用户更换电表，6月，该公司肇陈中心供电所义务帮乐园600余名用户更换了大容量电表；提前对农村电网进行巡视、检修，排除隐患；结合农村电网完善化工程，计划投资1200万元对农村电网进行进一步的改造。

截至2009年7月，瑞昌财政部门累计已发放"家电下乡"农户补贴30余万元，瑞昌各乡镇场已有1600户农户购置了"家电下乡"产品，这里未包括已购置"家电下乡"产品但未及时到当地办理登记手续，或已办理登记手续但未按时领取相关补助部分的农户。

资料来源：云南电网公司。

第八章 农网建设与改造

第三节 无电人口通电

让所有人用上电、用好电，是社会主义新农村建设和小康社会建设的重要保障。改革开放30多年来，我国的经济社会取得了举世瞩目的成就，但是由于区域、产业结构的发展不平衡，我国的一些农村地区还没有享受到电力光明。这种情况下，国家制定了相关的扶持政策，指导电网企业承担社会责任，开展无电人口通电。

云南省少数民族众多，分散在各个地方，很多都是生活在农村地区，很长时间都没有享受到电力普遍服务。云南电网公司立足行业优势和自身实际，积极贯彻国家服务"三农"战略，大力解决农村无电人口用电问题，加快少数民族地区发展，服务社会主义新农村建设。

20世纪80年代，云南大电网已覆盖主要地州市，截至2012年底已覆盖所有州市，全省电力一张网已形成。在城乡电网建设与管理方面，1979年，全省消灭了无电县，实现了"县县通"。80年代后，云南在加快城市电网建设的同时，通过建设农村初级电气化县、实施"村村通电"工程、"省地联网"工程以及"两改一同价"等，促进了农村电网的快速发展，解决了2000万人的用电问题。到2000年底，完成了100%的乡通电，全省已建成76个农村初级电气化县和一个电气化州（德宏）。

2012年，为全面实现云南省无电地区无电人口"户户通电"目标，云南电网公司举全公司之力实施通电工程建设。公司战胜各种困难，于2012年10月30日提前两个月实现了全省"户户通电"目标，全年共解决了全省剩余81787户、约36万人无电人口通电，其中，金太阳工程解决了5826户无电人口通电。

表8-2 云南电网公司历年解决无电人口数量

时间	解决无电人口数量（万户）
2006年以前	4.02
2006年	3.00
2007年	4.90
2008年	8.08

续表

时间	解决无电人口数量（万户）
2009 年	8.70
2010 年	7.14
2011 年	5.68
2012 年	8.18

无电人口通电后，并不意味着供电工作的结束。作为一个负责任的供电企业，云南电网公司还持续加强这些地区输电线路及变电设备的排查，确保供电的持续安全可靠。由于这些区域大部分是条件比较艰苦、道路交通不便、气候相对比较恶劣的地方，因此，给供电企业的巡查和维护带来了更大的难度和挑战。

基于此，云南电网公司组织资源力量积极做好通电以后的维护工作，让光明永远伴随着这些地区的百姓。

第四节 农电基础管理

农电基础管理关系到农电发展建设。云南电网公司一直注重加强农电基础管理，努力为农网建设提供管理保障。

一、加强县级供电企业达标管理

公司按照南方电网公司的要求，组织公司专家、相关单位共同完成基础管理达标工作实效调研和达标考评办法修改完善的相关配合工作。2011年，公司以重点扶持一批条件较好的县公司率先达标为目标，着重关注突出硬指标，关注绩效提升，关注重点业务领域和重点工作单元，重点抓三条（安全、线损、工程管理三个核心业务条线）、三块（供电所、县调、项目部三个基层班组）。公司每个季度组织召开一次县级供电企业基础管理达标工作座谈会，协调相关专业部门，指导供电局以县公司达标创建工作为载体，推进专业业务一体化管理向县公司延伸，促进县公司专业业务与供电局对接并轨。

按照南方电网公司《县级供电企业基础管理达标考评管理办法》

(2010年修订版)的要求,公司编制下发了县级供电企业基础管理达标工作方案,并迅速启动、全面实施。规划明确了按照20%、40%和30%三年创建目标,2010年重点开展25家县级供电企业达标创优。确定了曲靖、大理、弥勒、峨山和呈贡5家县级供电企业作为标杆单位,建立公司相关领导及农电部领导挂钩联席机制,重点开展现场调研、检查分析和指导帮扶。各供电局和县级供电企业均按要求成立达标创优组织机构,建立工作机制,制定了达标创优工作计划和实施方案。完成对《县级供电企业基础管理达标优秀企业标准》(2010年修订版)的宣贯培训,开展对标自查找差距,部分供电局初步建成了一套达标创优资料体系。

2012年,根据南网公司的部署,公司组织完成了107家县级供电企业管理评价工作。积极思考、认真梳理、会议讨论、加强整改,确保了填报数据的规范性与合理性,并配合南网公司编写管理评价分析报表模板,分析模板编审和数据填报在南网五省区中率先得到确认。同时,培养了一批熟悉管理评价体系的管理人员。

【专栏8-4】
昆明供电局金所供电所规范化建设"2+2+1"模式

金所供电所位于国家级贫困县——云南昆明寻甸县,员工平均年龄40岁,学历以初、高中为主;在昆明供电局61个供电所中,管理水平位居中下游,客户投诉时有发生……这样一个基础薄弱的供电所,经过两年多的探索和努力,探索总结出了规范化建设"2+2+1"模式(即做好配网普查和营业普查两项基础工作,应用好生产管理和营销管理两个信息系统,规范供电所核心业务流程管理),显著提升了管理水平,得到了南方电网公司及各省公司的高度认可。

(一)配网普查+营业普查 信息准确率100%

2011年8月,金所供电所开始开展配网普查和营业普查,历时1年多,完全依靠自身力量完成了配网普查和营业普查。共采集35千伏线路17条,杆塔1225基,10千伏线路72条,杆塔31254基,配变2658台,0.4千伏低压线路杆塔91775基,每基杆塔、配电设备均采集了三张不同角度的现场照片录入系统,实现了0.4千伏至35千伏图纸全覆

云南电网公司考察

盖。共普查客户15.6万多户，核实数据量237万余项，建立了完整、准确的配网基础数据和客户档案，图实相符准确率达到了100%，客户信息完整率和准确率达到了100%，"站、线、变、户"对应关系准确率达到100%，全面完成了营配信息集成数据关联工作，确保站、线、变、户拓扑关系的准确性和唯一性。

（二）生产管理信息系统+营销管理信息系统　鼠标一点方便快捷

针对员工不会使用电脑等问题，寻甸供电公司金所供电所结合各岗位及系统各功能模块进行培训，一方面把对系统的掌握和应用作为员工能力评价的重要标准，同时也作为员工上岗的必备条件；另一方面，公司生产、营销核心业务全部从系统流转办理。自2011年开始，寻甸供电公司举办了23期系统应用培训班，供电所层面结合实际举办了368期培训班。目前，该公司所有员工都能熟练操作这两套系统。

金所供电所设备管理、线路巡视管理、缺陷管理、工作票管理等生产管理业务均在系统中严格按照流程办理。营销管理信息系统抄核收、业扩报装、报修服务、线损管理等主营业务功能模块在供电所得到全面有效的应用，电量、电费、线损"四分"管理等所有营销报表均从系统提取。

（三）规范核心业务流程　派活明白干活高效

金所供电所每个班组的办公室墙上都挂着一张业务流程图，图上各个岗位工作流程等信息清晰明了，让员工一看就懂。寻甸供电公司职能部门没有充当二传手，不是把上级的文件要求直接传给最基层的供电所，而是根据网、省公司各专业业务一体化管理的标准和要求，结合供电所的实际工作，对供电所的业务进行梳理，总结出了报修服务、低压业扩、供电所抄核收、计量装置故障处理、缺陷隐患处理、线损管理、巡视、营配数据更新8个流程，规范了供电所的所有工作，并通过流程上墙，让员工清楚自己工作流程和工作内容。同时，将供电所的所有业务全部纳入计划管理，通过对计划的下达、实施、检查、考核的全过程跟踪管理，对工作过程形成了有效的监督，实现了闭环管理。

资料来源：云南电网公司。

二、农电安全风险体系建设

云南电网公司通过强化管理和加大对农村电网大修技改的投入，在开展县级供电企业安全性评价的基础上，坚持"体系化、规范化、指标化"的整体思路，统筹推进安全风险管理体系，避免发生人身死亡事故、恶性误操作事故和重大电网设备事故，保证农村电网的安全平稳运行，并避免产生因低级电网的事故引起高级电网发生事故，建立安全生产长效机制。

2011年，公司确定了在32家县级供电企业首先建设安全生产风险管理体系，开展风险评估与控制，建立与应用体系文件。按照网公司一体化、专业化管理的要求，以安全生产风险管理体系建设为载体，积极推进安全管理向县级供电企业的延伸，明确了供电局是县级供电企业安全生产风险管理体系建设策划、管理和监督的主体，并明确供电局要将县级供电企业安全生产风险管理体系建设的工作范围同步组织、策划、培训、实施、监督、审核和评价。为做好各单位县级供电企业安全生产风险管理体系建设进度管控，确保石林等32家县级供电企业在2011年底开展风险评估与控制、应用由各供电局统一建设的体系文件，公司编制了《云南电网公司2011年县级供电企业安全生产风险管理体系建设情况统计表》，要求昆明等10家供电局根据实际开展情况填报。

2012年，公司按照县级供电企业安全生产风险管理体系建设与实施指南，编制2012~2020年体系建设规划，落实2012年体系建设计划，组织召开体系建设推进会，加强体系知识培训，完成了曲靖、石林、弥勒、新平等供电公司体系评级部分的专题调研和指导。

三、节能降耗管理

公司全面落实国家节能减排和低碳经济发展战略决策，加快农电系统节能降耗步伐，按照南方电网公司的相关要求，编制下发了公司县级供电企业"十二五"节能降耗规划、工作方案和农电线损"四分"管理工作意见。

2009年，公司提出将县级供电企业线损率全部降到15%以下的目标，并全面开展线损"四分"管理工作。为确保目标实现，在公司和供电局两个层面，分别建立了领导对口联系机制，下达指标、分解任务，重点对2008年线损率超过15%的12家县级供电企业开展现场调研与指导帮扶，

云南电网公司考察

帮助县级供电企业理清工作思路,制定落实措施,加强线损管理。

为切实降低线损,公司编制下发了《线损四分管理标准》和《云南电网公司农电线损"四分"管理工作意见》,指导县级供电企业认真落实公司农电线损"四分"管理工作意见,按照月度、年度开展线损分析和报告。针对线损异常的单位,督促查找原因,制定整改措施,加强整改。结合城农网工程规划、设计审查,注重技术经济比较,调整网络布局,缩短供电半径,减少迂回供电,更换高耗能变压器,增加无功补偿等措施降损。

同时,在管理上抓典型,召开农电线损管理工作会,统一认识、推广经验,全面部署以"五步法"推动线损"四分"管理,加强对供电所基础业务的指导,落实各项管理降损措施。定期开展公司、供电局、县级供电企业三级线损统计分析,编写分析报告,查找存在问题、制定解决措施,农电线损管理水平明显提升。

【专栏8-5】

线损管理"五步法"

云南电网公司深入调研分析,结合县级供电企业配网运行维护和营业抄收的特点,总结了线损管理"五步法",即:摸清网架、编制图表、条块结合;装表计量;定期分析、包产到户;责任分解、绩效考核;监督稽查、定期轮岗。

资料来源:云南电网公司。

结合城农网工程规划和设计审查,优化农网供电网络,改造老旧和"卡脖子"线路,提高供电能力,缩短供电半径,更换高耗能配电变压器,增加无功补偿,从优化供电方式和提高设备标准上促进了农网线损下降。

公司十分重视农村能源建设,开展了以沼气为主,秸秆气化、微型水电、太阳能等多能互补的可再生能源建设。截至2012年底,云南省204万农户、800多万农民用上了此类可再生能源,年可节约511万吨薪柴,相当于每年为全省农村增加73.49万吨标准煤的优质能源,年提供613万吨以上的优质有机肥。云南农村电源电网的建设,电力供应量的增加,以及农村可再生能源的发展,给云南新农村建设注入了强劲动力,为云南解决"三农"问题提供了良好能源环境。

四、农电信息化建设

农电信息化建设关系到农网建设的程度,也关系到供电服务情况。云南电网公司在农电管理业务的巨大需求与农电信息化管理手段落后的矛盾日益突出的情况下,加大信息化建设投入,增强了管理信息系统的建设规模,不断提高农电信息化建设水平。

积极开展生产管理信息系统建设,2012年,云南电网公司对县级供电企业进行基础数据、变电设备数据入库和基础管理达标创优企业的10千伏配电线路现场数据采集。各县级供电企业生产MIS系统变电模块和GIS系统配电功能计划年内上线运行。按照农电一体化、信息化管理要求,在楚雄市供电有限公司试点,依托营销PMS系统完成了线损管理系统开发,为线损"四分"管理数据的统计、分析提供支持和保障。

2011年,公司根据南方电网公司信息化登高计划和县公司基础管理达标创建的要求,全面落实生产管理信息系统建设,并完成了实用化验收工作。每月组织召开一次县级供电企业生产管理信息系统、营销线损"四分"管理模块协调会,及时协调解决系统建设过程中存在的问题。

五、农电工队伍建设

云南电网公司积极构建和谐稳定的劳动关系,逐步规范县级供电企业的劳动用工和劳动工资管理,完成了农电工岗位及用工统计工作。重视农电工队伍建设和人才培养,不断加强农电工培训及考核。

【专栏8-6】
红河供电局红河供电分公司为农电工"充电"忙

为进一步提高农电队伍综合素质,加强农电队伍建设,2012年,红河供电局红河供电公司分批分期举办各种业务培训,为6个供电所7个营业点的农电工"充电"。课程涵盖业扩报装、抄核收管理、优质服务、安全知识、安全工器具使用与维护、线路巡视、防攀爬、触电急救方法、配电作业等安全生产相关知识。

为确保本次培训工作取得实效,公司提前策划,结合当前形势,从农电工的实际情况和自身特点出发,认真组织落实培训的各项准备工作，合理安排课程，由营销、生技、安监等专业部门的业务骨干负责授课和现场实践指导。采取实例讲解、课堂答疑、座谈讨论等方式，将理论知识生动化、形象化、具体化，运用通俗易懂的语言进行讲解，有效促进了农电工的学习兴趣和积极性。

资料来源：云南电网公司。

第九章 国际化发展

云南地处中国西南边陲，与多个国家接壤，是连接东南亚与南亚国家的陆路交通枢纽，得天独厚的地理位置及丰富的自然资源使其在国际电力合作中具有天然的优势和发展潜力。如今，在中国国家政策的支持下，云南已经发展成为中国对外开放的重要门户，是西南地区重要的经济增长极。云南电网公司发挥自身优势，为国家建立周边大通道，实现与周边国家电网的互联互通，成为第一个"走出去"的省级电网公司。公司开创多种全新合作模式，推进大湄公河次区域合作，在国际化发展中取得了良好的成绩，成为中国电网企业探索国际化发展的先驱。

第一节 国际业务发展

云南电网公司结合自身业务发展特点，发挥资源与地理优势，抓住东南亚电力合作机遇，明确自身在国际化发展方面的定位。积极参与大湄公河次区域的电力合作和能源通道建设，拓展大湄公河次区域的电网建设和运营业务，服务国家能源安全战略，支持"桥头堡"建设，成为中国电网"走出去"的排头兵。

一、区位资源优势

云南省西面接壤缅甸，南面毗邻老挝、越南，国境线长达4060公里。全省有25个县（市）与缅甸、老挝、越南三国毗邻，自古以来就是中国通向东南亚、南亚的门户和"桥头堡"，战略地位十分重要。2011年5月，中国对"桥头堡"建设的部署进入全面实施阶段，正式出台《国务院关于支持云南省加快建设面向西南开放重要桥头堡的意见》（以下简称

《意见》)。《意见》中将云南战略定位为:"我国向西南开放的重要门户。加快外接东南亚、南亚,内连西南及东中部腹地的综合交通体系、能源管网、物流通道和通信设施建设,构筑陆上大通道。我国沿边开放的试验区和西部地区实施'走出去'战略的先行区。在对外经贸合作、对外文化交流、通关便利化等方面先行先试,深化大湄公河次区域合作,加强与东南亚、南亚合作。"

《意见》也对能源体系发展进行了具体规划:"建设安全稳定经济清洁的能源保障体系。建设以水电为主的绿色能源基地……统筹考虑云南和邻近区域电源建设,加强西电东送通道和骨干电网建设,拓展电力输送通道,建设跨区域电力交换枢纽。"明确把电网作为通道建设的一项重要内容并要求统筹考虑云南和邻近区域电源建设,加强电网建设,拓展电力外送通道,建设跨区域电力交换枢纽。

桥头堡建设为云南电网公司的持续快速发展提供了宝贵的机遇,也提出了较高的开展对外贸易的标准与要求,为公司进一步扩大对外电力经贸合作提供了明确的指引和有力的政策支持。

云南地形地貌复杂,气候多样,季风气候特征和立体气候类型极为明显,境内高山深谷纵横交错,自然资源十分丰富,河川湖泊纵横,分属澜沧江、金沙江、怒江、红河、珠江、伊洛瓦底江六大水系,散布于600余条河流、40多个天然湖泊,素有"亚洲水塔"之称。全省水电资源蕴藏量达1.04亿千瓦,可开发装机容量9795万千瓦,居全国第二。此外,云南的太阳能、风能、地热能等资源也十分丰富,开发利用前景广阔,仅风电资源开发容量就达3300万千瓦以上。

云南有利的区位优势和丰富的电力资源,为公司"走出去"架设国际化区域电网,促进大湄公河区域电力资源优化配置提供了良好的基础条件,也为公司培育区域电力市场,构建国际营销体系和目标市场,探索国内电力企业进军东南亚与南亚电力市场途径提供有力的支持。

二、开展国际业务

云南电网公司配合云南"桥头堡"建设,发挥自身优势,积极开展国际业务,不仅作为"桥头堡"建设的践行者为云南发展做出贡献,也为其他行业的发展提供必要的资源支持。

（一）成立"桥头堡"专业工作小组

2002年8月28日云南电力集团有限公司（云南电网公司前身）召开"走出去"战略研讨会，探讨公司在未来10年内建立中国—东盟自由贸易区的国际环境下，如何凭借集团公司的优势和实力在东南亚地区，特别是在湄公河次区域六国和地区（缅甸、老挝、越南、泰国和柬埔寨、中国云南）巨大的新兴市场中实施"走出去"战略。

为积极支持云南"桥头堡"建设，云南电网公司一方面组织中层以上干部集体学桥头堡建设文件和省领导讲话精神，及时向网公司和省委、省政府及相关部门专题汇报工作开展情况，沟通调整配合全省"桥头堡"建设工作；另一方面成立7个"桥头堡"专业工作小组，对支持桥头堡建设情况向南网公司做专题汇报，并结合云南电网"十二五"及中长期规划工作，分别开展有关专题研究工作。

（二）国际业务融入"十二五"规划

根据桥头堡建设的新任务和新要求，云南电网公司通过与相关部门沟通，了解摸清相关经济发展规划及产业布局变化情况，估算云南电力负荷需求，并结合云南和邻近省区电源建设以及周边国家电源开发进度以及公司投资承载能力，优化调整云南电网"十二五"（2011~2015）中长期发展规划及公司"十二五"综合计划。

公司组织开展的《云南电网"十二五"系统设计（一次部分）》、《云南电网各州市"十二五"配电网规划（修编）》、《云南电网"十二五"二次系统规划》、《云南电网新能源规划》、《云南电网"十二五"专题规划》等工作对云南省扩大的电力需求进行支持，融入承接南方电网公司国际化发展战略的计划，提出云南电网公司国际业务发展的子战略。在加强主网延伸的同时，提高电网配置效率，为云南省"十二五"建设提供基础资源支持。

同时，云南电网公司承接南方电网公司的总体规划，制定公司国际化发展定位与目标：积极推进新能源开发利用和能源国际合作。加快风能、太阳能、生物质能等清洁能源的开发和利用，推进高原风电场、太阳能发电示范工程、生物质能发电项目、生物柴油加工项目、非粮生物燃料乙醇加工项目、生物固体成型燃料项目建设。加强新能源技术推广及装备制造业的发展。鼓励企业"走出去"，加强境外水电合作开发。积极推动设立

云南电网公司考察

大湄公河次区域电力协调中心,参与并强化大湄公河次区域电力交易平台建设,完善电力交易长效机制,落实次区域电力交易协议;发展替代种植和生物质能原料种植基地。

(三)建设绿色能源基地

《关于支持云南省加快建设面向西南开放重要桥头堡的意见》中明确要把云南建设成为以水电为主的绿色能源基地。充裕的水电资源、丰富的太阳能及风能资源、强大的西电东送平台,为云南电网公司进一步推进云南电力外送,发展清洁能源,促进低碳经济发展创造了极其有利的条件。

云南桥头堡建设提升了云南在全国开放格局中的地位,云南电网不仅是云南"桥头堡"建设的主要参与者,更承担着为其他产业的发展提供基础能源支持的重要责任。云南电网工作的顺利进行对本地区以及区域经济发展具有重要的意义。

【专栏9-1】
支持瑞丽地区积极开展桥头堡黄金口岸建设工作

2011年5月30日,云南省委、省政府在瑞丽隆重举行了"云南省加快建设向西南开放重要'桥头堡'动员大会",推动云南国际化发展的进程。

云南电网公司配合当地开发的需要,组织相关部门及工作人员,开展专题调研工作,制定工作思路和工作目标。追加专项投资,提升配电网性能,有效缓解配网局部"瓶颈"问题,为云南省全面开展桥头堡工作提供坚强的电力支持。

为贯彻落实云南省桥头堡建设要求,加大对瑞丽国家重点开发开放试验区电网的投资力度和管理力度,2011年,公司报请南方电网公司成立瑞丽供电局,进一步改革瑞丽电力管理体制,有效整合和利用现有资源,迅速提升电网装备水平和供电保障能力,满足瑞丽经济社会发展对电力的需求。"十二五"期间,公司将投资9亿元加强瑞丽电网建设。

资料来源:云南电网公司。

第九章 国际化发展

第二节 国际合作项目

云南电网公司充分发挥云南省地理和资源优势，抓住云南桥头堡建设机遇，与大湄公河次区域各国之间开展电力合作，初步形成了区域电力交换平台。自2004年成功实施对越送电以来，公司已形成对越送电、向缅甸进口电力、向老挝北部送电三大跨境电力贸易板块，公司作为区域电力交换平台的地位逐步提高，资源优化配置的效益逐渐显现。

公司为推进国际化发展，积极开展各项工作，将云南电网规划与南方电网规划以及大湄公河次区域电力发展总体规划相衔接；建立与大湄公河次区域有关政府部门和企业的常态联系，并努力建立与政府部门的沟通渠道；建立国际合作信息管理体系；建立涉外项目风险管控体系；以开展老挝北部电网总承包工程为契机，推进境外工程承包业务的开展，实现互利共赢；推进大湄公河次区域国际电网互联，加快中老、中越、中缅联网项目建设进程。

随着外经贸业务的拓展，云南电网公司与周边国家电力企业建立了良好的合作关系，电力作为云南省对外贸易的"第四大通道"，发挥着越来越重要的作用。

一、中越电力合作

2003年初，经过公司与越方的沟通与协调，签署中越电力合作框架协议，正式确定双方电力合作关系。自2004年9月25日起，云南电网从河口向越南老街110千伏送电项目正式投产，我国电力企业首次以高电压等级大规模向国外送电。截至2012年底，公司形成了3回220千伏、3回110千伏线路向越南北部送电的格局，累计向越南送电约223.33亿千瓦时，如图9-1所示。

云南电网公司在对越送电中积累了大量对外贸易的经验，为之后与其他国家顺利合作提供了范本。云南电网公司通过协调与管理，有效推进了双方的合作，确保电力出口业务有序开展。

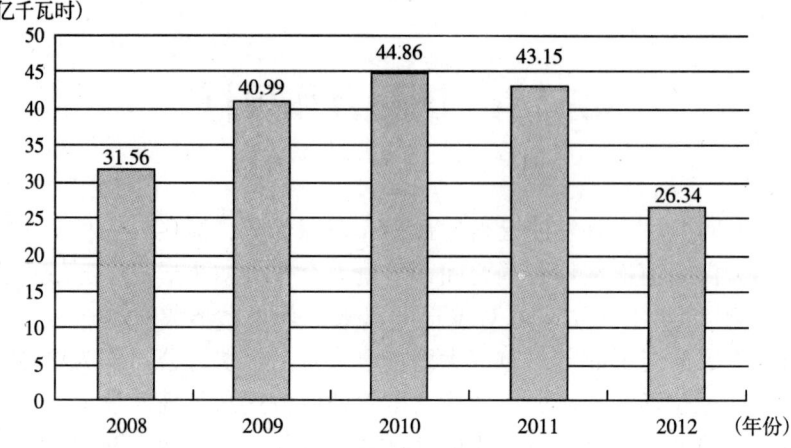

图9-1 云南电网公司对越南送电量变化情况

资料来源：历年《云南电网公司社会责任报告》。

（一）计划管理

云南电网公司通过加强与昆明海关、省外汇管理局、省商务厅、省国税局等政府部门的沟通协调，理顺了对越送电各通道抄表、结算、报关、收汇、核销、出口退税等环节的工作，提高了办事效率。2009年，公司与海关、中国电子口岸数据中心等单位达成协议，成为云南省首个在网上缴纳进口增值税的企业。公司落实与越方签订的联网送电过程中对越方进行负荷预测准确率考核的补充合同，加强对越送电的计划管理工作，对超出或少于计划的电量罚金进行规定，保证根据电力需求稳定电力输送。

（二）协商电价

自2005年人民币汇率改革以来，人民币对美元持续升值，使公司对越送电效益受到影响，金融危机在全球范围内蔓延对中国实体经济的影响不断显现，电力供求形势及中国的对外贸易形势均发生了巨大变化。在保证交易电量稳定、强化联网安全运行管理的同时，自2008年底以来，云南电网公司依据对越送电合同与越方就电价问题进行多轮谈判，于2009年5月7日双方在河内签署补充合同明确第一次电价调整，并根据国际标准与双方具体情况，于2011年5月6日在昆明正式签署了中越联网工程第二商业运行阶段购电协议。电价调整既维护了公司经济权益，也为中越双方长期友好合作奠定基础。

在谈判过程中,公司对越送电谈判小组成员进行信息收集分析、合同谈判、会议纪要及合同文本修改完善等工作,对有关合同条款的执行进行明确和细化,规范越送电工作的同时,为其他电力进出口贸易提供参考。

(三) 小中河项目

越南小中河水电站是云南电网公司继成功实施对越送电之后,与越方在电源开发领域携手合作的重点项目,也是越南水电建设领域第一个合资开发的国际项目,得到了中国与越南各界的高度重视。项目自2008年3月正式开工以来,中越双方精诚合作、密切配合,克服重重困难将大坝填筑在汛期前抢到了1557米高程,实现了2010年大坝能抵御50年一遇的防洪标准的初步成果。

从2009年起,越南出现经济危机、越南盾持续贬值的经济形势,越南经济形势出现较大动荡,本币大幅贬值、物价飞涨、银根紧缩,对小中河项目的建设施工进度造成了严重影响:工程建设成本大幅增加,越南开发银行老街分行对小中河项目已经完工的工程量不能按期结算支付给承包商,致使工程建设资金链多次断裂,影响工程的全面推进,造成发电目标工期拖延,防洪度汛安全问题非常严峻。

针对越南小中河项目建设中存在的融资、结算、工期滞后等问题,云南电网公司积极发挥投资方"协调、服务、敦促、指导、监督"等管理职能,进行了以下几个方面的工作,保证小中河项目的顺利开展:

(1)办理完成公司对越中电力投资有限公司的全部注资工作,为项目后续贷款提供担保。

(2)协调由业主、中水三局和监理三方联合组成施工结算工作组并加强与越南贷款银行的沟通,积极推进工程款结算工作,促成中水三局理顺生产组织关系,加大现场技术、设备、人员和财力投入,通过现场踏勘、咨询相关专家、与中南院设计人员共同研究,对引水隧洞、压力钢管走线及施工方法、厂房边坡开挖等方面的问题提出设计优化方案。

(3)积极与中国多家银行联系解决项目缺口资金的后续贷款问题,协助推进工程建设。

经过各方的努力,小中河水电站于2012年5月28日下闸蓄水,10月27日压力钢管水压试验全面完成,第一台和第二台机组分别于11月28

日和 12 月 21 日顺利并网发电。

(四) 风险防范

云南电网公司从信息分析、资产风险管理及安全方面入手，预防贸易风险，确保对越送电稳定性。

云南电网公司通过对越南电力市场信息的整理和收集，根据每月对越送电执行情况，针对电量、电费、电价、负荷率、负荷预测准确率及合同执行中的问题和建议等内容，进行扎实认真的分析工作，并形成分析报告。通过了解并掌握越南电力市场动态提供第一手资料，搭建双方合同执行和谈判的信息平台。

云南电网公司自 2010 年下半年开始对金融结算工具的更新，确保了对外贸易中的效益提高。公司外经贸专业人员经过测算比较，云南电网公司与越南签订合同时选择的金融工具对降低汇率损失的效果不理想。通过对相关金融产品的长期研究比较，经公司外经贸专业人员与银行专业人员研讨后，针对公司对越送电业务特点，制定电费保理业务方案，将人民币升值造成的美元汇兑损失变为了汇兑收益，实施后效益明显，有效降低了对越送电业务的汇率损失，推动了对越送电业务的精益化发展。另外，公司结合目前国家开展的人民币跨境贸易结算业务，积极与合作伙伴商讨人民币结算事宜，争取在电力贸易中尽可能多的采取人民币计价和结算，从而在一定程度上规避汇率波动带来的风险和损失。

在确保对越送电安全方面，除了云南电网公司正常供电中的安全规定，特别制定《云南电网公司与越南电力集团送电线路运行维护导则》，通过与越方开展定期和不定期会晤，及时对越送电中存在的问题进行沟通交流，进一步加强对越送电线路的安全管理和技术措施。迄今为止，没有发生因云南电网公司方面原因导致的越方大面积停电事故，确保了对越送电安全。

二、中缅电力合作

随着缅甸优势水电资源开发进展的不断加快，云南电网公司向缅甸购电规模不断扩大，从由瑞丽江电站购电到太平江电站购售电，再到达贡山镍矿电力供应，云南电力资源优化配置的成效逐步显现。云南电网从缅甸进口电力规模的不断扩大标志着云南电网电力贸易合作从单纯的电力出口逐步发展为电力进出口并重,迈出了区域电力资源优化配置和区域电力市场培育的重要一步。

自 2008 年 12 月起至 2012 年底,公司自缅甸瑞丽江电站累计购电电量为 60.85 亿千瓦时,如图 9-2 所示。

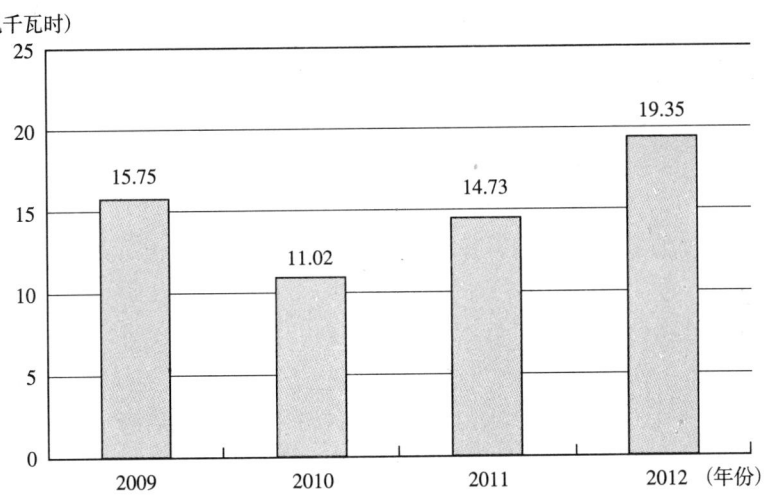

图 9-2　云南电网公司向缅甸购电量变化情况

资料来源:《云南电网公司社会责任报告》。

（一）购售电合作

2008 年 12 月 30 日,云南电网公司与瑞丽江一级电站合资公司签订了购售电合同,瑞丽江一级水电站于 2008 年 12 月第一台机组向中国国内送电。2009 年 3 月,由中国企业联合投资开发的缅甸瑞丽江一级水电站 6 台机组全部投运,3 台机组向缅甸电网送电,3 台机组向云南电网送电。

2010 年 8 月 26 日,缅甸太平江一级水电站正式并入云南电网。500 千伏太平江一级至大盈江四级线路（简称 500 千伏平—四线）跨越云南与缅甸,这条线路是云南电网公司首条同时购售电力的线路。

（二）直供电项目

达贡山镍矿是缅甸的重要工业基地,云南电网公司根据当地用电情况,积极推动开展首个境外大客户直供电项目。达贡山镍矿电力供应采取云南电网公司和缅甸瑞丽江电站联合向达贡山镍矿供电的模式。在具体操作中,贸易模式的确定,外汇的收支、核销以及海关的监管方式等对于云南电网公司都是一次全新的尝试,开创了云南电网公司对外合作的新模式。

三、中老电力合作

老挝能源资源丰富,地理位置优越,是唯一与所有次区域国家都接壤并与云南省电网相连的国家。云南电网公司配合南方电网公司同老挝开展了多个项目的合作,各项目由于涉及合作范围较广,需要做大量的前期工作以及双方的交流协调。2010年6月16日,在中老两国领导人的见证下,南方电网公司与老挝政府签署《关于投资建设老挝电网的谅解备忘录》(MOU)。老挝国家电网项目是南方电网公司实施"走出去"战略的重大突破,具有十分重要的战略意义。南方电网公司将老挝国家电网项目工作小组设在云南电网公司,由其负责组织、策划,定期召开工作组会议,研究推进项目各项工作。

自2009年12月6日至2012年底,115千伏勐腊—那磨线对老送电累计电量为2.30亿千瓦时,如图9-3所示。

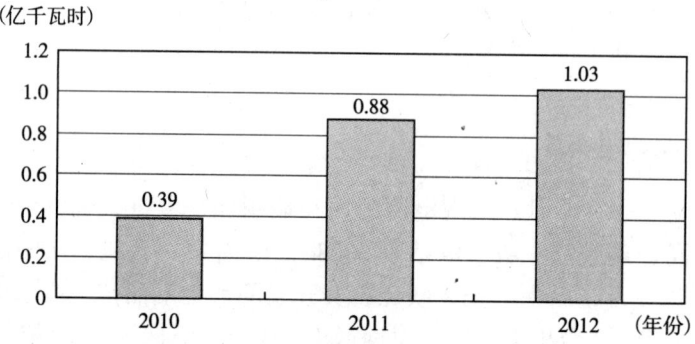

图9-3 云南电网公司对老挝送电量变化情况
资料来源:《云南电网公司社会责任报告》。

(一)北部地区供电

云南电网公司高度重视与老挝的电力合作,于2007年与老挝国家电力公司共同启动了115千伏中国云南向老挝北部地区供电项目。云南电网公司与老挝国家电力公司就建设115千伏勐腊(中国)—那磨(老挝)联网供电项目达成了共识，并于 2009 年 9 月 16 日在昆明顺利签署购售电协议。2009 年 12 月 6 日，110 千伏勐腊—那磨线正式投产送电，向老挝北部南塔、乌多姆塞两省供电，2010 年 5 月，老挝国家电力公司根据老挝北部经济发展和负荷增长需要，向公司申请在现有基础上将对老挝供电范围延伸扩大至琅勃拉邦、沙耶武里两省，同时 115 千伏勐腊—那磨线路月度最高负荷增至 30 兆瓦，月平均电量增至 1200 万千瓦时。

（二）总承包工程（EPC）

老挝北部 115 千伏送电项目是公司在大湄公河次区域（GMS）国家电网建设对外经济项目中的第一个工程总承包（EPC）项目。2008 年 12 月正式签署 EPC 合同，2009 年 5 月 15 日，工程正式开工。全部工程于 2009 年 12 月 6 日正式投运，较合同要求提前了约 4 个月。

此外，2009 年 6 月，公司所属送变电工程公司又与老方签署了老挝丰沙里省农村电气化项目总承包（EPC）合同。2012 年 12 月 21 日，公司与老挝电力公司（EDL）就老挝北部电网项目工程总承包（EPC）合同达成一致并签署了协议。云南电网公司境外电力工程承包市场进一步拓宽，公司参与国际工程承包的竞争力不断增强。

截至 2012 年，除泰国外，东南亚地区五国均未建成国家主干电网，且东南亚发电投资市场的潜力巨大，虽然已有多家海内外企业进入东南亚电力市场，从比较优势上看，公司在此市场仍具有独特优势。目前，中国出口电力主要面向越南，进口电力主要来自缅甸。未来预计，中国对越南的电力出口将保持稳定，对老挝及缅甸的电力进口业务均会进一步增加。

云南电网公司通过对越送电、向缅购电以及同老挝合作项目的实施，在开展跨境电力贸易业务领域积累了很多宝贵的、开创性的经验。云南电网公司积极探索通过扩大跨境电力贸易合作的对象及区域，开展更加多元化的合作模式，使云南电网所具备的各种独特优势从"潜力"真正转化为云南电网发展的强大助力，使云南电网真正具备调配资源、服务多个市场的实力，为建设大湄公河次区域经济发展区奠定了合作基础。

第三节 国际交流合作

云南电网公司根据发展国际业务及提高行业专业技能的需要，配合南方电网公司国际部开展外事工作，不断提高外事管理水平和服务能力，为公司实施"走出去"战略提供管理支持，同时通过交流与培训活动，培养了大量的国际化人才，提高了云南电网公司对外合作的综合能力。

一、开展国际技术交流

近年来，公司组织领导及相关人员先后赴法国、日本、英国、美国、新加坡等国家访问世界知名电力企业，建立了良好的交流合作关系；赴越南、老挝等大湄公河次区域国家，及时协调解决境外项目中出现的问题与困难，促进项目的开展进度。

为推动公司与周边国家电力联网贸易与合作，营造公司对外业务合作的良好氛围，云南电网公司近年来接待来自越南、缅甸、老挝以及芬兰等多国多批代表团。顺利开展相关合作问题的商谈，促进同其他国家关于新技术的交流，树立了中国电力企业的良好国际形象。

二、国际业务技术培训

云南电网公司国际业务拓展需要大量掌握坚实专业基础的技术人才和国际交流人才，公司通过开展多种形式的对外技术交流、考察，组织涉外研究与培训，提高员工的专业技能，培养员工对外沟通能力与经验。

云南电网公司拓展更高层次的国际交流与人才培养渠道，建立高级人员培训机制，与法国、日本、英国、美国、新加坡、韩国等电力企业在电力规划、电力市场设计与运作、物资采购、工程招投标、财务预算管理、项目投资风险管控等方面开展培训合作。

在组织员工出国交流培训的同时，云南电网公司也与学校及专家合作，开展对外经贸业务相关的专业研究与培训。2009年，云南电网公司积极利用云南当地科研资源开展有关次区域政策研究，并取得了良好的效果。2010年，公司与云南大学东南亚研究所合作开展了《云网"走出去"

的机遇挑战与对策》的专题研究。公司结合我国及周边国家应对经济危机的措施及危机的发展趋势，分析"走出去"所面临的新形势、新问题及由此给云南电网公司带来的新挑战、新机遇，提出在当前特殊时期加快"走出去"的具体策略和措施，为公司外经贸业务提供指导。公司连续多年邀请相关专家对员工进行国际商务、国际交流、境外项目管理等方面的专业培训。

【专栏9-2】

扩展分享交流培训经验

云南电网公司连续多年举办因公出访成果分享会，把先进的电力信息和管理经验送到一线，加强公司因公出访成果分享推广力度，使一线基层单位真正受益并有效应用到实际工作中。

2011年3~4月，分6个场次，开展多次专题宣讲，分享内容包括法国输电网公司调度管理、法国配电网运营管理、新加坡新能源公司营销服务及城市应急体系建设、新加坡新能源公司及香港中华电力高压电缆设计施工、韩国配网运营管理及城市电网规划建设等。

2012年4月，开展多次专题宣讲，分享日本、韩国营销差异化培训和日本配网运营管理、带电检测及应急体系建设培训成果，传播美国和加拿大实时优化调度和意大利电网智能调度技术支持系统考察经验。

资料来源：云南电网公司。

下 篇　管理支撑篇

　　管理支撑篇主要介绍云南电网公司为了保障电网的高效运行，从安全管理、科技与信息化、组织与资源保障等方面提供全面的保障支撑。

　　安全管理一章主要从管理的角度阐述公司的责任实践，其中不涉及电网建设、规划中的安全举措。

　　科技与信息化也是云南电网公司做得比较好的领域，同时也是电网发展的重要支撑。

　　组织与资源保障体系主要包括组织文化、人、财、物等各个方面，这些都是企业可持续发展的基础，也是公司社会责任实践过程中必不可少的。

第十章 安全管理

安全生产是电网企业运营的生命线，关系到千家万户，与每个人都息息相关，涉及国家的经济发展和人民生活的长治久安。由于行业的特殊性和复杂性，电网的安全生产具有与其他安全不同的特点和要求。保障电网的安全稳定运行，是电网企业最本质的责任。

作为关系国民经济命脉的公用事业企业和电力能源企业，云南电网公司在社会责任框架中明确了："为经济社会可持续发展提供安全、稳定、可靠、优质的电力保障，是公司的核心责任；在重大突发自然灾害面前，维护公共安全和公众利益，是公司的政治责任"，并将"安全铸就永恒，健康编织幸福"工程作为未来5年社会责任五大重点工程之一。近年来，云南电网公司凭借良好的安全管理，经历了缺煤少水、电力供需形势多变、电网结构薄弱、城农网建设与改造全面启动、自然灾害频发等诸多考验，保障了电网安全稳定运行和电力持续可靠供应。

云南电网公司一直秉持"安全第一，预防为主，综合治理"的方针，致力于安全长效机制的建设。从2008年1月开始，按照南方电网公司安全生产工作"体系化、规范化、指标化、信息化"的要求，云南电网公司形成了以"三体系一机制"（安全生产风险管理体系、应急管理体系、安全监察体系、安全生产责任传递机制）为核心的，集事前预防、事中应对、事后问责为一体的安全管理模式。公司创建了具有公司特色的安全生产风险管理体系；构建起了多种资源统一整合、统一联动的应急管理体系；重视安全监察系统在生产过程中的监管作用，形成以组织机构、制度体系和人才队伍为基础构建四级安全监管网络。加强以"一切事故都可以预防"为核心理念的安全子文化建设，提高全体员工的风险意识和责任意识，在公司内部形成了支持与促进安全生产工作的思想基础和舆论氛围。云南电网公司遵循电力生产的客观规律，通过落实安全生产责任制，建立健全安全生产管理的组织体系和保障体系，加强员工安全思想教育，使公司安全生产管理水平得到很大提升。

第一节 安全生产风险管理

安全生产风险管理是国际上通用的先进管理思想和方法。南方电网经过多年的探索研究，形成了成熟的、体系化的安全生产风险管理模式，对提升电网安全管理水平起到了重要作用。随着公司转型的需要，在各个领域推行安全生产风险管理的方法，保持体系的先进性与科学性，是持续提升公司安全管理水平的有效途径之一。

云南电网公司按照南方电网公司要求，结合自身的实践经验，探索创建出了具有自主知识产权的、基于风险管理、涵盖电网生产各环节、实用、可操作的安全生产风险管理体系。体系通过对工作中可能存在的风险等进行系统的、有针对性的管控，实现系统防范风险，将安全关口前移，推动公司系统安全生产管理向科学化、规范化和体系化方向发展。

一、安全生产风险管理体系

安全生产风险管理体系是云南电网公司是在南方电网的要求下，在借鉴国际先进管理体系思想的基础上，紧密结合电网企业安全生产实际，研究建立的基于风险、具有公司特色、涵盖电力生产各环节、可操作性强的管理体系。体系为电力安全生产过程中的风险控制提出了一整套的管理内容与方法。安全生产风险管理体系是风险管理的核心内容。云南电网安全生产风险管理体系从风险控制出发，提出一套安全生产管理的模式和方法，解决电力企业安全生产过程中"管什么、怎么管、做什么、怎么做"的问题。

（一）安全生产风险管理体系建设历程

云南电网公司经过多年与实践，形成了具有企业特色的安全生产风险管理体系（见表10-1）。

表 10-1 安全生产风险管理体系建设历程

年份	具体实践
2007	公司按照南方电网的要求，开始探索安全生产风险管理体系建设。首先，以"管用、有用、适用"为原则，对近年来制定的多制度进行清理，绘制了多个业务工作流程图，完成了多个管理标准的套改和多项管理制度的修编，整合和优化了安全监督制度体系
2011	公司落实中长期发展战略，制定安全风险管理体系建设规划：通过对标分析，确定了公司安全风险管理体系建设目标要与鼓励创先结合、与实际管理基础结合、与动态管理结合的"三原则"
2012	根据公司中长期发展子战略、各单位体系绩效现状及提升幅度，公司综合分析并修订了各单位 2012~2020 年体系建设目标规划，发挥规划驱动作用，督促各单位按计划平稳有序开展体系建设和应用。按公司要求完成子战略相关部分行动计划的编制

（二）安全生产风险管理体系特点

云南省电网公司创建的安全风险管理体系是在公司安全生产实际的基础上形成的，具有自身的管理和技术特点（见表 10-2）。

表 10-2 安全生产风险管理体系特点

特点类型		特点内涵
技术特点	以风险控制为导向	强调事前的分析与控制，体系中的任何一个管理要求都是针对特定要素的风险而设计，识别管理与现场所需做的工作，指明管理方向与要求，控制损失
	以 PDCA 闭环管理为原则	强调工作的计划性和有效性，体系在内容编排上就以 PDCA 闭环管理原则进行布局，要求在实际工作中的各项工作都要做好 PDCA 各个环节工作
	以风险评估与控制为手段	超前控制干预，将安全防范关口前移，体系要求实施风险分析与评估，全面识别电网、设备与作业过程风险，通过事先采取控制措施，使事故消灭在萌芽状态，达到主动、超前控制，实现安全防范关口前移，充分体现"安全第一、预防为主、综合治理"方针的要求
	以持续改进为目标	不断提高电网安全生产的绩效，持续改进是强化安全生产管理，实现整体绩效改进的过程。体系从要素本身就要求对各项工作进行回顾和改进，并定期开展审核，以系统地发现和改进问题，实现持续改进
管理特点	把国家法律法规融入企业可执行的规章制度	以系统化的思维方式和工作模式，把国家安全生产的方针政策全面系统地融入到企业的制度、流程和标准中，使国家要求变成企业可操作的标准
	以风险控制为主线，提出系统化的管理内容	体系依据电网企业安全生产活动中涉及的风险，确定安全生产过程中管理对象，并以要素形成加以明确，解决安全生产"管什么"的问题

续表

特点类型	特点内涵
以 PDCA 闭环管理的原则，提出规范化管理要求与方法	体系各要素的管理内容实现 PDCA 闭环管理，提出 PDCA 各环节具体的管理要求与方法，解决安全生产"怎么管"的问题
系统化、规范化为管理思想，强调管理工作的系统性、管理过程的规范性	体系的管理内容涉及安全生产的各个环节，从横向与纵向形成一系列链条式的闭环控制
结合电网实际，实现体系管理本土化和专业化	体系在充分借鉴国际上先进管理体系内容与管理理念和方法的基础上，密切结合电网企业传统的经验和做法，突出设备、电网运行安全风险管理，显现专业化水平
在具体操作中注重方法研究、提炼和总结，实现管理、作业的标准化和规范化	建立并应用风险评估标准与方法，为全面识别和控制风险提供技术支持。自上而下，系统的建立一体化制度和一整套的管理与作业标准、表单，让基层在一项任务只执行一个操作文件和一套记录表格，确保管理落地

（三）安全生产风险管理体系内容

云南电网公司安全生产风险管理体系共 9 个管理单元，49 个管理要素，157 个管理节点，561 条管理子标准。9 个管理单元包含安全管理，危害辨识与风险评估，应急与事故/事件管理，作业环境，生产用具，生产管理、职业健康系统，能力要求与培训，检查、审核与改进，9 个管理单元的内容覆盖电网安全生产的全过程如表 10-3 所示。

表 10-3 安全生产风险管理体系内容

管理单元	管理要素	管理要求
安全管理	安全生产方针、安全生产责任制、安全生产法律法规与其他要求、安全生产目标与指标、安全生产会议、安全管理机构与人员配置、安全生产文件与数据的控制与管理、流程与变化管理、安全生产信息沟通、供应商与承包商管理、安全科技、工余安健环	要求企业对安全生产风险管理投入足够的时间、精力和资源，为企业安全管理提供组织保障。围绕安全生产方针提出的目标及努力方向，对责任、法律法规/规章制度、目标/指标、资源（机构/人员）、管理措施、自我改进以及与企业活动有关的相关方（如采购、承包商等）提出管理要求，并倡导关注工余安健环
危害辨识与风险评估	危害辨识与风险评估总体原则、电网风险评估、设备风险评估、作业风险评估、环境与职业健康风险评估	要求企业全面、持续、动态地识别和评估企业安全生产过程中风险，制定风险控制，实现风险的超前控制。提出风险评估与控制管理的总体要求与方法，阐述电网、设备、作业、环境与职业健康的危害识别和风险评估实施要求与操作方法，规定风险概述建立和风险评估结果应用的管理要求

续表

管理单元	管理要素	管理要求
应急与事故/事件管理	应急管理、事故/事件管理	要求企业认定和识别潜在的事件或紧急情况，认识发生的可能性、评估后果的严重度，决定处理步骤和应急对策，以减轻事故后果和损失。同时，通过对事故/事件的报告、调查、统计分析，揭示发生的内外因素，研究发生的机理，制定防止重复发生的措施
作业环境	标识管理、划线管理、通风、照明与能见度、建筑物与构筑物、内务管理、消防管理、安保管理	要求企业要识别和控制作业环境存在的安全与健康风险。通过对生产现场实施管理，消除或防范作业危害因素所带来的风险，确保生产现场整洁、规范、安全健康和有序，防止人员伤害和财产损失
生产用具	个人防护用品、工器具、特种设备、测试设备、用电设备、爬梯/移动平台及脚手架、机动车辆	根据电网企业日常工作实际，针对生产作业中所使用的生产用具可能产生的危害，从管理、维护和使用方面提出风险控制的要求与方法，以确保与生产密切相关的生产用具本身的安全状态和控制使用中的风险得到有效的控制，是控制作业风险的重要环节
生产管理	规划与设计、工程建设、新设备投运及并（联）网管理、系统运行管理、用户管理、设备运行管理、作业过程控制、物资与仓储管理	运用系统、规范的要求和方法，要求从源头开始控制生产活动各个环节的风险，对生产及物资管理流程以及电网、设备和人身安全风险的管控提出管理要求和方法，将系统化、规范化和PDCA闭环管理思想与方法贯穿于生产活动的各个环节，充分体现电力生产特点
职业健康系统	职业健康管理、人机功效	对职业健康组织管理、职业卫生危害监测与控制、职业健康服务与医疗、急救设施及药品和人机功效提出规范管理要求，控制员工作业过程和工作环境的职业健康危害与风险，确保员工的身心健康，促进安全生产工作
能力要求与培训	员工选聘、能力与意识提升	从员工选聘与培训入手，控制因人员因素造成的风险。通过员工选聘，确保人员能满足安全生产基本需要。通过培训，确保人员的意识、知识、能力与岗位相匹配，为企业的安全生产管理提供人员能力保障
检查、审核与改进	检查、审核、纠正与预防	要求企业对安全生产过程实施检查，对体系及其运作效果进行系统分析，提出检查与审核要求和方法。通过检查，识别安全生产活动各环节中可能存在的风险，进而采取措施进行控制；通过审核，对管理体系的运作水平、运行效果及其对安全管理绩效进行全面评估并提出优化建议，通过持续改进减少和消除危害因素，强化风险管控，不断提升体系管理和运行水平，提高安全管理绩效

资料来源：云南电网公司。

二、安全生产风险管理体系流程

安全生产风险管理体系流程包括事前风险评估、事中风险控制、事后分析回顾。云南电网公司安全风险管理工作以风险管控为主线，持续对安全风险管控工作水平进行改进提升，以提高公司安全管理水平和管理绩效。

（一）安全生产风险管理体系运转基本流程

安全生产风险管理体系运转的基本流程：对生产单位在开展生产活动过程中进行风险评估，根据评估得出的结果制定风险控制计划，根据风险性质制定与确定风险控制措施。安全生产风险评估、控制和管理工作实行分风险类别，按"谁主管、谁负责"的原则，建立风险管控的专业管理部门。

1. 风险评估

生产单位分专业开展基准风险评估、基于问题风险评估和持续风险评估工作，确保风险得到全面、动态、持续识别和控制。涉及风险的有关人员需参与风险评估，必要时邀请技术专家、相关方参与或委托有资质的第三方进行。对风险评估结果尽可能量化，并按"特高、高、中、低、可接受"5个等级进行分级。对风险评估结果中不可接受的风险进行研究，制定控制或缓解措施。风险评估结果应按《安全生产风险目录表》对各类风险进行归类和公布。对基准风险评估结果形成风险概述，为安全生产各环节的风险控制提供依据。对基于问题和持续的风险评估，对低风险及以上结果进行归类统计。借助安全生产管理信息系统，逐步实现对风险评估实施动态管理，及时采取的控制措施。

2. 风险控制

生产单位依据风险评估结果，制定风险控制计划。在制定风险控制计划时，需综合考虑风险控制方法与途径，确保风险控制措施的可行性、适宜性、可操作性和经济性。选择风险控制方法时，遵循风险控制层次理论，按以下顺序考虑：消除/终止、替代、转移、工程（改造、修理等）、隔离、行政管理、个人防护。选择风险控制途径时，根据风险性质分别控制。在制定风险控制措施时，对新措施是否可能带来新的风险进行评估。对等级为高和特高的风险控制计划，报上级专业管理部门或单位备案。上级部门或单位应对上报风险制定专项监督计划，督促风险控制措施的落实。各单位对风险控制计划的落实情况进行监控,并对风险控制措施的效果进行评估,确保风险控制措施得到有效实施。风险控制措施落实后,及时更正风险信息库的相关信息,确保风险信息与实际情况相符。

3. 分析与回顾

生产单位根据风险管控形成的数据,对风险出现的情况进行季度、年度统计分析。在每年定期或当环境条件发生变化时,对风险评估结果和风险概述进行回顾,确保风险评估结果与实际相符。每年末应对风险管理工作进行回顾并逐级上报。

(二) 安全生产风险管理体系的推广与成效

云南电网公司自 2007 年在全系统推行安全风险管理体系后,经过几年的推广与建设,风险管理理念得到广大员工的认同,风险管控方法得到广泛应用,安全管理绩效逐年提升,安全生产管理步入持续改进的良性循环。

1. 安全生产风险管理体系的推广

安全生产风险管理体系研究自 2003 年立项后,得到南方电网公司的大力支持与指导。公司成立以分管领导为组长的领导小组,部署和推动体系建设各项工作。2010 年,公司总部进行机构调整,将 2007 年成立的安全监察部安全监察二处改为风险体系管理处专门负责安全风险管理体系的管理与推广。

2007 年,云南电网公司安全生产委员会审核通过《安全生产风险管理体系》,提出力争三年内推广到各供电企业的目标要求,并召开体系工作启动会。体系工作启动之初,南方电网公司组织了多次针对各分子公司和体系应用单位领导层和管理层的体系培训班,成效显著。按照南方电网公司的目标要求,云南电网公司以安监部作为推广体系的责任部门,采取多项措施加强对体系的推广,主要措施包括:加强体系的宣贯,统一思想认识;组织培训,提高风险管控能力;加强现场指导与交流,确保体系建设实效;编制制度规范,确保体系正常运转;开展审核工作,实现持续改进。

2. 安全生产风险管理体系阶段性成果

云南电网公司各生产单位按照公司《安全生产风险管理体系》的要求,应用风险管理方法,进行危害辨识与风险评估,制定和落实风险控制措施;梳理管理流程,建立并执行标准化体系文件,使管理和作业要求有效

"落地",逐步实现管理规范化和作业标准化,取得了较好成效。具体体现为:一是思想认识发生了转变;二是执行载体更加有效;三是行为习惯更加规范;四是工作效率不断提高;五是提高了员工安全素质;六是提升了安全管理绩效。

经过几年的探索,安全风险管理体系建设成效显著。在第三方审核中,2012年,公司安全风险管体系建设四钻单位2家,三钻单位12家,四钻率12.5%,三钻率87.5%。

【专栏10-1】

安全风险管理体系建设试点启动

安全风险管理体系建设试点启动后,各试点单位积极开展了培训、风险评估、体系文件编写、安全区代表和事故/事件调查员聘用、基准审核等工作。

曲靖局进行了广泛的宣传、动员、培训,拟订了64个管理标准、技术标准及记录表格,将体系管理要素中的管理节点与各职能部门的管理职责相结合,由各职能部门按要求提交编制标准,并由督查部门督促完成。安全风险体系也逐一应用于"6·24"事故的整改之中,取得了阶段性成果。

大理供电局以500千伏大理变电站、220千伏下关变电站等9个班组为试点,深入开展全员、全方位培训,自上而下开展危害辨识与风险评估,完成了体系文件编写,并投入试运行,完成了内部审核工作。各部门、单位按照体系的要求开展工作,安全管理水平得到提升,人身、电网及设备风险得到控制,事故应急体系建设进一步完善,作业环境得到了改善。

资料来源:云南电网公司。

第二节 应急管理

强化应急管理,构建坚强的电网,是电网企业有效应对重要保电、抗击自然灾害、提供可靠电力供应的题中应有之义。云南电网公司历来重视应急管理，通过加强对应急管理体系的建设，形成了完整的应急管理组织和制度体系，并根据各个生产专业进行应急管理预案的编制。完善的应急管理体系使公司生产系统能有效地应对突发事件以及自然灾害的发生，保障了电网的安全稳定运行。

一、应急管理体系

云南电网公司不断完善应急管理体系的建设。经过多年的努力，公司完成三级应急指挥机构的建设，建立了较完备的应急管理机制，并根据各种可能的突发事件编制应急预案，形成"统一指挥、反应灵敏、协调有序、运转高效、保障有力"的应急管理体系。

2008年，公司制定了突发事件应急响应分级标准、预警管理办法和信息管理办法，强化应急管理，形成了"预警、应急处置和责任追究"三位一体的应急管理机制，增强公司应急处置能力。2010年，云南电网公司将"突发事件应急响应分级标准"等7个应急管理规定有机整合，制定了《应急管理工作规定》，进一步明细专业管理部门的应急职责。同时，针对南方电网公司一体化战略工作部署，公司全面梳理应急管理业务，编制了南方电网公司层面"1+6"应急管理制度，并分析评估了一体化制度要求与公司应急管理原有模式的13项主要差异，制定推广执行的控制措施。2012年，公司进一步梳理应急工作流程，调整应急机制，修编了云南电网公司《突发事件总体应急预案》、《自然灾害应急预案》等14份应急预案。通过几年的努力，公司基本建成了一套行之有效的应急管理制度，保障了应急管理工作的有力有序开展。

除了加强公司系统内部应急管理体系建设外，云南电网公司通过总结2008年冰灾的经验教训，逐步建立与重点单位和重要用户的应急联动机制，加强与地方政府的联系和协调，充分利用社会资源，完善与网外送售电单位和并网发电企业相互支援机制。逐步建立密切关注极端气候、地震、地质灾害和其他自然灾害的工作机制和预警机制。公司应急办公室规范了政府预警信息的处理流程，各省公司主动和地方气象部门、"三防"指挥部、地震监测部门等机构建立和加强日常交流。

二、应急管理机构

应急管理机构是应急管理工作的"指挥部"。云南电网公司通过建立省、地、县三级应急指挥机构，形成职责清晰、管理有效的应急管理机构，并明确了机构的相关职责，为公司应急管理工作打下坚实的组织基础。公司根据国家相关规定以及要求颁布了多项应急管理制度，为公司应急工作提供理论支持。

云南电网公司按照"平战结合"的原则，每年不断完善、扩充应急队伍，确保应急管理各项制度的落实。2008年，公司成立了应急指挥中心，组建了22家基层单位1511人的专业应急队伍。2010年，公司设立应急指挥中心办公室，负责日常应急管理工作中需要综合协调的应急管理事务。2012年，公司按照"集团化管理模式、一体化管理制度"的总体要求，进一步完善公司应急管理机构。公司总部在安监部设立了应急处，负责全网综合应急管理工作。各分公司安监部对应成立了应急管理科，补充专职应急管理人员，各供电局明确了应急专责；根据人事变动及时调整三级应急指挥中心及办公室人员，做到机构上下对应、职责明确、责任到位。组织升级了公司系统应急指挥信息管理系统，同时将各分子公司厂站视频接入应急指挥平台，实现了生产现场视频的远程实时调取。

公司重视加强应急队伍建设，以保障应急工作的顺利进行。截至2012年底，公司共成立涵盖11个专业的83支、2716人的骨干应急队伍，并在楚雄供电局开展应急队伍标准化建设的研究。

三、应急管理预案

云南电网公司高度重视应急工作，遵循"预防为主、常备不懈"的方针，贯彻"统一领导、分级负责、反应及时、措施果断、依靠科学、加强合作"的原则，逐步建立健全事故应急处理机制。从2004年开始，全面展开省（区）电网和大、中城市大面积停电事故应急处理预案的编制工作。电网黑启动方案建设取得重要成果。2006年公司率先在国内出台了《省区电网大面积停电应急预案编制导则》，省、市、县三级应急组织机构建设及预案编制实现双100%，调度系统黑启动方案全部完成。经过几年的努力，公司已经建立覆盖较广的应急预案体系，为应急管理工作提供了保障。为了将应急预案落到实处，提高应急管理水平，公司注重加强应急

第十章 安全管理

演练。2012年，公司推动应急演练实训基地建设，开展全面综合实战演练，提升公司的快速、高效应急处置能力，全年各单位职工开展应急演练355次。

2012年，云南电网公司经营区域内发生各类突发事件13起，其中社会安全类0起，自然灾害类13起，事故灾难类0起，公共卫生类0起，主要是低温冰冻、地震、暴雨、干旱及其带来的山洪泥石流等极端恶劣天气，包括低温冰冻灾害1起，局部山火4起，特大山洪5起，5.0级以上地震2起，其他灾害1起，共造成直接经济损失约4000万元，无人员伤亡、失踪。云南电网公司系统按照应急管理的流程和标准，共发布各级预警19次，启动各级响应12次，主动承担企业社会责任，快速组织力量有序应对，将突发事件影响降到了最低。

【专栏10-2】
大理供电局加强应急管理工作

2012年，大理电网先后经历了冰雪、山火、雷雨及泥石流等异常天气的考验，面对多种突发事件，大理供电局开展了一系列应急管理工作。

2012年初，面对低温冰冻天气，大理局发布黄色预警，组织应急人员，成功应对了低温冰冻天气。第一季度，随着旱情的不断加重，山火多发，对电网安全稳定运行造成了较大威胁，公司对此发布了山火红色预警，启动了自然灾害应急预案Ⅰ级应急响应，成功处置了14次110千伏及以上输电线路山火威胁。派出了应急队伍支援了昭通电网抗冰抢险、盈江"3·10"地震应急救援以及丽江"6·14"单点暴雨引发的山洪自然灾害和"6·24"丽江宁蒗地震抢险工作。

为有效应对自然灾害多发以及极端天气等形式，2012年初，大理局组织制定了共计345项的全年应急演练计划，召开了应急办公室会议，全面推行了应急指挥信息系统，与大理白族自治州森林防火指挥部建立了工作联动机制。同时对全局，包括12家县公司的应急管理工作进行了专项检查，组织全局开展了地震应急演练，开展了应急预案与现场处置方案的修编工作，并结合第七轮组聘，调整了应急指挥中心的成员。

在全局员工的共同努力下，大理局应急管理各项工作开展顺利，应急管理能力得到了明显提升。

资料来源：云南电网公司。

四、抗击自然灾害

云南省是一个自然灾害频发的地区,如泥石流、地震、干旱、冰灾等,给人民群众的生产生活造成了极大的影响。在这些自然面前,云南电网公司始终冲在最前沿,保障人民的用电安全可靠(见表10-4)。

表10-4　近年来云南电网公司抗击自然灾害历程

时间	具体实践
2007年6月	成功应对"6·3"宁洱6.4级地震等
2008年1月	成功应对特大冰冻自然灾害等
2009年	成功应对楚雄"7·9"地震等
2010年	成功应对特大干旱 成功应对马龙"6·25"洪灾、巧家"7·13"泥石流、贡山"8·18"泥石流等
2011年3月	成功应对盈江"3·10"地震 成功应对滇东北冰灾、丽江山火等
2012年	成功应对彝良"9·7"地震等

【专栏10-3】
昭通供电局成功应对自然灾害

2012年9月7日,云南昭通彝良发生5.7级地震,10月4日,又发生了泥石流。灾害发生后,云南电网公司昭通供电局及时启动应急响应,成立了抗震救灾指挥部,8个专业工作组迅速开展应急处置工作。2012年9月7日12:19发布了第一条地震应急响应短信简报,为各级领导了解灾情提供了第一手资料,震后2个多小时,第一支抢险队伍率先抵达彝良县城。公司根据电网受损情况,迅速调整电网运行方式,恢复发电厂、县网与主网并列运行,及时恢复重要用户的供电,恢复内昆铁路信号备用电源。针对设备受损情况制定抢修方案,在云南电网公司抗震救灾指挥部的指挥下,全面组织抢险工作,累计调派应急抢险队伍69支11139人次,车辆770辆次,发电车3台,应急指挥车和应急通信指挥车各1台,发电机67台,以及应急照明设备4.6万余件等应急物资投入灾区抢险。经过艰苦细致的工作,9月9日19:50,灾害造成停运的线路全部恢复了正常运行。昭通供电局在云南电网公司正确领导

第十章 安全管理

下，动员所有力量，采取一切有效措施，以最快速度恢复灾区供电，确保灾区电力的有序供应，受到了各级党委政府的高度赞扬。

资料来源：云南电网公司。

第三节 安全监察体系建设

安全监察管理对于电网安全生产运营具有重要意义。云南电网公司非常重视安全监察体系在安全生产过程中所起的安全监督作用，到2012年，公司已形成从总部到县级供电企业的三级安全监察组织机构；以《南方电网公司安全监察工作规定》为核心的安全监察制度体系；建立起一支工作能力强、技术能力过硬、综合素质高的安全监察队伍；以安全生产责任传递、考核、问责、奖惩机制等为指导。云南电网公司在多年的实践中总结出了具有自身特色和符合自身的监察管理模式，为公司的总体安全生产提供了保障。

一、安全监察管理机构

为了加强公司安全监察管理工作，从2003年开始，云南电网公司按照南网公司的机构设置要求，根据公司的发展实际，及时调整安全监察管理机构，以满足安全监察管理工作的需要。公司于2004年将安全监察部与生产技术部合并成立了安全监察与生产技术部。2007年进行机构调整将安全监察与生产技术部拆分，重新单独成立了安全监察部。在此基础上，2008年公司面向各分、子公司开展调研工作，对各分、子公司及其基层生产单位、二级生产机构有关安全监察机构设置、人员配置和"三级安全网"的总体情况进行摸查，并根据调研成果制定了《分子公司领导的安全生产责任到位标准》。到2009年，公司分子公司全部设立独立安监机构，供电局全部设立独立安监机构，县级供电企业独立设置达到90%。

二、安全监察制度

云南电网公司坚持"安全第一、预防为主、综合治理"的方针，按照"先立后破"和"充分借鉴"的原则和"凡事有章可循、凡事有据可查、凡事有人负责、凡事有人监督"的规范化、标准化管理的要求，建立起了一套适应企业实际生产情况的安全监督管理制度。云南电网公司安全监察制度体系主要是以南方电网公司2003年颁布的安全生产1号令《关于加强安全生产确保电网稳定运行的规定》为核心，2003年颁布的安全生产三大规定（《安全生产工作规定》、《安全生产监督规定》、《安全生产工作奖惩规定》）、2005年颁布的《电力生产事故调查规程》、2011年颁布的《电力事故（事件）调查规程（试行）》为主要内容，并辅以一系列因实际工作需要而补充颁布的相关规章制度，如2004年颁布的《安全生产教育培训暂行规定》、2008年颁布的《安全生产责任制考核细则》、2009年颁布的《部门安全生产责任规定》、2009年颁布的《电力安全工器具管理规定》、2012年颁布的《安全生产问责管理规定》等，共同组成公司的安全监察制度体系。

三、安全监察队伍建设

安全监察队伍决定了安全监察队伍的管理水平。云南电网公司已形成由公司主管生产领导直接领导，各分、子公司分管生产领导具体领导的，"横向到边、纵向到底"，专职、专业的安全监察队伍。其业务范围涵盖从设计、制造、安装、调试一直到生产管理、技术改造、设备报废实施全过程的安全监察队伍。公司于2006年组织开展安全监察人员持证上岗工作，提高安全监察人员的素质与技能。2007年以后，公司每年举办公司系统安全监察负责人管理培训班，系统地对当前国家的安全生产法律法规，安全生产风险管理建设、应急管理体系建设、安全监督与管理知识等进行学习。2012年，公司建立了基于风险管控的安全监督工作模式，对电网、人身、设备安全生产风险控制措施落实情况进行监督。同时，公司还建立了安监部门负责人月度视频例会制度，每月通过电视电话会议布置当月安全监督重点工作、沟通安全信息，督促各级安监部门将安全监督职责和公司年度安全重点工作落实到位。

云南电网公司积极做好"两种人"培训工作，对各培训站"两种人"

考核试卷进行审查，针对组卷、评分标准不一的问题，制定并发布"两种人"考核阅卷组卷、评分新标准，进一步规范"两种人"教育培训。2012年，各培训站共举办135个培训班，培训7842人。

第四节 安全文化建设

安全文化是云南电网公司文化的重要组成部分，是公司为了实现安全生产目标，提高电网广大职工群众安全价值观和安全行为准则要求的重要手段。云南电网公司提出了"一切事故都可以预防"的安全理念，从小处着眼，从细节着手，紧紧围绕电网企业安全生产经营四要素：人员、设备、电网、管理，从物质、制度、观念三个层次建立起了一套完善的安全文化体系。

一、安全理念

安全理念是安全文化的核心内容之一，是人们的基本行为规范。安全生产的共同价值观念是安全文化的核心，对企业的安全目标、管理制度和员工工作作风起到导向作用。云南电网公司倡导"一切事故都可以预防"的安全理念，应用理念的导向作用，使作业人员养成严格要求、细心工作的工作习惯，培养精益求精、一丝不苟的工作作风。

云南电网公司坚持"安全第一，预防为主，综合治理"的方针，认真落实安全生产责任制。在公司系统形成了把可能发生事故的人、物、事、时等诸多因素置于受控状态，把静态的、被动的、滞后的安全管理变成动态的、主动的、超前的安全管理，坚决同"违章、麻痹、不负责任"三大安全敌人作斗争的共同的安全价值观，使预防事故成为员工的自觉行为。

二、安全行为规范

习惯性违章作为安全生产的三大敌人之一，已成为电力企业的顽症，虽三令五申却屡禁不绝，究其原因，就是把不良的行为方式当作自然，形成习惯，往往酿成重大后果。当安全规范成为习惯，相对稳定、积累了相当长时间经验的流程不断优化，就会变成企业安全文化的核心资源与长期竞争优势。

云南电网公司通过形成完整的安全制度体系，加强安全规程培训，严格"两票三制"制度（两票：工作票、操作票；三制：交接班制、巡回检查制、设备定期试验轮换制）等活动，减少与避免习惯性违章的出现。公司遵照《中国南方电网有限责任公司安全生产工作规定（Q/CSG210001-2011）》等相关补充规定，对安全工作规程形成了有效的补充。公司系统推行了安规考试100分合格上岗制度以及离开岗位3个月重新恢复工作需重新参加安规考试等制度，并且结合各年度安全生产活动开展了多次安规培训、竞赛活动，有效地提高了员工的安全生产技能。

三、安全文化活动

企业安全文化在实际工作中发挥作用是企业安全生产的重要保障之一。云南电网公司通过多种形式的安全文化活动，将电网的安全理念融入实际工作中，提高了员工安全生产意识，为公司实现安全生产目标的提供了思想保障。

云南电网公司根据国家相关部委的要求，从2003年开始每年在公司系统围绕当年的相关主题，开展形式丰富多彩的"安全生产月"活动，不断提高员工的安全文化意识（见表10-5）。

表10-5　2003~2012年"安全生产月"活动情况

年份	活动形式
2003	根据国家相关部委发文要求，公司要求各级工会组织参与宣传工作，同时结合"全国安全生产月"宣传活动，宣传贯彻南网公司1号令
2004	开展南网公司系统安全知识竞赛、安全生产文章及警句有奖征集和以"安全生产，优质服务"为主题的青年Flash创意设计大赛等活动，对"安全生产月"做专题宣传
2005	公司以"遵章守法，关爱生命"为活动主题，开展现场变电运行操作和问答等形式的"技能练兵比武"活动；组织开展"我为安全献一策"的安全生产提建议活动，鼓励员工为本单位的安全生产和管理献计献策
2006	公司以"安全发展，国泰民安"为活动主题，积极开展安全生产管理经验交流、研讨、演讲、培训、竞赛、安全建议等形式多样的安全生产活动，内容包括了安全知识与管理、事故案例分析、交通知识、法律法规、规程制度学习等
2007	公司在全网组织开展了丰富多彩的安全生产月活动，积极营造良好的安全文化氛围
2008	公司突出"治理隐患、防范事故"主题，围绕强化员工安全意识和素质、烘托安全文化氛围、推进安全文化建设的活动内容，积极创新"安全生产月"活动形式

第十章 安全管理

续表

年份	活动形式
2009	公司围绕"关爱生命、安全发展"的主题,结合"安全生产年"、"三项行动"、"三项治理"的工作部署,突出安全生产法律法规宣传学习,安全生产规章制度教育培训,不断提高员工安全意识和安全技能,积极营造良好的安全文化氛围
2010	公司抓住"安全生产月"契机,突出迎峰度夏、防震防汛、亚运保供电、公司"安全生产年"等重点工作,加强安全宣传和教育培训,弘扬"一切事故都可以预防"的安全理念,积极培育安全文化
2011	公司认真组织以认真执行安全生产法律法规和电力行业规章标准,强化各级人员安全生产责任,提高安全风险管理运转质量,落实防范电网、设备、人身风险预控措施,严守安全生产"三条底线"为主要内容的"安全生产月"活动,组织开发"安规"考试系统。完善新员工培训课件,组织开展新员工安全教育培训
2012	公司开展员工现场生命自救互救培训工作。组织开展安全警示教育活动。对2007年以来开发的安全警示教育片进行梳理,分四大类进行编辑,并制作成安全警示教育活动影片,督促、指导各单位开展安全警示教育活动,共10026人参与

第十一章　科技与信息化

云南电网公司自成立以来，始终将科技创新和信息化建设作为重点工作，紧紧围绕电力生产、设计、建设、供应中的技术、安全、节能降耗和推进现代化管理等方面开展科研工作和信息化建设。10多年来，公司不断提高科技和信息化投入力度，建立健全科技创新管理体系，逐渐形成科技成果奖励、科技人才培养、技术贡献和优秀专利奖励等创新激励机制，在公司内部营造出良好的创新氛围。

第一节　科技创新管理

技术创新是企业持续发展的不竭动力。云南电网公司按照南方电网公司科技创新一体化管理的规定和"十二五"科技发展规划要求，推进开放式科技创新体系建设，制定科技创新激励实施细则，统筹科技资源，加强科技项目管理，不断取得科技创新的新突破。公司积极实施"科技兴企"、"科技兴网"战略，扎实推进创新型企业建设，坚持不懈地以科技创新提升电力供应水平。10多年来，公司围绕电网安全运行、优质服务、智能电网建设、可再生能源上网等关键领域，积极开展科技攻关，取得了丰富的科技创新成果和自主知识产权，为云南电网安全稳定运行提供了有力的科技支撑和技术储备。

一、科技创新体系

云南电网公司的科技创新组织体系经历过几次变革。自公司成立至2006年以前，科技创新管理工作主要由生产技术部负责。当时的生产技术部是集生产管理、科技管理、质量标准化、技术管理、技术监督管理为一体的综合管理部门。2005年11月，设立云南电力试验研究院（集团）有限公司电力研究院（以下简称"电力研究院"），其前身是成立于1961年的云南省水利电力厅中心试验所。当时电力研究院的主要职责：以技术监督为核心业务，同步推进技术服务、基建调试、科研开发、信息化、人才孵化和培养五项主营业务，大力发展新能源、智能电网等新业务。2006年12月29日，公司决定成立云电技术中心，原生产技术部科技综合处的职能和岗位全部转移到云电技术中心。

2009年11月11日，云南电网公司技术中心被国家发改委、科技部、财政部、海关总署、国家税务总局联合认定为国家第17批享受优惠政策的企业（集团）技术中心，并授牌为国家认定企业技术中心。这是云南省2010年唯一授牌单位，也是首批国家认定企业技术中心的两家省级电网之一。2011年，云南电网公司技术中心更名为云南电网公司技术分公司，相应的组织机构和职能发生了重大调整，市场营销、安全以及部分科技创新的管理和研究职能调整至公司本部相关部门。技术分公司下设综合部、信息技术室、科技创新研究室和生产技术研究室。

2013年，按照南网公司调整优化生产管理机构的要求，设立科技部，将原有生产技术部、技术分公司负责的科技管理职能职责划入新成立的科技部。技术分公司与电力研究院合署运营。目前，公司搭建了以"科技创新领导小组"为决策层，科技部为管理层，电力研究院（技术分公司）、电力调度中心、规划研究中心、信息中心、带电作业分公司、"两站"、各供电局等单位为执行层的决策科学、反应迅速、管理高效的科技创新管理体系。

二、科技人才培养

云南电网公司加强科技创新人才体系建设，注重创新型人才与创新团队培养，通过引进、培养高层次科技人才，形成以技术专家、专业负责人牵头，专职研发人员、技术骨干、专业职能管理人员为基础的科技研发人才队伍。

在人才培养平台方面，公司于2008年建立了博士后工作站和研究生工作站，作为"公司内引外联的科技创新和人才培育工作平台"，借此深入开展公司与高校之间的合作，做好智力资本运作和扩张。公司已经与华北电力大学、重庆大学、西安交通大学、上海交通大学、哈尔滨工业大学、华中科技大学等10余家高校依托"两站"合作研发科技项目，联合培养博士后、研究生，举办了多次校企互访和技术交流，建立和强化了校企合作机制。截至2012年底，"两站"共有在站博士后9人，研究生72人，在站研究科技项目13项。"两站"人员共申报专利35项，其中已授权7项，已受理11项。首批2名博士后出站即被公司录用。

在人才职业发展方面，2012年，公司结合南方电网公司《技术专家选聘管理办法（试行）》和自身实际情况，在全公司系统范围内选聘了60名技术专家，其中一级技术专家1名、二级技术专家1名、三级技术专家5名、一级助理技术专家4名、二级助理技术专家7名、三级助理技术专家13名、四级助理技术专家18名。此外，公司进一步建立和完善了专业技术人才岗位晋升通道，引导专业技术人才专注科研和技术，促进专业技术人才和经营管理人才沿各自岗位序列通道协调发展。

三、科技创新活动

（一）科技创新投入

近年来，公司持续加大科技创新投入力度，以重大攻关技术领域和重点科技项目为核心，带动科技研发及科技创新工作。进入"十二五"以来，公司科技创新投入规模出现大幅增长。2011年，公司科技资金投入首次超过2亿元。2012年再次实现跨越式增长，科技投入总额达到3.35亿元。按南网科技创新统计口径计算，2011年和2012年公司科技投入占主营业务收入的比重分别达到1.84%和2.08%，为公司科技创新发展提供了坚强的资金支撑。近年来公司科技投入情况如图11-1所示。

（二）重点创新领域

公司始终跟踪电网技术发展前沿，在中长期发展规划和年度计划中，制定电网技术创新与研究的重点工作和详细工作计划，技术创新方向的选择紧密围绕公司更加智能、高效、可靠、绿色方向转变的发展战略。近年来，公司重点在以下技术领域寻求突破。

（1）安全生产技术创新。云南电网公司为提高设备装备水平和供电可靠率，结合云南省区域特点和云南电网建设现状，重点在高海拔紧凑型输电线路技术、高海拔复杂地理环境输电线路的运行维护技术、输变电设备

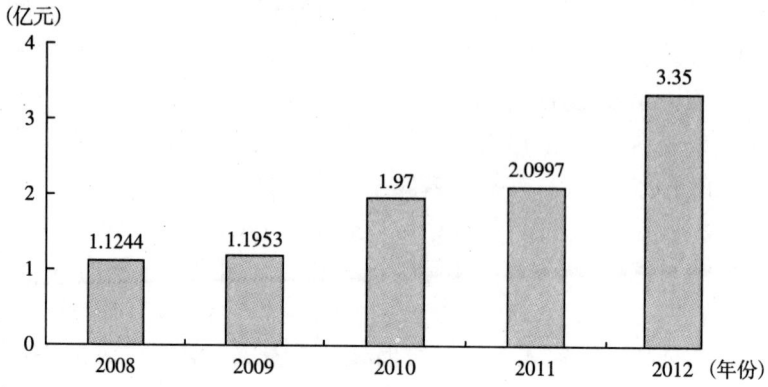

图 11-1　云南电网公司近年来科技投入情况

资料来源：《云南电网公司 2012 年社会责任实践报告》。

监测诊断技术、配网自动化建设、提高输电线路防雷水平、配网线路绝缘化率、设备的动态监测与状态评估、设备的状态检修等领域开展创新工作，加大了设备大修、技改、科技项目实施力度。目前，电网安全、经济、稳定运行技术达到国内领先水平。

（2）智能电网技术创新。电网智能化是现代电网发展的必然趋势。近年来，云南电网公司稳步推进智能电网建设，在智能变电站、智能微网、家庭智能用电等领域取得重大技术突破，大大提高了电网运行效率。2011年，公司在云电科技园建成兆瓦级的多级智能微网，充分体现了"自动化、互动化、信息化"智能电网特征。项目申请专利 15 项，研究成果处于国际先进水平。以云电科技园智能微网为基础，公司下一步将深入开展智能微网与电网互动技术、高密度新能源并网技术、分布式间歇性能源对电网的影响、微网自愈技术等的研究，以提高电网吸纳分布式间歇性能源的能力及供电可靠性。

（3）新能源发电技术创新。新能源发电与应用是未来电网发展的重要方向。云南电网公司积极开展新能源领域的技术研究，包括光伏发电技术集成及并网示范研究、支持电动汽车应用发展的电网充放电技术研究及应用、大规模新能源电厂的等效模型及出力预测技术研究等。公司在光伏发电技术集成及并网示范研究方面，已经取得了多项创新性成果，达到了国内领先水平。

（4）绿色生产技术创新。云南电网公司高度重视低碳发展工作，积极投身绿色生产技术创新。公司坚持电网发展与环境保护、社会进步相协调的原则，积极吸纳绿色电能，引导电源结构优化调整，推动公司、行业和社会的全面可持续发展。公司绿色生产技术创新以"全过程低碳化"为根本目标，从发电侧到电网设计和运行，再到需求侧，公司都高度重视低碳化引导和规划。同时，为保护云南省自然生态环境，减少电网建设和运行对环境的扰动，公司特别开展了电网环境保护技术创新，包括高海拔电磁环境技术研究和变电站的电磁兼容技术研究等。

四、科技创新成果

（一）重大科技进展

云南电网公司一直把承担国家、省级和南方电网重大科研任务作为推进科技创新的重要契机，力争通过项目的实施，充分发挥企业在科技创新中的主体作用和表率作用，切实解决电网发展及电网运行存在的突出问题，以实现电网核心技术的重大突破，不断增强自主创新能力和水平，提升企业核心竞争力。2010年，公司承担了国家高技术研究发展计划（863计划）项目1项——"普吉变电站超导电力设备系统并网运行关键技术"，取得了显著的经济和社会效益。截至2012年底，公司重点科技项目完成率100%；累计完成财务资金11680.64万元，科技经费完成率为99.99%。

2003~2012年，云南电网公司共有59个科研项目获得省（含南方电网公司）及以上科学技术奖。2011年，6个项目获得云南省2010年度科学技术奖，1项科技成果获得2010年度中国电力科技进步三等奖。2012年，经过南方电网公司、云南省科技厅分别组织专家进行的鉴定，公司共有2项成果达到国际先进水平，6项成果达到国内领先水平。当年公司承担的科技项目获中国电力科学技术奖1项，云南省科学技术奖2项，南方电网公司科技进步二等奖2项、三等奖5项。近年来，公司重大科技成果及获奖情况如表11-1所示。

表11-1　云南电网公司重大科技成果及获奖情况

年份	成果名称	所获奖项
2006	35千伏/2千安超导电缆系统	云南省科学技术一等奖
2007	300MWCFB锅炉机组工程示范及国产化工程技术研究	中国电力科学技术一等奖

续表

年份	成果名称	所获奖项
2008	300MWCFB 锅炉机组示范工程及国产化	国家科学技术一等奖
	光伏发电技术集成及并网示范研究	中国电力科学技术三等奖
	高海拔大容量远距离输电中行波故障测距技术研究	云南省科学技术一等奖
	高原 500 千伏紧凑型输电线路技术研究	云南省科学技术二等奖
2009	首台国产化 300 兆瓦循环流化床锅炉岛设计技术研究与工程应用	云南省科学技术二等奖
2010	区域大集中模式客户服务技术支持系统研究及应用	中国电力科学技术三等奖
	基于广域信息的云南电网送粤交直流混联输电断面统一协调控制研究	云南省科学技术一等奖
2011	区域大集中模式客户服务技术支持系统研究及应用	中国电力科学技术三等奖
	基于广域信息的云南电网送粤交直流混联输电断面统一协调控制研究	云南省科学技术一等奖
	高海拔 500 千伏紧凑型输电线路	第十三届中国专利优秀奖
2012	基于网厂两级经济运行的优化协调控制与开发应用	中国电力科学技术三等奖
	一种 300MW 等级循环流化床机组自动控制方法	第十四届中国专利优秀奖

资料来源：云南电网公司。

【专栏 11-1】

超导技术应用实现国内领先

2004 年 4 月，中国第一条（世界第三条）实用化 35 千伏超导电缆在云南电网公司昆明 220 千伏普吉变电站正式投入电网运行。这条热绝缘高温超导电缆长 30 米，是继美国（1999 年）、丹麦（2001 年）之后由我国自行研制开发的世界上第三组挂网运行的高温超导电缆，其部分性能参数优于前述国家的产品，其投运使我国的高温超导产品在电力应用方面处于世界领先水平。

继超导电缆投入运行后，2008 年 1 月，世界上首台 35 千伏超导限流器，在昆明供电局 220 千伏普吉变电站挂网运行。该台超导限流器是世界上挂网运行的电压等级最高、容量最大的超导限流器，居于同类限流器的世界领先水平。云南电网公司把一个原本难以跨越的技术鸿沟，分解成三个相互衔接的关键技术，一举攻克了这个困扰多年的技术难关。项目共申报国际、国内专利 13 项，其中发明专利 10 项。

资料来源：云南电网公司。

（二）知识产权保护

公司有序推进科技成果与知识产权工作，并取得了丰硕的成果。尤其是"十二五"时期以来，公司专利申请和授权数量实现快速增长。2012年，公司申请专利159项，获专利授权59项，被授予"云南省知识产权优势企业"称号。公司继发明专利"高海拔500千伏紧凑型输电线路"荣获第十三届中国专利优秀奖之后，2012年，公司共获得各级各类专利6项（见表11-2）。同时，发明专利"一种300MW等级循环流化床机组自动控制方法"再次荣获第十四届中国专利优秀奖。此外，2005年，公司"低频变频电源测量铁磁元件伏安特性的试验方法和补偿计算方法"实用新型专利，以专利许可方式授权给某仪器公司使用该项专利10年，获得专利许可使用费15万元，由此开启了公司知识产权运营工作。近年来，公司专利申请与授权情况如图11-2所示。

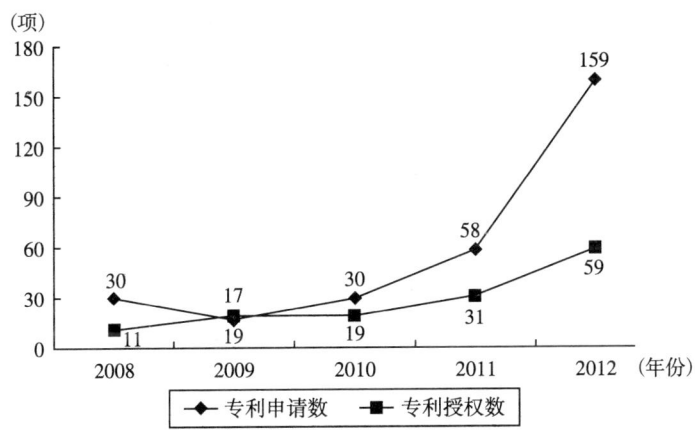

图11-2 云南电网公司近年来专利申请与授权情况

资料来源：《云南电网公司2012年社会责任实践报告》。

表11-2 2012年云南电网公司获得专利情况

序号	专利号	专利名称	专利类型
1	ZL201220075864.6	一种企业人才评测系统	实用新型
2	ZL201220067582.1	一种Android平台上基于蓝牙和RFID的智能变电巡视系统	实用新型
3	201210044327.X	一种企业员工与岗位适配的模糊综合评判方法	实用新型
4	201210153989.0	一种基于设备风险预控、重点设备监控的变电站设备自动评价方法	实用新型

续表

序号	专利号	专利名称	专利类型
5	ZL201020610809.3	面向服务架构一体化数据交换机	实用新型
6	ZL201120406833.X	电力营销柜台交互与评价系统	实用新型

资料来源：云南电网公司。

第二节　信息化建设

随着信息技术的迅猛发展，全球化、知识化、信息化、网络化的新时代已经到来，信息化已经成为国家从工业社会向信息社会转型，抢占新的发展制高点的重要手段。作为电网企业，用户对公司优质服务的要求和期望越来越高，而实现精益化客户关系管理、提高客户满意度均离不开信息化手段的支撑。公司经营管理向集团化运作和一体化管理转变，公司电网发展向智能、高效、可靠、绿色电网转变，都对信息化提出了更高的要求。云南电网公司按照南方电网公司"注重信息技术与公司管理及业务的深度融合，更加突出信息资源的开发利用，通过加快信息化建设，提升管理水平，增降公司管控能力，提高公司运营效率，增加公司经济效益"的信息化工作思路，大力开展信息化建设，为全面提升公司的整体管理水平提供了重要支撑。

一、信息化发展概况

云南电网的信息化建设经历了20多年的发展历程，形成了"五统一"和"数据大集中"等具有特色的建设管理思想和办法。公司拥有遍布全省范围的通信、信息、网络资源，实现了云南电网公司各单位网络的互联互通。目前，公司信息化建设工作走在南方五省区的前列，现已全面建成了服务于生产、经营、管理，具有自主知识产权的企业应用系统，并形成信息化工作的几大亮点：①通过SOA服务集成，初步将分散的部门级应用建设成为信息共享、业务协同的统一的企业级应用系统，解决了信息孤岛的问题；②系统开发、应用能力强，营销信息系统采用的全交易矩阵式架构，使大规模的数据处理成为可能；③创新、创先成果显著，云南电网信息化建设基础扎实,理念先进,成果丰富,多项成果获得国家、南网奖励;④注重总结、提炼一线成功的经验和做法,尊重一线首创精神。具体工作及成效如下:

(一)建设云南电网公司综合数据网

2011年以前,由于云南电网公司省级数据中心到各供电局及县级供电企业之间的网络带宽较小,部分系统只能在2M或4M的租用网络上运行,造成了系统在供电局和县公司运行速度慢,极大影响了应用系统的推广范围和使用效率。随着主营业务IP化的演进及云南电网信息化水平的快速提升,综合业务数据网所需带宽将飞速增加,而原有的调度数据网已无法承载云南电网公司信息化的快速发展。按照云南电网"十二五"信息化规划及通信"十二五"规划的需求分析,为满足云南电网管理一体化要求,云南电网着力建设一个新的、针对数据应用的大容量、高可靠的新基础传输平台,这一平台需要覆盖省中心、地区供电局、县公司,并且适合数据业务承载,业务调度灵活。综合业务数据网整体形成"省—地—县"上下贯通的万兆主干、千兆接入的互联架构。平台建设要实现以下建设目标:广域网采用双星型架构,实现异地容灾备份,主备链路带宽为万兆;地州城域网形成万兆主干、县级公司千兆接入的结构,具备整体较好的扩容能力。

综合数据网建成后,将对公司信息化建设起到重要作用。一方面,可实现数据业务的高效承载,有力支撑云南电网信息化应用的推进;另一方面,也可有效减轻现有A、B网的带宽压力,使现有光传输网络更好地为调度生产服务。

(二)构建新一代的智能数据中心

经过近几年的信息化建设和不断完善,云南电网公司数据中心已全面承载了包括省网大集中模式的各类应用系统。但是随着业务的快速发展,各种需求对云南电网数据中心的信息化管理提出了严峻的考验。2011年,云南电网公司在理论与技术研究的基础上,利用当前虚拟化技术,进行多种虚拟化方案及产品的验证与研究,以实现IT基础架构的高度整合、IT服务的自动化、灵活快速的调配信息资源、更加深入地提高信息资源的管控力度、减少硬件的投资成本及维护成本、强化信息安全策略。虚拟化技术的应用验证不但可以推动云南电网公司信息化建设的快速发展，同时为云南电网私有云技术发展道路明确了发展方向，为实现新一代的智能数据中心奠定坚实基础。

（三）构建企业级 SOA 服务集成平台

云南电网公司 SOA 服务集成平台建设坚持"以我为主，自主创新"的原则，从技术研究、消化到平台的开发、建设、部署、应用、实施以及维护等全过程都是以我为主的模式，形成了具有自主知识产权的核心技术平台。系统实现采用基于 SOA 的组件化动态接口技术，可以方便地实现电力企业的业务组件云，可实现平台分布式、大集中以及混合模式的部署，方便实现南方电网公司下的网、省两级部署，为南方电网公司的信息化一体化应用体系提供有力保障。2011 年，公司自主创新 SOA 企业服务集成平台，荣获中国电力联合会颁布的"全国科技创新成果一等奖"和"南方电网公司科技进步一等奖"两项殊荣，从而创造了信息化项目在该领域的重大突破。系统有效解决了电力企业中各业务系统信息孤岛的现象，目前已完成公司营销、财务、生产、调度、线损"四分"、合同管理、OA、负控、自动化集抄、营销监控、配网 GIS 等 33 个系统的数据交互和服务封装，覆盖公司大部分的应用系统，服务调用交易近 300 万次。

（四）开展 ITSM（信息化服务管理平台）系统建设

ITSM 服务管理平台建设研究项目是从云南电网公司信息化运维管理的实际工作需要出发，结合南方电网关于 IT 集中运行监控系统建设的相关规范要求，构建覆盖信息化运维安全管理核心流程和 IT 资产、IT 运维监控、事件管理、变更管理、知识管理等的公司统一 IT 服务管理平台。2010 年，平台实现了人员、资产、流程三方资源的有效整合，为信息运维管理工作提供实时的监控数据、资产数据、报警信息和流程支持。ITSM 服务管理平台的建设实施为云南电网公司 IT 运维管理工作提供了可靠的信息化支持，极大地简化了 IT 运维人员的工作量，提高了 IT 运维工作效率。2011 年，公司继续完善 ITSM 运维管理平台功能，将 IT 资产、IT 监控及 IT 服务三者有机结合提升公司 IT 运维管理水平。公司坚持"以我为主、自主开发、自主知识产权"的原则，建立由监控管理平台、运维服务流程管理平台、运维服务门户组成的统一运行维护管理系统，实现全省 IT

第十一章　科技与信息化

资产的一体化管理；建设省级集中 IT 运维服务平台，公司实现 IT 运维管理的流程化、标准化和规范化，支持南网提出的"两级三线"运行维护服务模式，保障公司信息基础设施、应用系统和桌面平台高效、稳定、安全运行。公司实现运维管理规范化、服务一体化、作业标准化、操作流程化。

（五）建设统一无线移动平台

加强对公司 2010 年云南电网无线移动应用平台扩展项目建设是在第一阶段建设成果的基础上（实现云南电网公司无线移动应用的统一规划、统一标准和基础平台的统一化）建设无线电力通系统，以实现移动客户端无线应用的全面整合。从业务层面向企业内部大规模推广电力无线应用，技术上进一步完善无线移动应用平台的安全管理功能。在完成第二阶段规划目标的同时，将云南电网公司无线移动业务深入推广到企业的各项工作和信息交流中，使之在云南电网的生产、调度、营销、内部管理等各项工作中发挥积极有效的作用，促进云南电网公司总体工作效率的提升。项目完成后，短信平台在此次扩容升级后能够支持年发送量 3000 万条以上的容量（2010 年达到 1000 万条左右的发送量）；彩信平台完成 SP 的整合，可向全网公司内部提供便捷、完备的彩信应用和服务，使云南电网内部的用户通过客户端获得统一的企业无线应用服务。

（六）率先开展云计算关键技术研究项目

该项目由云南电网公司信息部牵头并组织相关单位的信息技术专家组建了云南电网的云计算关键技术研究项目组，项目组针对云计算的关键技术的展开研究，对国内外专业机构的云计算的主流研究成果展开研究、分析。结合云南电网上一阶段云计算研究成果及 IT 架构特点，公司制定了云计算建设策略，即将围绕资源整合、虚拟化技术的应用与建设、自动化管理、应用系统的改造、云的管理几个重点内容进行研究与建设。虚拟化技术的研究是本项目研究的一个重点与难点，目前项目组已经展开了对资源整合和构建虚拟化资源池的核心关键技术进行了研究，针对 X86 平台和UNIX 平台的虚拟化技术在效率、隔离、可靠、成本、兼容、管理等方面的虚拟化技术的优势与特性进行了深入分析，并且结合云南电网公司的信息化环境现状有针对性地对 UNIX 平台的虚拟化技术进行部署与测试，这是项目能够顺利推进的一个重要环节。公司主要围绕南方电网进行云计算的建设目标、建设策略、技术发展路线、关键技术研究、关键方案设计、运维与管理等方面进行研究与建设。目前，公司主要以云南电网的信息系统现状为基础，结合南方电网的典型应用，围绕南方电网"6+1"系统的建设策略，针对本项目的建设目标、IT系统现状调研、建设策略、发展路线展开调研与研究。

云南电网公司2012年信息化建设获奖项目如表11-3所示。

表11-3　云南电网公司2012年信息化建设获奖项目

类别	名称	等级
云南省科学技术进步奖	基于电网资产管理的一体化生产管理平台	三级
中国南方电网科学技术奖	基于电网资产管理的一体化生产管理平台	二等奖
中国南方电网科学技术奖	《供电企业岗位能力素质模型及行为评价标准》测评系统研究	三等奖
中国南方电网科学技术奖	网格化企业级信息门户研究及应用	三等奖
全国电力企业管理现代化创新成果奖	云南电力生产管理信息系统	二等奖
云南省电力行业企业管理创新成果奖	云南电力生产管理信息系统	一等奖
云南电力集团科技进步奖	云南电力集团公司生产管理信息系统总体设计方案	一等奖
云南电网科技进步奖	基于电网资产管理的一体化生产管理平台	一等奖
云南电网科技进步奖	云南电网公司工程项目管理信息系统规划研究	二等奖
云南电网公司科技进步奖	网格化企业级信息门户研究及应用	二等奖
电力行业"十一五"信息化十大成果奖	电网公司SOA集成研究与应用	
云南省科学技术奖励	区域大集中模式客户服务技术支持系统研究及应用	三等奖
中国南方电网公司科学技术奖	面向服务体系架构（SOA）的企业信息集成平台技术研究及建设应用	一等奖
中国南方电网公司科学技术奖	电网调度实时运行指挥信息化体系建设	三等奖

总之，云南电网公司通过营销、生产、协同办公等业务系统功能的不断完善和应用的推广，各大业务系统实现了省、地、县纵向贯通，使得信息化对公司各项主营业务形成强大支撑；通过SOA等国内领先的服务集成平台的建设，消除了信息孤岛，规范数据服务，使各业务系统数据横向贯通；通过企业门户系统在省公司和各单位的推广应用，使信息的展现高度集成；通过ITSM运维管理平台的建设，对IT运维服务管理等进行规范和流程化管理，实现对IT资产的全生命周期管理；通过不断完善公司信息化的三大标准体系建设，强化了信息化管理规范化、标准化、制度化，提升了信息化软实力。

二、信息化发展规划

未来，按照南方电网公司中长期发展战略的总体部署，云南电网公司将进一步推进客户服务、资产管理、电网规划、电网投资、电网建设、电网运行和资源发展支持等核心业务的集约化、精益化管理；同时实现电网从发、输、变、配、用、调六个环节向全过程的智能、高效、可靠、绿色发展。管理的创先发展和电网的创新发展都对信息化提出了更高的要求，为此，公司制定了云南电网信息化发展子战略，提出公司未来的信息化发展要实现三大融合、实现四个提升、推进三个转变、构建七个系统和一个平台，全面服务公司的整体发展战略。

（一）实现三大融合

实现信息技术与通信技术的融合。随着信息通信技术的不断发展，信息与通信的技术边界已经模糊，信息与通信技术共同构成现代化电网发展与企业经营管理的巨大推动力和核心技术手段。因此，信息与通信专业在管理和技术上需要高度融合。

实现管理信息化与电力生产自动化的融合。随着绿色电网的发展，电网监控、调度与生产、营销等管理业务更加紧密地联系在一起，管理信息化与电力生产自动化在原本信息处理技术相同的基础上，深度融合趋势进一步加强。因此，必须通过自动化的实时信息和管理信息的融合，实现更大范围的流程融合和信息互动，提高电网生产运行、电力营销服务等业务的管理和决策水平。

实现业务与技术融合。随着企业信息化的发展，信息化技术已完成从技术工具到服务中心的转变，并必将渗透到企业所有的业务活动；信息技术引领企业创新发展已成为共识。借助云计算、物联网、SOA等新技术的成熟运用，企业将逐步构建柔性、智能的统一信息平台，及时响应业务需求变化，支撑绿色电网的快速发展，最终实现以业务与技术融合为特征的信息化企业。

（二）实现四个提升

架构更统一。全网范围内统一技术标准、统一应用架构、统一平台选型，实现应用系统内、应用系统间、网公司与省公司间的相互连接，建成一个内容完整、结构统一、有机联系的完整信息平台。

理念更先进。通过信息化手段，固化公司先进管理理念和模式，推动公司管理创新和发展。重点支持公司资产全生命周期管理、客户全方位管理、资源集约化管理三大管理理念。

应用更智能。基于面向服务架构体系，使应用软件可以快速响应需求的变化；基于企业级数据中心和先进的决策分析技术，提升公司经营决策智能分析、管理控制智能处理、业务操作智能作业的能力。

平台更安全。实现设计、开发、测试全过程控制，确保信息化平台的性能和强壮性，能满足业务管理的要求；通过科学有效的运维，保障信息化平台的不间断服务；采用多种信息安全技术手段和管理措施，加强物理安全、网络安全、系统安全、应用安全、数据安全等多层面防护，确保信息安全。

（三）推进三个转变

推进公司信息化从业务驱动型向战略驱动型转变。公司站在全网的高度，按照公司战略和业务发展方向，引入并固化企业资源计划（ERP）、资产全生命周期管理（LCC）、客户关系管理（CRM）、供应链管理（SCM）等先进管理理念，全面支撑公司省、地、县各层级业务管理与处理，支撑公司资源管理集约化和业务处理精益化。

推进公司信息化从分散建设向集中建设转变。在公司领导下，自上而下"统一管理、统一规划、统一标准、统一建设"，整合全网信息化资源、成果和人才，与网公司充分协调，共同推进信息化建设。

推进公司信息化从部门级应用到企业级应用的转变。按照网公司"管理好、服务好、形象好"的战略愿景，借鉴先进的管理理念进行跨部门、跨业务的企业级业务处理系统建设，实现应用间信息共享和工作协同。

（四）构建七个系统和一个平台

建设企业分析决策系统。以企业数据资源管理为基础，实现对结构化数据、非结构化数据以及实时数据的分析应用。通过对结构化数据管理和分析应用，实现网、省、地三级决策分析支持；通过对非结构化数据的搜索及分析应用，实现知识管理的建立；通过实时数据分析，为电网运行分析及未来智能电网决策分析提供支持。

建设资产管理系统。实现设备资产从规划设计、选型、采购、招标、运行、维护、更新到退役等全过程的精益化管理。打破部门界限和信息壁垒，实现设备资产全生命周期各阶段、各环节紧密衔接的全过程、闭环管理，实现"账、卡、物"一致，实现资产实物管用效率、使用寿命和全生命周期成本的综合最优，提高资产管理的规范化、标准化和精益化水平。

建设人力资源管理系统。打造全网统一、制度有效、流程清晰、指标科学的人力资源管理信息平台，以人力资源业务管理体系为支撑，全面优化业务流程，建立健全有效的集团化人力资源管理体系，不断完善约束激励机制，提升以人力资源专业运营为载体的人力资源管控能力；建立全面人力资源管理事务，实现全网信息共享的教育培训，实现全网一体化的人力资源规划和人才库管理，实现科学的员工职业规划及后备人才发展管理，通过信息化建设支撑全口径、全业务、全过程的人力资源集约化管理。

建立财务管理系统。按照公司财务集约化管理要求，建设全网集约化、一体化的财务管理系统，固化财务管理流程，构建财务管理内控体系，实现会计核算、资本、资金、预算的集中管理，支持全网"一本账"；实现全网资金的统一监控与调拨，加强与银行的交互，通过银企互联实现公司资金集约化管理；通过控制各类预算，实现全面预算管理，支撑预算集约调控，加强成本精细化管理；通过系统间横向集成，实现财务和业务的有机融合；通过财务决策与分析功能，逐步向决策性财务转变。

建立综合管理系统。实现公司审计、监察、党政工团、法律事务等综合类管理业务的信息化支撑，提升管理水平，提高工作效率。使用信息化手段全面支撑公司对经营活动、经济结果、员工行为的管控和监督，有效规避业务风险。实现对审计、监察业务流程的全方位、全过程支撑，实现在线对业务系统实施经常性、连续性、即时性审计和监督，为公司发展保驾护航。

建立协同办公系统。促进专业信息和办公信息融合，实现公文的自动流转、实时监控及自动归档；梳理公司各类办公业务，规范业务流程，实现高效的业务协同，保障公司政令畅通，有效地协调和推进公司日常工作并督促落实，提升办公效率；建立及时的内部通信和文档管理，强化信息枢纽能力，服务公司总部各部门和系统各单位。

构建综合技术平台。构建以虚拟化为特征的云计算基础设施，以面向服务架构为原则的集成服务和多渠道、一体化信息展现的综合技术平台，为公司构建企业分析决策系统和六大企业级业务处理系统建设提供基础支撑。

第十二章 组织与资源保障体系

云南电网公司为实现"主动承担社会责任,全力做好电力供应"的使命,制定了切实可行的发展战略,并通过强化组织与文化建设,高效配置人、财、物等组织资源,有效保障了各阶段战略目标的实现。其中,组织与文化建设为战略实现提供了根本动力,而财务和物资保障则提供了基本条件,人力资源管理则是各项工作顺利推进的必要条件。

第一节 组织与文化保障

组织与文化建设是公司战略执行的重要保障。云南电网公司积极推进组织一体化建设,提高组织运行效率,加强组织绩效考核。同时,公司深入推进企业文化建设,形成了与南网文化一致的企业文化体系框架,构建了文化识别、文化传播、文化转化、文化保障、文化评价五大战略推进与管理系统。公司深入推进幸福南网建设,在确保战略实施的同时,全面提升员工幸福指数。

一、组织架构一体化

2011年8月,按照南方电网公司"集团化管理模式,一体化管理制度"的总体要求,云南电网公司制定了《云南电网公司地市供电企业组织架构一体化实施方案》和《云南电网公司县级供电企业组织架构一体化实施方案》。公司要求各级供电企业以提高管理水平、工作效率和供电服务质量为目标,结合企业的功能定位、性质和业务范围,进一步规范企业的组织体系建设,达到建立"统一规范、精干高效、运转协调"的组织体系,有效推动企业机构设置和岗位编制的"一体化、规范化"管理,为实现公司"服务好、管理好、形象好"的战略目标发挥基础性作用。

公司在推进组织架构一体化过程中，始终坚持三大原则：

（1）统一规范原则。突出核心业务链，注重主营业务组织架构的统一规范，确保同类业务建立统一的职责界面、管理制度、工作标准和业务流程。

（2）精干高效原则。在保证业务流程运作顺畅和满足一体化管理要求的基础上，适当精简机构，压缩管理层级，减少中间环节，合理确定定员编制，力求人员精干、办事高效。

（3）组织效率最大化原则。科学确定机构功能定位和管理职责，强化专业化分工与协作，加强各层级的纵向贯通和各业务的横向协调，实现组织效率最大化。

二、纪检监察工作

作为一家国有企业，组织纪律和党风建设是一项重点工作，直接关系到企业运营和国有资产保值增值。云南电网公司高度重视纪检监察工作，深化落实党风廉政建设责任制，不断完善惩防体系建设，同时加大效能监察力度，努力提升公司的效率和效益。

自2003年成立以来，公司所属各单位强化反腐倡廉建设工作，通过目标管理与过程管理相结合，认真落实党风廉政建设责任制。具体工作包括：完善领导班子成员党风廉政建设岗位职责，明确责任主体，坚持落实领导人员"一岗双责"；层层签订年度党风廉政建设责任书，明确年度责任目标；加大各部门齐抓、上下联动共管的力度，重视责任延伸，建立分层负责、下管一级的责任体系，通过考核加大对责任追究的力度。目前，公司各单位已形成高度重视党风廉政建设责任制的良好氛围，各级党组织定期分析、研究党风廉政建设和反腐败工作，使责任制的内容融入到生产经营和管理工作中，做到党风廉政建设与业务工作一起抓。

多年来，公司紧紧围绕中心工作和生产经营管理的重点、难点积极开展效能监察工作。具体工作包括：抓好重大建设项目、大修技改项目、大额资金的调拨等方面的监督检查，及时发现薄弱环节和漏洞，提出监察建议，督促整改措施的落实；围绕电网建设、大修技改、物资采购、业扩报装、电费回收和不良资产管理等重点环节开展效能监察。各级纪检监察部门主动加强与业务部门的工作联系，充分发挥效能监察在监督控制中的作用。

多年来，公司把效能监察作为纪检监察工作融入企业管理的最好抓手，明确了效能监察各年工作要点，围绕中央扩大内需投资项目及城网改造和农网完善项目、"三重一大"集体决策制度执行情况、成本管理、工程建设招投标、物资采购等内容，深入开展效能监察，取得了明显的成效。公司各单位认真开展成本管理效能监察，认真把好费用关，实现了办公费、会议费、差旅费、接待费、外事费目标的控制，促进了管理效率和经济效益的提高。

三、组织绩效考核

为了提升组织运行效率，确保战略落地执行，公司不断完善组织绩效考核体系，强化考核的完整性、公平性和透明性。公司首次实施了对云南电网公司本部部门的组织绩效考核，组织绩效考核范围由 2010 年的 38 家单位增加为 2011 年的 65 个部门和单位，实现了绩效管理从公司本部到各级单位、从领导到员工的全覆盖。公司印发了《云南电网公司绩效考核管理规定（2011 年版）》，统一管理公司组织绩效和个人绩效考核相关的 12 个考核办法、专业或专项考核实施细则。公司组织绩效考核包括对本部职能部门、直属单位责任制考核。对本部职能部门的考核采用会议述职及综合评价的形式。

公司对本部各职能部门绩效考核采用会议述职及综合评价的形式，依据部门的工作业绩和管理成效表现，进行年度评价。公司在每年度举行述职会，按"工作目标及任务完成"、"职能职责履行"、"部门间协作与配合"等内容进行考核，结果分为 A、B、C 三级。

公司对直属单位的责任制考核采用签订年度绩效考核责任书的形式，由各单位业绩考核和领导班子考核两部分构成。业绩考核包括指标考核和重点任务考核两部分，其中指标考核占 70% 权重，重点任务占 30% 权重。公司在考核期内对绩效进行过程监控，考核期末对完成情况进行考核，得出年度评分结果，并分为"生产经营型"和"一般经营型"公司进行排序。

四、企业文化建设

公司深入推进企业文化建设，结合时代发展，不断丰富发展，形成了与南网文化一致的企业文化体系框架，构建了文化识别、文化传播、文化

云南电网公司考察

转化、文化保障、文化评价五大战略推进与管理系统。为有效承接南方电网公司企业文化战略，2012年，云南电网公司根据《南方电网公司2012年企业文化建设工作安排》，系统推进公司文化管理工作机制的建立，加大文化转化落地工作，突出强化员工责任意识，恪尽职业操守；强化员工人文关怀和心理疏导；积极推进特色专业文化建设，促进南网文化真正融入管理、切入业务、植入行为，成为助推企业健康、科学发展的动力源泉。公司围绕六项重点工作深入推进企业文化建设，包括全面落实南网公司企业文化职能战略、有序推进企业文化识别一体化工作、广泛开展企业文化传播工作、积极推进企业文化转化落地、强化企业文化建设保障机制以及积极开展企业文化建设评价工作。同时，公司通过任务分解、计划制定和职责分工，确保六项任务落实到位、按时执行。

为促进公司中长期发展战略实施、全面提升员工幸福指数，公司积极落实南方电网公司《幸福南网建设指导意见》，扎实开展幸福南网建设（见图12-1）。

（1）加强安全文化建设，深入推进电网安全风险防控体系建设，加强南方电网公司安全生产令、新事故（事件）调查规程的学习宣贯。深入开展安全主题教育活动。

（2）积极改善工作生活条件，积极创建和谐温馨变电站建设，优化薪酬管理，关注离退休人员生活与健康。强化公平公正，注重职责划分、考核激励、收入分配、选拔晋升、工作分配的公平、透明。

（3）加强和谐团队建设，融洽团队氛围。以一体化建设为重要抓手，明细岗位责任和工作流程，构建一体化组织架构体系。

（4）加强员工节能培训，培养员工积极心态，帮助员工树立正确的价值导向，增强员工幸福能力。

【专栏12-1】

碧罗雪山团队——翱翔在"生命禁区"的雪山雄鹰

云南省送变电工程公司怒江工作站，目前维护着我国海拔高差最大的220千伏输电线路——云南电网220千伏福剑线、220千伏兰福线，这两条线路横跨滇西海拔达4240米的碧罗雪山，全长222.5千米，是怒江大峡谷与大电网相连接的通道。高寒缺氧、荒无人烟，碧罗雪山被称

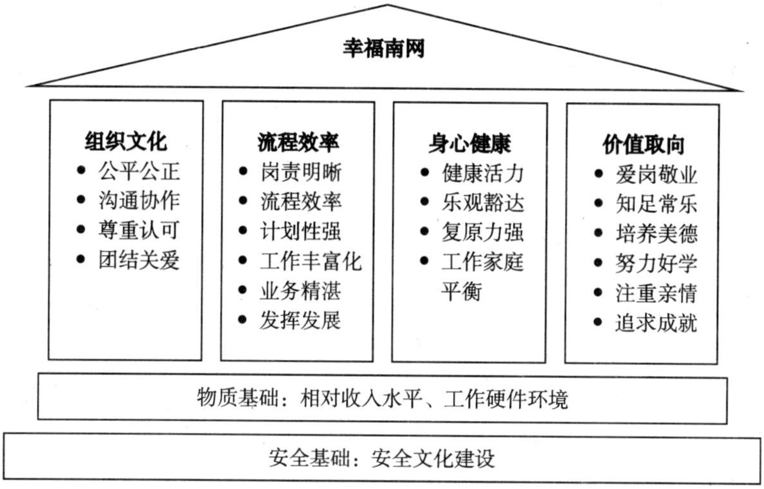

第十二章 组织与资源保障体系

```
                    幸福南网
    ┌─────────┬─────────┬─────────┬─────────┐
    │ 组织文化 │ 流程效率 │ 身心健康 │ 价值取向 │
    │• 公平公正│• 岗责明晰│• 健康活力│• 爱岗敬业│
    │• 沟通协作│• 流程效率│• 乐观豁达│• 知足常乐│
    │• 尊重认可│• 计划性强│• 复原力强│• 培养美德│
    │• 团结关爱│• 工作丰富化│• 工作家庭│• 努力好学│
    │         │• 业务精湛│  平衡    │• 注重亲情│
    │         │• 发挥发展│         │• 追求成就│
    └─────────┴─────────┴─────────┴─────────┘
    物质基础：相对收入水平、工作硬件环境

    安全基础：安全文化建设
```

图 12-1　幸福南网构建

资料来源：南方电网公司《幸福南网建设指导意见》。

为"生命禁区"。为确保怒江大峡谷与南方电网连接的 2 条输电线路 220 千伏福剑线、220 千伏兰福线的安全运行，云南电网公司怒江工作站 18 名来自不同民族的巡线员常年在此巡守。

怒江工作站的巡线任务非常"险"、"重"，在冬天，就连住在山腰的赶马人都不愿意和巡线员们一起上山。四年来，怒江工作站巡线员们多次翻越碧罗雪山，穿越 50 公里被称为"生命禁区"的无人区和原始森林，克服 3000 米海拔高差带来的身体不适，出色地完成了工作任务。

按照规定，怒江工作站每两个月要对线路进行一次巡检，每次巡检大约需要 20 天。但由于 220 千伏兰福线情况特殊，事实上巡检的密度远大于此。每年 11 月至次年 4 月，重点巡检线路防覆冰；5 月、6 月、10 月，重点巡检防铁塔基础滑坡；11 月至次年 2 月，重点巡检防火灾事故。

由于怒江工作站巡线员的敬业与坚持，自 2007 年成立以来，工作站巡检范围内没有重大安全事故发生。在南方电网报社发起并组织的"感动南网"评选活动中，云南电网公司碧罗雪山团队荣获 2011 年度"感动南网"一线团队。2011 年 4 月 22 日，中国首届感动电力人物·团队颁奖典礼在人民大会堂举行。怒江工作站成为首批感动电力团队，全国只有 12 个团队获得这一殊荣。

资料来源：云南电网公司。

第二节　人力资源保障

人力资源是企业赖以生存的核心要素，离开高素质的人才队伍，企业发展将难以为继。云南电网公司从科学发展观出发，按照南方电网公司统一部署，全面构建人力资源一体化管理体系，大力实施人才发展"六大工程"，不断完善绩效考评和激励机制，努力构建多维度、多梯次的人力资源支撑体系。

一、人力资源管理体系

云南电网公司按照南方电网公司人力资源管理要求，全面构建人力资源一体化管理体系，夯实人力资源管理基础，在组织架构、岗位体系、干部人才、劳动用工、工资分配、保险福利、绩效管理、教育培训、人才评价等方面推进管理制度、业务流程、工作表单等一体化管理。

（一）建立一体化的组织、岗位和用工管理体系

一是巩固组织架构一体化成果，不断优化组织架构设置；二是积极推进岗位责任体系一体化建设，规范岗位岗级设置；三是进一步规范劳动用工管理实施计划，统筹部署劳动用工规范管理分阶段的目标及任务；四是制定劳动用工管理办法实施细则，进一步健全劳动用工管理制度。

（二）建立一体化的绩效、薪酬、福利体系

公司积极建立薪酬、绩效、福利三位一体的保障、激励体系，出台了福利、工资预算管理实施细则并统一分配标准，完成了县级供电企业工资分配结构改革，同时建立了绩效积分账户管理体系。

（三）建立一体化的保险体系

公司起草了一体化、规范化保险体系的相关实施细则，同时制定并实施了检查方案。2012年，公司已顺利完成基数申报工作，完成41家单位14729名职工基数上报并录入省社会保险局数据库。

（四）建立一体化的教育培训体系

公司进一步理顺省、市、县公司三个层面教育培训工作，整合课程资源并规范课程的开发与管理，利用教育培训信息平台完善师资库信息，规范和加强培训基地培训分类建设和质量管理，完善教育培训管理信息系统，并以此为依托，全面规范和深化一体化教育培训体系建设。

（五）建立一体化的人才评价体系

公司进一步完善了供电企业岗位能力素质模型，编制了《技能人员核心岗位培训规范（素质潜能部分）》和《技能人员试题库开发（素质潜能部分）》等一系列文件。同时开展了技能岗位胜任能力标准建设、变电岗位胜任能力评价工作，以及新员工招聘网上测评工作。

（六）建立一体化统计报表体系及管理信息系统

一方面，进一步做好系统数据维护与完善工作，通过定期与不定期检查相结合的工作方式对系统数据质量进行跟踪，在每月报送人力资源统计报表的同时将系统数据与报表数据同步进行核对；另一方面，认真学习南网公司《关于规范公司人力资源管理信息系统应用管理的通知》，并结合公司实际制定实施细则，建立健全人力资源管理信息系统管理制度。

二、人才队伍建设

（一）加强基层班子建设，增强引领发展能力

近年来，公司按照"坚定、团结、务实、廉洁"的要求，重点从两方面加强基层班子建设，不断提高带队伍、抓发展的能力。

（1）强化基层班子的人岗匹配，充实基层管理力量。对基层领导班子成员及本部部门干部进行交流、调整和补充，使基层班子、干部队伍年龄、学历、专业结构更加合理，性格气质更加互补，领导力量得到充实。

（2）加强考核评价管理，提升基层班子建设水平。制定了《公司所属单位领导班子和领导人员考核评价办法（2013年版）》，并开发完成领导干部多维度测评系统，全面梳理制定综合考评现场检查细则和量化统计表，进一步增强考评的科学性及实效性，促进班子建设水平及干部素质整

体提升。

(二) 抓好干部队伍建设，强化战略执行能力

干部队伍是推进战略落地的决定性因素，是实现企业科学发展的关键动力。公司重点从五个方面强化公司干部队伍建设：

(1) 规范开展干部选拔调整工作。坚持德才兼备、以德为先的原则，突出初始提名、民主推荐、组织考察、沟通酝酿、讨论决定等关键环节，严格规范地抓好干部选拔调整工作，营造公开透明、公平竞争的良好氛围，树立选贤任能、竞争上岗的良好导向。

(2) 加强干部监督管理工作。及时转发并认真执行南网公司有关制度规定，坚持重点监督与日常监督相结合，通过组织监督、群众监督、舆论监督三种形式，认真开展对基层领导班子、领导干部、干部选拔任用三大重点对象的监督工作。

(3) 提升干部队伍综合素质。结合实际制定公司《2011年创建学习型领导班子实施方案》，加强对基层班子和领导干部的学习引导、统筹安排，努力提升广大干部的思想理论水平和研判形势能力。坚持"送出去"与"请进来"相结合，分层、分类加强管理知识及业务能力培训，不断提升各级干部的履职能力。

(4) 促进优秀年轻干部成长。高度重视后备干部队伍，积极更新和完善后备干部档案，及时了解后备干部学习工作表现。有针对性、有重点地加强对优秀年轻干部的培训锻炼、轮岗交流及跟踪考察。初步建成了一支素质优良、数量充足、结构合理、上下衔接的后备干部队伍。

(三) 启动人才发展六大工程，优化人才结构

公司牢固树立"人才资源是第一资源"的理念和"人人可成才"的人才观，全面贯彻"服务发展、人才优先、以用为本、创新机制、高端引领、整体开发"的指导方针，推进公司人才管理工作的一体化，不断提高人才发展的科学化水平，服务公司创建国内领先的电网运营企业战略目标。公司按照南方电网公司的统一部署，积极启动实施人才发展"六大工程"，旨在造就一支具有国际眼光、系统思维、创先意识，支撑公司战略落地的人才队伍。2011年6月，公司发布了《人才发展"六大工程"工作方案》，确定实施经营管理后备人才培养工程、科技领军人才开发工程、

技术专家培养选聘工程、高技能人才培养工程、海外高层次人才交流和引进工程以及公司本部人才建设工程，明确提出各项工程在 2011~2020 年的具体工作目标和措施计划（见表 12-1）。在此基础上，组织公司各单位结合实际制定人才发展实施方案并认真指导方案的修改完善，层层进行布置落实，夯实公司人才培养基础。

表 12-1 公司人才发展"六大工程"工作任务及目标

人才工程	主要任务	目标
经营管理后备人才培养工程	以提高战略开拓能力和现代经营管理水平为核心，培养造就一支职业素养好、市场意识强、视野开阔、眼光独到、开拓精神和社会责任感强的经营管理人才队伍。优化人才队伍年龄结构，加快年轻管理人才的培养	到 2020 年，培养 600 名各单位复合型后备管理人才；公司后备干部队伍年龄结构、知识层次等更加合理，综合素质能力更加突出；对南网公司选拔集中培训的优秀青年，采取有目的、有针对性的培养，使其更能适应岗位要求，成为战略性复合型储备人才
科技领军人才开发工程	围绕提高自主创新能力、建设创新型企业，以高层次创新型科技人才为重点，以在南网公司系统内具有比较优势的科研领域、有望在全国范围内取得相对领先技术的电网核心专业和关键领域为基础，培育一批掌握核心技术和拥有自主知识产权的科技领军人才，培养造就一批以知名专家为核心的拔尖人才，注重培养一线创新人才和青年科技人才	到 2020 年，打造 4~6 个国内领先的科研团队，培养造就 6~10 名在电网行业细分专业领域国内知名的领军人才
技术专家培养选聘工程	以提高专业水平和创新能力为核心，以高层次人才和急需紧缺人才为重点，培养造就一支专业水平高、创新能力强、富有钻研精神的专业技术人才队伍。推进技术专家选聘工作，完善专业技术人才发展通道	到 2020 年，选聘 300 名左右的公司高级专业技术人才，争取培养产生高级技术专家 2~3 名，技术专家 20 名，专业技术骨干 280 名
高技能人才培养工程	以提高职业素质和职业技能为核心，以高技能人才为重点，培养造就一支具有较高的文化和专业知识、遵章守纪、爱岗敬业、技艺精湛的技能人才队伍	到 2020 年，新增高级技师 500 名，技师 2000 名，高级工 13000 名，使公司高级技师占技能人才的比例达到 2% 以上，技师达到技能人员的 15% 以上，高级工达到技能人员的 50% 以上
海外高层次人才引进工程	探索以公司"两站"为平台，以灵活多样的方式，在电网安全稳定、直流输电、电网仿真等核心专业和新能源、智能电网等紧缺专业适时交流或引进海外高层次人才	到 2020 年，形成与海外高层次人才交流、学习、引进的机制
公司本部人才建设工程	按照一体化管理架构的定位，切实加强本部人才队伍建设，不断提高本部的管控能力和水平，把本部建设成为公司复合型人才的聚集之地、培养之地	培养造就一支甘于奉献、勇于创新、精通业务、团结协作、有朝气、有活力的总部人才队伍

资料来源：《云南电网公司人才发展"六大工程"工作方案》。

(四) 建立教育培训长效机制，提升员工素质

公司致力于建立职工教育培训长效机制，持续提升员工素质。公司科学编制培训计划，推进思想道德素质、身心健康素质、专业技能素质和科学文化素质"四质一体"的员工素质工程，构建集培训信息、核心业务管理和培训资源共享为一体的培训网络平台，固化"双向培养"的内训师培养模式，全过程信息化管理培训需求、培训策划、培训实施和培训评估。为改进职工培训效果，公司引入了"自上而下需求为主，自下而上需求为辅"的双向需求分析方法，通过需求的星级评定，确定需求导向，采用了需求方、实施方和职能管理方三方联动的方式。

公司不断深化教育培训资源向一线倾斜，加强一线员工现场培训，以送教上门和培养各单位兼职培训师方式，开展现场培训和专题培训。尤其重视加强高技能人才培养工作，多样化开展班组长培训，切实提高班组长带队伍的能力。截至2012年底，公司已建立起1674名专兼职培训师构成的师资库，培训网络平台上线访问高达71万人次，在昭通等5个供电局建成了具有区域覆盖性质的高端网络培训教室，2012年全年共培训员工425030人次。

> 【专栏 12-2】
>
> **临沧供电局"师徒结对"助推新员工培训**
>
> 为促进人力资源更新，缩短新员工成长周期，加强青年人才队伍建设，临沧供电局长期坚持做好"师徒结对"工作，助推新员工培训成长。在每一位新员工进入局内后，除了为其安排相应的岗前培训外，还通过签订师徒合同的方式，为每一位新员工指定一名技术业务能力强、道德素质高的"师父"在工作与生活上给予全方位的指导。在新员工1年实习期间，"师父"不仅要负责教会新员工各项业务技能，帮助其快速适应岗位工作，还要负责对其生活进行指导，帮助其树立正确的人生观与价值观。
>
> 此外，在新员工实习期间，临沧供电局人力资源部要在每一季度末组织各位"师父"及各部门领导对新员工学习成长情况进行评分。在1年实习期满时，人力资源部根据其季度评分及转正答辩成绩，评选出优

秀师徒并对其进行相应的表彰。通过一系列的过程管理，部门、导师、徒弟之间形成了紧密的联动机制，徒弟的学习成长与导师培训工作效果相互推进，在很大程度上提高了培训质量。

通过做好"师徒结对"工作，各位新员工在1年的时间里不仅学习到了过硬的技能知识，也树立了强烈的责任心与进取心。这将对优化员工队伍结构、提高员工队伍工作能力起到显著的效果。

资料来源：云南电网公司。

三、激励评价体系

（一）完善薪酬福利管理，提高员工满意度

（1）精心组织各单位做好工资总额调控工作，指导各单位对企业正常发放及调整的工资总量严格控制，规范分配行为，加强对工资总额的控制，强化工资执行情况的管理。进一步规范农电工工资列支渠道，自2011年1月1日起，农电工工资统一纳入工资总额列支。认真研究编制并出台《云南电网公司工资分配结构调整实施细则》和《云南电网公司工资支付管理实施细则》。进一步加强工资总额预算管理，综合考虑公司实际及各基层单位在规模、效益、经营难度等方面的差异，制定《云南电网公司工资预算管理实施细则》对基层单位的工资总额进行公平、公正的分配。

（2）注重加强劳动保护及福利政策研究，建立和完善公司劳动保护用品管理和福利制度。2011年以来，公司对相关制度进行了进一步完善：①认真安排部署，提前对临近退休人员档案及相关资料进行预审与完善，有效提高了退休手续办理效率；②根据南方电网公司的文件要求，高度重视离退休人员正常生活补贴的贯彻落实工作；③根据省社会保险局的部署，提前谋划，克服了时间紧、任务重的困难，完成老工伤员工资料收集，并将符合老工伤申报条件的1396人的申报材料装订成册上报云南省社保局。

（二）完善人力资源评价体系，持续提升员工素质

2010年，按照南方电网公司一体化的相关要求和任务安排，完成了

《南方电网公司技能人员核心岗位培训标准（素质潜能部分）》、《南方电网公司技能人员试题库开发（素质潜能部分）》、《南方电网公司专业技术人员胜任力模型及评价标准（素质潜能部分）》、《员工素质测评结果和绩效考核成绩的关联》的研究工作。其中，"基于岗位能力素质模型的测评系统开发"获全国电力行业创新成果一等奖；"供电企业岗位能力素质模型及行为评价标准研究及应用"项目获得中国人才研究会第四届人事人才优秀科研成果一等奖。

2002~2012年，公司建立了由评价组织、评价制度、评价标准、评价方法、评价试题库加评价E化平台（即信息化平台）构成的"5+1"人才评价体系。同时，公司大力加强队伍建设，全面实施员工素质提升工程，紧密围绕员工岗位胜任能力和全员持证上岗开展工作，形成培训、评价、使用、待遇、职业发展为一体的有效运作机制，打造结构优化、素质优良、效能优异的员工队伍，为实现公司发展战略目标提供坚实的智力支持和人才保障。

第三节　财务保障

近年来，公司以提升价值创造能力为目标，追求经济价值和社会价值的统一，加强财务集约化和一体化管理，不断强化财务的服务、监督和支撑作用。公司实行集约管理，控制成本，统一财务政策，建立分级管理授权机制，实行重大财务报告制度，在全公司范围内优化资金配置，加强金融平台建设，加强成本控制，预算管理涵盖融资、建设、生产、营销、线损管理等各项业务全过程，增强财务控制力和运营效率。

一、财务管理体制

云南电网公司按照南方电网公司"一体化"方案和要求，从2010年开始启动财务一体化管理，将集约化管理理念融入财务"一体化"管理中，梳理公司本部、分子公司、州市供电局三级财务管理职责界面，明确各层级财务管理关系和职能定位。公司按照南方电网公司统一部署，开展财务管理制度清理工作，梳理财务管理制度，配合南方电网公司完成财务管理组织架构调整，确定预算、资金、核算、资产、风险管理、电价等财务管理职能分类，建立财务一体化制度流程框架体系，重点开展业务流程、管理制度和指标体系一体化管理工作。公司按照"一个法人单位作为一个会计主体、只设立一个会计核算账套"的原则，研究制定会计主体撤并整合方案。2011 年，公司通过撤并账务方式减少会计主体 5 个，通过实施"一本账"财务管理系统方式减少会计主体 17 个。

二、全面预算管理

（一）实行全过程成本控制

公司资金实行全面预算管理，各项财务收支均纳入预算管理的范围，并严格按照批准预算使用资金。在预算管理中，公司始终坚持树立涵盖融资、建设、生产、营销、线损等全过程的"大成本"观念，加强生产经营过程中的成本控制，从严下达各单位成本控制目标，加强成本分析。公司以标准成本试点工作为契机，积极推进标准成本体系建设，全面完成输配电标准成本试点工作，在玉溪供电局形成《成本预算编制标准指南》、《成本动因数据库》和《输配电成本标准模型》，搭建试点单位层面的输配电成本标准，逐步提升成本管理的科学化、精益化水平。

（二）细化财务预算管理

公司提前介入、主动调控，编制涵盖系统内 138 家单位的财务预算方案，强化预算对公司经营目标的整体把握，重点对包括县公司在内的 97 家电力子公司的资产负债、经营成果预算进行全面细化，进一步提升预算管理集约化和精细化水平。2012 年，公司修编了《资本财务考核实施细则》，进一步加强预算执行与绩效考核的联动，有效提高预算管控和执行能力。同时，公司始终坚持价值创造理念，通过研究《分子公司经济增加值考核方案》，测算 16 家供电局经济增加值水平，并积极开展价值管理的宣贯，增强经济增加值责任传递，提升各单位价值创造理念认知度。

三、资金管理

（一）推行资金集中管理

2007年，公司按照南方电网公司《关于进一步加强资金集中管理的通知》的统一部署，积极推进云南电网公司在四大商业银行集团账户的集中管理。截至2010年，按照南方电网公司"高度集中、分层管理、支出管控、安全高效"的资金管理原则，将公司130家单位在四大商业银行账户资金进行集中管理，集中资金约20亿元，母公司资金集中率达95%以上。同时，实现公司系统单位在四大商业银行和财务公司账户资金的实时在线监控，撤销银行账户201个。自2011年1月1日起，在分、子公司实施收支两条线管理，对分公司支出实行零余额管理，最大限度减少了资金沉淀。资金集中管理模式推行以来，提高了总部统一调度资金的能力，节约了资金成本，控制了公司的资产负债率。

（二）加强资金安全管理

公司高度重视资金安全管理，将资金安全管理作为一项长期工作常抓不懈。公司不断加强银行账户管理，建立标准化银行账户管理体系，开展银行账户清理工作。2010~2011年，先后开展公司系统134个单位资金管理执行情况和资金高风险环节的交叉检查，检查覆盖面达100%，问题整改率100%；按照"全面、深入、彻底和精简、必要"的账户清理原则，开展银行账户清理，撤销低效、重复、不必要银行账户173个，新增账户49个。公司加强对资金运作的风险管理，加强对资金运作的监察和审计，开展资金管理专项检查并督促整改落实到位。此外，公司还开展了高风险业务调查和清理工作，加强了财务监督，规范了担保管理、捐赠管理和结算中心运作，资金风险得到较好控制。

四、电价管理

公司电价管理实行统一领导与分级负责相结合的原则。电价管理的内容包括电价管理职责划分、电价测算和报批、电价执行与监督、电价信息收集与分析、电价研究和培训等工作。为建立公司电价管理体系，加强和规范电价管理工作，2004年以来，公司积极开展电价体系的研究，加强

第十二章　组织与资源保障体系

对购电结构和购电成本的分析，开展对电网盈利空间的判断与预测，配合国家发改委和电监会等部门开展电价检查与调研工作。在国家《电价改革方案》的框架下，公司结合云南电网实际，努力推进电价改革方案的落实及合理电价机制的形成，得到了省价格主管部门的大力支持。规范了公司系统电价管理，制定了公司内部《电价管理办法》，明确了电价管理权限和管理程序，创新了电价管理架构，初步建立了公司系统电价管理体系，使公司系统电价管理工作有章可循。

2010年，公司认真组织开展电价政策执行和厂网电费结算情况检查工作，向国家电监会上报电价执行情况报告，配合电监会督查组做好云南省电价执行情况和厂网电费结算情况重点抽查工作。2011年，公司按照电监会统一部署，对云南电网公司2010年度及"十一五"期间节能减排工作进行了专项督查。为确保"十二五"期间云南省火电企业单位发电量能耗及二氧化硫等污染物排放量稳步下降，公司建立云南火力发电企业节能减排信息报送和披露制度，定期向社会发布。2010年9月，公司完成与云南电网火电机组烟气自动在线监测系统联网，实现对火电机组烟气脱硫情况的实时监控，进一步加强对差别电价、脱硫电价等电价政策执行情况的监管力度。2012年，公司全力配合政府部门做好成本监审、方案制定及听证会的组织筹备工作，确保居民阶梯电价政策的平稳落地。

五、内审管理

多年来，云南电网公司坚持"以提高公司各项工作的管理水平为主导，审计监督为辅"的管理思路，树立"大审计"理念，在健全内审组织体系、加强制度建设、严格审计程序、规范审计行为、改进审计方法、推动管理创新和促进成果运用方面做了大量的工作，取得了良好的成效。

公司以构筑审计监督"一张网"的扁平化管理格局为目标，对内部审计机构进行不断的完善，从组织体系上突出了总部审计模式。云南电网公司审计部由原来以业务归口管理为主的监督管理部门，转变成以直接承担公司审计项目以及指导、检查公司系统各单位内部审计管理和项目审计工作为主的组织管理部门，建立了"上审下"的内部审计监督机制，加强对各单位审计工作开展情况的检查、指导、协调与服务，全面提升总部审计职能，进一步加强内部审计部门的独立性和权威性。

公司在健全内审组织体系、工作机制的基础上，提升审计工作问责制理念。各单位大力加强内审管理：有的单位整合审计力量，实行审计派出制；有的单位推行审计通报制度，促进审计成果的运用和转化；有的单位将计算机辅助审计技术引入到实际工作中，提高了工作水平和效率。公司还定期组织开展优秀审计成果评选，表彰先进，鼓励审计项目创优。2010年，各级审计部门认真贯彻落实《内部控制制度审计办法》，组织开展了营销管理、大修技改内控制度审计。为确保审计成效，公司印发了营销管理和大修技改内控制度审计方案，及时组织教育培训，举办内控制度审计专题培训，组织公司系统审计骨干参加，有力地指导了各单位内控制度审计工作的开展。

公司结合自身实际，抓住重点环节、重点部位，深入开展专项审计和审计调查工作。其中，重点关注了"三重一大"集体决策制度执行情况、投资担保业务、成本管理、国有资产保值增值等领域，加强对预算执行、内部控制和风险管理的监督检查，发挥了确保企业健康发展的服务作用。经济责任审计充分把握经济责任审计规律和特点，加强领导干部经济责任审计，促进干部依法履职。重点对"三重一大"集体决策制度执行情况、国有资产保值增值、关联交易、成本管理和内控及风险管理的监督检查，以确保公司健康发展。为了扎实有效地建立审计成果运用的长效机制，公司把审计整改情况纳入了责任制考核，有效发挥了审计成果的作用。通过审计工作，一方面促进了内部控制的规范管理，梳理管控流程和风险点；另一方面拓宽了经济责任审计新领域，深化了经济责任审计工作。

第四节　物资保障

云南电网公司注重加强物资管理，增强物资供应保障。公司按照南方电网公司物资一体化管理要求，积极推进物资一体化组织体系建设，搭建省级物资管理平台，制定相关管理制度和流程。同时，创新物资管理方式，推行物资采购合同履约管理，开展仓库分级管理试点，积极建设物资信息系统，全面提升物资管理水平。

一、物资管理体制

（一）组织机构

按照南方电网公司物资一体化管理的相关要求，公司积极搭建省级物资管理平台，于 2011 年 3 月初组建了物资部。同年 6 月，组建成立了云南电网公司物流服务中心（物资分公司）。物流服务中心定位于公司物资服务平台，负责物流服务工作，为公司基建、生产运营、行政办公、应急抢险提供优质、高效的物资保障。中心设立综合管理部、人力资源部、财务部、招标服务部、合同履约部、品质控制部、仓储配送部和党群工作部 8 个部门。

（二）管理制度和流程

2011 年，物资部成立初期，部门将建章立制作为工作的重点，全面贯彻落实网公司物资一体化管理要求，围绕《物资一体化管理工作方案》以及网公司下发的 19 个制度（规定），组织编写了《云南电网公司物资管理办法》、《云南电网公司招标管理办法》、《云南电网公司物资计划管理实施细则》、《云南电网公司物资招标采购管理实施细则》、《云南电网公司非招标采购管理实施细则》、《云南电网公司设备材料验收管理实施细则》、《云南电网公司物资配送管理实施细则》、《云南电网公司应急物资管理实施细则》共 8 个实施细则。同时，组织公司物流系统人员对网公司下发的物资管理 19 个办法（规定）、仓储配送管理、监造、抽检共 41 个作业指导书及公司制定的 8 个实施细则进行了全面的学习、宣贯。

（三）物资管理体系

根据南方电网公司实施中长期发展战略和推进一体化总体工作方案的部署，云南电网公司制订了物资一体化工作方案，把物资管理一体化、集约化作为开展各项工作的指导思路，全面开展物资管理七个一体化工作。为实现公司物资管理战略目标，公司开展一体化物资管理组织架构改革建设工作，实行了物资职能统一归口管理，建立网、省、地市三级职能管理，建立统一招标平台，开展网、省两级集中采购，健全网、省、地市、县区、镇所五级专业服务，形成"三级管理、两级采购、五级服务"物资

云南电网公司考察

管理组织架构，实行统一归口管理，完善规范了各层级物资部门职能和岗位职责。

二、招标采购管理

（一）招标制度体系建设

云南电网公司坚持网、省两级物资采购原则，迅速构建公司招标制度体系。公司严格按照"公开、公平、公正、诚实信用"原则开展相关的招标工作，同时按照"严格准入、量化比较、过失退出、动态管理"原则，组建了公司评标专家库，于2010年10月完成了第一批供应商的登记工作。此外，公司还特别成立了招标服务中心，以作为开展集团化采购的配套措施，建立规范高效的招投标管理机制，建立完善和良性的竞争平台。公司高度重视采购标准的编制工作，按照南方电网公司的要求，明确了公司物资采购标准的编写原则。统一的采购标准有助于提高公司装备水平，提升公司物资的通用性、互换性和可调剂性，还能够为各级生产人员的现场运行、维护、备品备件储备提供很大的便利性。

（二）在线招投标系统应用

云南电网公司通过应用在线招投标系统，极大地提高了招标工作效率。公司采购与招标网已经上线运行。在试运行过程中，参考各供应商的意见和建议，及时对系统进行持续的改进和优化。经过近几年的应用，目前已能完全满足各类招标项目的需求，系统的易用性得到了极大的提升，受到了各供应商广泛好评。从2012年开始，公司的招标项目全部采用网上招投系统进行，经过对系统的修改和完善，网上招投系统已完全取代了常规的招标工作模式。通过使用在线招投标子系统，按照流程规范完成整个在线投标过程，实现了招标公告、资格预审公告、中标公告等招投标相关的信息的网上公布，保证招标过程的"公平、公正、公开"。同时，公司结合供应商管理，提供供应商管理平台，供应商可通过招投标网进行网上登记、资质证书的更新及修改，保证供应商信息的有效性，同时实现了CA认证中心，供应商可以通过网上进行招标文件购买、下载、网上答疑、投标报价上传、在线开标等功能，保证了投标文件的有效性和安全性，减少了供应商购买招标文件等环节的时间。

三、供应商管理

(一) 物资供货里程碑计划管理

根据南网公司《关于编制公司 2012 年度物资供货里程碑计划的通知》（物〔2012〕6 号）文件要求，与年度投资计划及基建、农电里程碑计划形成联动。共编制完成了 35 千伏及以上基建、20 千伏及以下基建，生产技改、营销技改及农网技改五大类项目物资供货里程碑计划共 27598 项（含子项）。要求各单位按照里程碑进度表所列时间节点提前开展相关工作，严格按照里程碑进度进行需求计划报送。同时，公司结合《云南电网公司 2012 年项目物资里程碑供货计划》中各节点的计划完成时间要求，建立了《云南电网公司物资供应里程碑进度记录》，要求各单位加强领导、责任到人、盯住项目、超前控制。并做好记录，对相应检查点，逐一核实，专题研究，建立了项目物资的预警机制，确保各工程物资的按时供应。

(二) 供应商履约管理

按照《中国南方电网公司物资供应商履约问题处理实施细则》，采取履约周报制度的方式督促各单位及时反馈。公司建立了供应商履约问题台账，并及时组织相关部门、单位对存在履约问题的供应商进行约谈，安排专人跟踪。截至 2012 年底，公司共组织开展约谈会 12 次，约谈供应商 46 家，较好地避免了因为交货延迟而影响工程投产的情况。2012 年，500 千伏甘顶变、500 千伏通宝变二期、500 千伏太安开关站、500 千伏黄坪变、220 千伏黎明输变、220 千伏龙陵变等工程主要设备经过约谈，均取得了良好的效果，供应商均按照约谈要求完成设备交货，未对工程造成影响。

四、仓储配送管理

(一) 仓库分级管理

2011 年，昆明供电局和临沧供电局分别被南网公司选为仓库分级管理试点单位和超市化试点单位，根据南网公司相关要求，推进南网公司仓库管理工作，科学规划和建设两级仓库，合理布局急救包，完善寄售物资的管理，建立和完善保障物资供应的长效机制。昆明供电局作为云南电网公司唯一地市级供电局仓库分级管理试点工作单位，在试点工作中，开展了仓库布点设置、仓库改造、储备定额编制工作，发挥了仓库建设及试点工作的示范作用、带头作用；临沧供电局超市化试点中办公用品虚拟超市化运作正顺利进行，农网零星物资实体超市物资已上架，正在优化流程，逐步完善超市化管理。

（二）闲置物资管理

2011年开始，按照南方电网公司《库存物资清理处置工作方案》的要求，云南电网公司物资部积极配合各责任部门进行库存物资清理处置工作。物资部门向各责任部门提供库存物资清单，各责任部门落实库存物资的利用计划，物资部门配合各责任部门做好物资的出入库工作。自开展库存物资清理处置工作以来，物资部与各部门、单位积极配合，拓宽闲置物资的处置途径，形成合力，确保闲置物资平衡利库工作的实施。经过4个月的清理，云南电网公司库存物资下降了26%，在南方电网公司7家分省公司中降幅比例排名第二。

【专栏12-3】

红河供电局1270多万元闲置物资重"上岗"

根据南方电网公司《库存物资清理处置工作方案》的要求，2011年7月以来，红河供电局全面开展清仓利库工作。2012年4月23~28日，红河供电局物流服务中心牵头组织生技、基建、财务、农电等部门参加的物资清查小组，分别到部分县级供电企业进行核查，发现各单位上报的库存物资有较大误差。随后，该局领导又专门召开会议，要求各单位仔细清理再核查。通过对全局范围内的近20个物资仓库进行清查，统计到闲置物资共计1531.89万元。

为保证这些闲置物资最大限度地派上用场，红河局提出了处置思路：首先，在各单位2011~2012年农网项目中平衡利用，在同类物资未完成利库工作前，限制此类物资采购；其次，在确保安全、符合技术规范、满足使用的情况下，请设计部门调整设计，尽量消耗现有闲置物资；再次，对闲置物资采取全局统一协调平衡的办法进行平衡使用，先要求闲置物资所属单位在本单位内利用完成，本单位不能平衡使用的部

第十二章　组织与资源保障体系

分，由市局层面统一平衡调拨；最后，如确实无使用价值，经过鉴定后，由基建部统一向省公司基建部提出报废请示，待批复后作报废处理。

经过一年的清仓利库工作，红河供电局让价值1270多万元、在仓库中"沉睡"多年的闲置物资重新"上岗"，全部用于农网改造。

资料来源：作者根据王建《云南电网红河供电局清仓利库见实效—1270多万元闲置物资重"上岗"》改写，原文载于《南方电网报》2012-07-07（A4）。

五、信息系统建设

（一）物资信息系统建设

2012年初，公司下发了《云南电网公司物资管理信息系统2012年推广实施方案》，制定了"全面覆盖、单轨运行，注重实用、推进协同，强化培训，量化考评"的系统实施策略。针对物资信息系统与业务实际存在一定差异的现状，公司在第三季度下发了《云南电网公司物资管理信息系统全业务应用实施方案》，制定了物资管理信息系统年内应用目标和相关保障措施。通过强化系统应用，目前系统中待办中标通知从8月的7708条减少为11月初的2733条，减少65%；合同编制数量从8月的2104份增加为4326份，增加105%，系统各环节数据录入及时性与质量明显提高。

（二）业务间协同管理

由于物资业务与财务、合同管理业务关联紧密，同时财务与合同管理在公司已有成熟应用的信息系统，所以物资信息系统与相关专业的信息系统各自独立运行带来大量重复性的额外工作。结合南网公司2012年推进的统签统付工作，通过当年下达的物资信息系统配套项目（二类项目），公司重点开展了物资信息系统与合同、财务信息系统的业务协同建设，在公司物流中心和各供电局层面实现物资业务与财务、合同的信息共享与协同处理。

（三）物资供货看板管理

公司针对实际需求与中标通知存在的数量、型号、配置等变更造成合同无法正常签订的情况，及时组织公司各相关部门，采取点对点的形式，逐一协调解决。自 2011 年 9 月启动工程物资供货看板表以来，云南电网公司物资任务完成情况较好，各工程物资供应顺利，无红灯项目。启动物资供应看板管理，为云南电网公司更好地加强物资管理、实时掌握工程物资供应进展情况奠定了坚实基础。

参考文献

[1] Campbell J. L. Why Would Corporations Behave in Socially Responsible Ways? An Institutional Theory of Corporate Social Responsibility. Academy of Management Review, 2007, 32(3).

[2] Maon F., Lindgreen A., Swaen V. Designing and Implementing Corporate Social Responsibility: An Integrative Framework Grounded in Theory and Practice. Journal of Business Ethics, 2009, 87(1).

[3] Porter M. E., Kramer M. R. The Link Between Competitive Advantage and Corporate Social Responsibility. Harvard Business Review, 2006(12).

[4] Schwartz M. S., Carroll A. B. Integrating and Unifying Competing and Complementary Frameworks: The Search for a Common Core in the Business and Society Field. Business & Society, 2008, 47(2).

[5] Visser W. The Age of Responsibility: CSR 2.0 and the New DNA of Business. Journal of Business Systems, Governance and Ethics, 2010, 5(3).

[6] Yuan W., Bao Y., Verbeke A. Integrating CSR Initiatives in Business: An Organizing Framework. Journal of Business Ethics, 2011, 101(1).

[7][美]迈克尔·波特,陈小悦译:《竞争优势》,华夏出版社,1997年。

[8] 毕楠、冯琳:《企业社会责任的价值创造研究——一个三维概念模型的构建》,《财经问题研究》2011年第3期。

[9] 毕楠:《企业社会责任价值创造的驱动因素与作用机理研究》,《当代经济研究》2012年第7期。

[10] 陈银飞、茅宁:《经济学的发展:从资源配置到社会价值创造》,《经济问题》2006年第12期。

[11] 陈钰芬、陈劲:《开放式创新:机理与模式》,科学出版社,2008年。

[12] 傅家骥：《技术创新学》，清华大学出版社，1998年。

[13] 贺小刚、陆一婷：《公司社会责任与价值创造：基于社会调查的数据分析》，《科学经济社会》2008年第3期。

[14] 黄群慧、余菁等：《国家开发投资公司考察》，经济管理出版社，2013年。

[15] 黄速建、黄群慧主编：《现代企业管理——变革的观点》，经济管理出版社，2002年。

[16] 李伟阳、肖红军、郑若娟编译：《企业社会责任经典文献导读》，经济管理出版社，2011年。

[17] 李伟阳、肖红军、郑若娟编译：《企业社会责任前沿文献导读》，中国电力出版社，2013年。

[18] 李伟阳、肖红军：《ISO26000的逻辑：社会责任国际标准深层解读》，经济管理出版社，2011年。

[19] 李伟阳、肖红军：《基于社会资源优化配置视角的企业社会责任研究——兼对新古典经济学企业社会责任观的批判》，《中国工业经济》2009年第4期。

[20] 李伟阳、肖红军：《企业社会责任的逻辑》，《中国工业经济》2011年第10期。

[21] 李伟阳、肖红军：《企业社会责任概念探析》，《经济管理》2008年第21、22期。

[22] 李伟阳、肖红军：《全面社会责任管理：新的企业管理模式》，《中国工业经济》2010年第1期。

[23] 李伟阳、肖红军：《全面社会责任管理：新的企业管理模式》，《中国工业经济》2011年第1期。

[24] 李伟阳、肖红军：《走出"丛林"：企业社会责任的新探索》，经济管理出版社，2012年。

[25] 王世权：《试论价值创造的本原性质、内在机理与治理要义——基于利益相关者治理视角》，《外国经济与管理》2010年第8期。

[26] 王欣：《社会责任融合视角的企业价值创造机理》，《经济管理》2013年第12期。

[27] 吴贵生、王毅：《技术创新管理》，清华大学出版社，2009年。

[28] 吴照云、王宇露：《企业文化与企业竞争力——一个基于价值创

造和价值实现的分析视角》,《中国工业经济》2003年第12期。

[29] 肖红军、李伟阳:《国外企业社会责任研究的最新进展》,《经济管理》2013年第9期。

[30] 余菁等:《南京栖霞建设集团考察》,经济管理出版社,2011年。

[31] 云南电网公司:《关于带电作业分公司业务定位和核心业务的建议》,内部资料,2013年10月。

[32] 云南电网公司:《关于技术分公司(电力研究院)业务定位和核心业务的建议》,内部资料,2013年10月。

[33] 云南电网公司:《关于信息中心业务定位和核心业务的建议》,内部资料,2013年10月。

[34] 云南电网公司:《云南电网公司2007年度企业社会责任报告》。

[35] 云南电网公司:《云南电网公司2008年度企业社会责任报告》。

[36] 云南电网公司:《云南电网公司2009年度企业社会责任报告》。

[37] 云南电网公司:《云南电网公司2010年度公司社会责任实践》。

[38] 云南电网公司:《云南电网公司2011年度公司社会责任实践》。

[39] 云南电网公司:《云南电网公司2012年度公司社会责任实践》。

[40] 云南电网公司:《云南电网公司绩效考核管理规定》,内部资料,2011年6月。

[41] 云南电网公司企业管理部:《云南电网公司"十二五"发展规划》,内部资料,2010年6月。

[42] 云南省电力工业志编委会:《云南省电力工业志(1991~2002)》,中国电力出版社,2009年9月。

[43] 中国电力工程顾问集团西南电力设计院、云南省电力设计院:《云南电网"十二五"电力系统设计》,内部资料,2011年9月。

[44] 中国南方电网公司战略策划部:《财务管理职能战略报告》,内部资料,2011年2月。

[45] 中国南方电网公司战略策划部:《电网规划建设战略》,内部资料,2010年11月。

[46] 中国南方电网公司战略策划部:《公司中长期发展战略宣贯读本》,内部资料,2011年2月。

[47] 中国南方电网公司战略策划部:《国际业务战略》,内部资料,2010年11月。

［48］中国南方电网公司战略策划部：《科技创新战略》，内部资料，2010年11月。

［49］中国南方电网公司战略策划部：《企业文化战略》，内部资料，2010年11月。

［50］中国南方电网公司战略策划部：《人力资源战略》，内部资料，2011年2月。

［51］中国南方电网公司战略策划部：《生产运行职能战略》，内部资料，2010年11月。

［52］中国南方电网公司战略策划部：《市场营销战略》，内部资料，2010年11月。

［53］中国南方电网公司战略策划部：《物资管理职能战略》，内部资料，2011年2月。

［54］中国南方电网公司战略策划部：《信息化子战略》，内部资料，2010年11月。

［55］中国南方电网公司战略策划部：《中国南方电网公司优秀社会责任案例集》，世界图书出版公司，2010年11月。

［56］中国南方电网有限责任公司：《安全生产风险管理体系（2012年版）》，中国标准出版社，2012年7月。

后　记

本书是黄速建研究员主持的2012~2013年度中国社会科学院国情调研项目——"云南电网公司考察"的最终成果。该项目是中国社会科学院国情调研课题"中国企业调研"的一个子项目。"中国企业调研"项目是中国社会科学院经济学部组织的重大国情调研项目之一，项目的总负责人是陈佳贵研究员和黄群慧研究员。

云南电网公司是南方电网公司的全资子公司，以电网运营为核心业务，负责云南省电力的输送和销售工作，承担着全省电网的统一规划、统一建设、统一管理、统一调度。作为一家公用事业领域的大型国有企业，云南电网公司在实现电力供应核心功能的同时，还承担了多种社会功能，是国有资产保值增值的创造者、区域经济发展的先行者、绿色低碳发展的推动者以及和谐社会建设的践行者。因此，云南电网公司是一个经济、社会和环境的综合价值创造者。本书以企业社会责任管理与实践为主线，深入剖析了云南电网公司在战略制定、生产运营、管理创新等方面的制度与行为，对于推动我国企业将企业社会责任理念融入运营与管理提供了很好的经验借鉴。

本书的研究框架和写作提纲由黄速建、王晓光和郑之茂提出，全体课题组成员反复讨论后确定。各章作者为：总论由黄速建、王欣共同执笔；第一章、第四章由王欣执笔；第二章由肖红军执笔；第三章由王欣、曹建军共同执笔；第五章由张力执笔；第六章由王海龙执笔；第七章由姜静、王海龙共同执笔；第八章由邵晓鸥执笔；第九章由尹德馨执笔；第十章由李令谦、王海龙共同执笔；第十一章由王欣、张力共同执笔；第十二章由刘建丽执笔。上篇和下篇由王欣负责统稿，中篇由王海龙负责统稿，全书由黄速建、王欣共同审阅、定稿。

在本课题开展过程中，得到了云南电网公司各级领导的大力支持，尤其是公司副总经理郑之茂，总经理助理杨育鉴，企业管理部周剑斌、田磊和曹建军等，对课题研究、资料协调和书稿写作给予了极大的帮助。2012年9月和10月，课题组先后两次赴云南电网公司开展调研工作，分别对昆明、曲靖、大理、昭通、德宏、瑞丽6个供电局和电力研究院、带电作业分公司、德宏公司3个单位进行了访谈调研，得到了各个公司和部门领导及工作人员的积极配合。研究工作的顺利推进离不开他们的鼎力相助。课题初稿完成后，课题组成员对于初稿进行了多次讨论和修改。在此过程中，得到了云南电网公司各职能部门负责同志的积极配合。北京融智企业社会责任研究所的研究人员也对书稿提出了建设性的意见，对课题组成员进一步完善书稿有很大的启发。另外，经济管理出版社总编辑沈志渔研究员和杨国强编辑为本书的顺利出版付出了辛勤的劳动，我们在此表示诚挚的谢意。

最后，需要说明的是，云南电力发展历史十分悠久，最早可追溯到1910年，而云南电网公司正式成立于2004年11月。本书重点反映云南电网公司成立以后的发展状况，因此书中大多采用了最近5年的发展数据。同时，由于云南电网公司正处于不断发展与变革之中，我们在某些方面无法展现公司的最新状况。为保持本书内容的统一，书中的资料和数据均截至2012年底。此外，受时间所限，书中对云南电网公司的论述若有不当之处，恳请读者批评指正。

黄速建　王　欣
2014年2月